KB142223

생_生 존_{zone} 십_{ship}

협력 개인의 출현

생生존zone십ship

구정우 지음

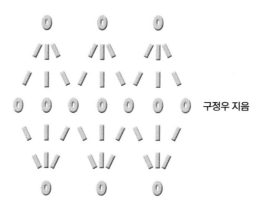

COOPERATIVE INDIVIDUAL

쌤앤파커스

역사적으로 전 세계 모든 인간 사회는 이기적인 개인주의와 집단 협력의 필요성을 조화시키기 위해 노력해 왔습니다. 전 세계를 통틀어 이 긴장이 가장 극심한 곳이 바로 한국입니다. 이 흥미롭고 통찰력 있는 책에서, 유명한 한국 사회학자인 저자는 왜 이러한 문제와 그 해결책이 한국에서 가장 두드러지게 나타나는지를 보여줍니다. 한편으로, 오늘날 한국은 기성세대와 젊은 세대, 남성과 여성 간의 심각한 갈등으로 세계에서 가장 낮은 출생률을 경험하고 있습니다. 다른 한편으로, 한국인들은 수천 년 동안 협력해야만 했습니다. 과거에는 마을의 논밭에서, 현재는 도시와 산업현장에서 협력하고 있습니다. 한국인들이 이러한 상반된 압박을 해결해 나가는 방식은 전 세계에 모델로 여겨질 수 있습니다. 이런 이유에서 이 책은 한국인과 비한국인 모두에게 현대사회의 문제를 해결하는 하나의 청사진을 제공하고 있습니다.

Throughout history and around the world, all human societies have had to reconcile selfish individualism with the need for group cooperation. Nowhere in the modern world is this tension as acute as in South Korea. In this fascinating and eye-opening book, the famous Korean sociologist Jeong-Woo Koo shows why both these problems and their solutions are so visible in South Korea. On the one hand, South Korea today suffers from severe clashes between older and younger generations, and between men and women, resulting in one of the world's lowest birth rates. On the other hand, Koreans for thousands of years have been forced to cooperate— formerly in village rice fields, and now in cities and in industry. How Koreans solve these opposite pressures may serve as a model for the rest of the world. Hence, Jeong-Woo Koo's book offers a blueprint to Koreans and to non-Koreans alike for coping with the problems of modern society.

Jared Diamond, a professor of geography at the University of California in Los Angeles, is the Pulitzer Prize-winning author of Guns, Germs, and Steel, Collapse, Upheaval, and other internationally best-selling books.

재레드 다이아몬드

(Jared Diamond, UCLA 지리학 교수, 풀리처상 수상작 『총균쇠』 저자)

개인적이면서도, 고도의 분석력이 더해진 저자의 예리한 사회학적 분석은 한국 사회가 당면한 세대 간 격차를 깊이 있게 드러내는 한편, 공감까지 이 끌고 있습니다. 뿐만 아니라 개인과 조직, 공적인 영역의 리더에게까지 낙관 적, 도전적, 미래지향적 방향을 제시하고 있습니다. 기업리더와 정치인이 참 고할 수 있는 실천적인 지침, 개인이 취할 행동, 국가의 정책과 기업조직에 게 필요한 설계 등등을 다양하게 제안합니다. 이러한 도발적인 제안에 대해 토론하고 숙고할 기회를 가지길 바랍니다.

Touchingly personal yet highly analytical, Jeong-Woo Koo's penetrating sociological look at contemporary Korea society exposes deep generational divides and offers an optimistic but challenging path forward---for individuals, government employees, and those running corporations. Jeon-Woo Koo gives specific guidance to leaders of business and government, a set of practical ideas about personal behavior as well as organizational design and governmental programming. All Koreans should engage and debate these provocative proposals immediately.

Glenn R. Carroll, Adams Distinguished Professor of Management, Graduate School of Business at Stanford University, and co-author of Making Great Strategy.

글렌 캐롤

(Glenn R. Carroll, 스탠퍼드대 경영대학원 Adams 석좌 교수, 『Making Great Strategy』 공동 저자)

이 책은 협력과 협력개인을 촉진할 수 있는 더 많은, 더 나은 방식을 사회 속에서 발견하는 것이 미래를 향하는 인류가 품을 수 있는 가장 큰 희망이라는 메시지를 일깨운다.

This book highlights that finding more and better ways to facilitate cooperation and cooperative individuals in society is the best hope of humankind going forward.

마이클 토마셀로

(Michael Tomasello, 독일진화인류학연구소 소장, 『생각의 기원』저자)

최근 몇 년간 많은 사람들이 세대 간 혹은 남녀 간 차이와 갈등에 대해 논의를 해왔지만, 이 책에서처럼 한국이라는 특수성에 기반해 긍정적인 해법을 제시한 경우는 흔치 않다고 생각됩니다. 특히, 압축 성장을 겪은 우리나라는 개인의 다양성과 갈등에 대한 존중 또는 사회적 합의를 이끌어낸 경험이 부족한 것이 사실입니다. 이런 관점에서 이 책에서 제시하고 있는 '협력개인'이라는 개념은 매우 시의적절하고 의미 있는 접근이라고 할 수 있습니다. 저자가 던진 화두에 깊이 공감하며, 우리 사회가 '협력 DNA'로 다양성을 좀 더 적극적으로 포용하고 발전해 가길 기대해 봅니다.

이영희

(삼성전자 DX부문 글로벌마케팅실장, 사장)

마땅히 해야 하는 중요한 일들에 대한 고민일수록 지독히도 게으름을 피우며 외면하는 것이 인간이다. 그런데 그 어리석음은 항상 어른들에게서 더 많이 발견된다. 수명은 길어졌고 인구는 줄어들고 있는 한국 사회에서 이제 후배 세대를 재단하고 편 가르는 어리석음을 반드시 끊어내야 한다. 미래를 위해서 말이다. 그런데 우리의 후손을 위해서라는 비겁한 표현도 이제 거둬야 한다. 오래 사는 우리 자신의 생존을 위한 절박한 사안이다. 이에 어느덧 어른의 시기에 들어간 한국인이라면 반드시 읽어야 하는 통찰과 혜안 가득한 책을 만났다. 과거를 분석하고 현재를 다독이는 것을 주업으로 하는 심리학자로서 미래를 어떻게 전망하고 준비해야 하는가를 가르쳐 주는 사회학자에게 제대로 한 수 배웠다. 책을 읽고 나서도 저자의 '협력개인'이라는 말이 나의 뇌리에 내내 머물렀다.

김경일

(인지심리학자, 아주대 심리학과 교수)

contents

어른들에게는 항상 설명이 필요하다

_「어린 왕자」중에서

"콘서트에 혼자 다녀왔다고?"

"혼자면 어때요. 제가 좋아하는 스타 기 살려 주려고 가요."

"뻘쭘하지 않아?"

"내가 응원하면 힘을 얻잖아요. 다른 사람 신경 쓸 틈이 어디 있어요. 정신없이 응원하다 보면 공연이 끝나는데."

그 학생은 종종 자신이 좋아하는 스타의 공연에 참석해 목이 쉴 정도로 소리를 지르며 응원한다고 했다. 혼자 가든, 친구와 가든 그건 문제가 아니라고. 자신이 콘서트나 행사에 참석하는 것은 좋아하는 사람의 기를 살려 주려는 목표가 있는 행동이지 단순한 놀이가 아니라고 한다. 공동의 목표를 지닌 익명의 수많은 팬과 함께 응원하는 것은 친구와 놀러 가는 이상의 의미 있는 문화생활이라는 것이다.

'세상에, 확고한 목표설정과 헌신, 이걸 취미활동에서 한다고?'

놀랍고 새로웠다. 취향, 의미부여, 관계 맺기를 추구하는 방식이 확실히 기성세대와 구분된다. 식당에서 무리 지어 식사하기보단 유튜브를 보며 혼자 밥 먹는 것을 더 편하게 여기고, 좋아하는 영화는 N차 관람도 서슴지 않는다. 웬만해서는 엄두를 내지 못하는 해외여행도 혼자 가는 경우가 많아졌다. 어디서든 어색함 없이 자신의 시간과 공간을 만들고 당당하게 행동한다.

학생들의 새로운 사고방식을 마주하면서 어쩌면 서로에 대한 정보와 이해 부족 때문에 MZ니, 꼰대니 하는 세대를 가르는 용어가 탄생한 게 아닌가 하는 생각이 들었다. 지금은 학생이지만 곧 사회인이 되고, 기성세대가 되는 그들은 어떻게 기존의 기성세대와 어우러질 수 있을까? 거꾸로 기성세대는 계속 새로워지는 젊은 세대를 어떻게 맞이해야 할까? 우리는 어떻게 한 시대를 함께 살아가야 하는 것일까? 그 생각이 이 책을 쓰도록 이끌었다.

한 번도 살아본 적 없는 시대를 사는 것은 인간이 지닌 시간의 숙명이다. 우리는 지금껏 한 번도 살아보지 않은 세계로 전진하고 있다. 물질적 풍요와 기득권을 쥐고 있는 기성세대와 표현과 행동의 자유를 장착한 젊은 세대가 선진국이라는 문 앞에 나란히 서서 입장을 기다리고 있다. 기대 수명이 계속 길어지는 한 자연스럽게 한 세대가 저물고 새로운 세대를 맞이하는 질서는 더 이상 존재하기 어렵게 되었다.

어떤 세계로 들어가든 사회적 문제는 끊임없이 불거져 나올 것이다. 상대의 삶 속으로 들어가 그 의도와 맥락을 이해하지 않으면, 각자가 지닌 편견의 눈꺼풀을 벗겨내지 않으면, 현재 우리가 누리고 있는 생활 전반에 균열이 번져갈 것이다. 서로를 살피고 이해하지 않으면 어떤 난관에 봉착할지 알 수 없다.

굵은 소금이든 맛소금이든 짠맛을 내는 기능은 같다. 다만 취향에 따라 다른 걸 택할 뿐이다. 입맛이 옳고 그름의 문제가 아니듯, 기성세대와 젊은 세대의 행동 양상을 옳고 그름이 아닌, 취향과 기호의 선택으로 받아들일 때 새로운 해법을 도출할 수 있을 것이다.

사회 곳곳이 갑질과 반감에서 벗어나 소통이 가능한 곳이 되고, 전문성과 경험의 토대 위에 고도의 협력으로 성취를 이루는 분위기는 누구나 절실하게 원하는 것이다. 그러기 위해서는 중요한 전제가 있다. 익숙해진 것으로부터 벗어나야 한다. 위계적, 하향식 마인드를 벗어나, 수평적이고 무방향성 관계의 룰을 새롭게 형성해야 할 때이다. 어른들은 더 이상 배울 필요가 없다고 착각하지만, 사실은 항상 설명이 필요한 대상이다.

이러한 관점으로 이 책에서 세대를 갈라놓은 편견을 지울 방법을 모색하고 대안을 제시하고자 했다. 크게 다섯 개의 글 뭉치로 구성하였다.

1장은 2044년을 상상해 보면서 대한민국이 현재 안고 있는 세대갈등이 극단으로 치달았을 때 어떤 결과를 초래할지 여러 각도에서 조망해 보았다.

2장은 세대 간 엄청난 간극이 있는 것처럼 보이지만 사실은 표현 방식만 바뀌었을 뿐 인간만이 가진 고유한 라이프 사이클 안에서 삶이 이뤄지고 있음을 나의 경험에 비추어 피력해 보았다.

3장은 현재 갈등이 표출되는 방식을 진단해 보았다. 서로를 어떻게 생각하고 있는지 각자의 입장은 어떻게 다른지 사례를 통해 살펴보았다.

4장은 기성세대와 다르게 매우 다양하고 세밀하게 표출되는 새로운 세대의 정체성 표현 방식을 알아보았다. 다른 것은 틀린 것이 아니라고 입으로 말하면서 속으로는 이미 틀렸다고 생각하는 기성세대의 모순이 약간이라도 깨지길 바라는 마음이다.

5장은 그럼에도 불구하고 농경사회로부터 이어온 우리의 고유한 정체성인 협업 능력, 즉 협력개인이 초개인화 사회로 분화하는 문제를 뛰어넘을 대안이 될 수 있음을 말하고 싶었다.

이 책에서 나의 역할은 담론의 씨앗을 만드는 데에 불과하다. 누군가에게는 다 아는 이야기일 수 있고, 누군가에게는 처음 듣는 소리일 수도 있다. 다양한 목소리와 쟁투를 통해 점차 협력개인들이 많이 생겨나길 바라는 마음이다.

구정우

2024년 7월 65세 이상 인구 1천만 명 돌파, 5명 중 1명은 노인인구 시대.
과연 우리 사회는 건강하고 성숙한 고령화사회로 가고 있는가.

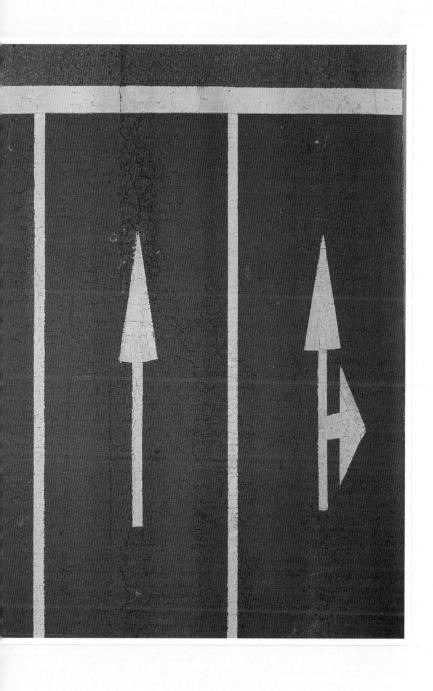

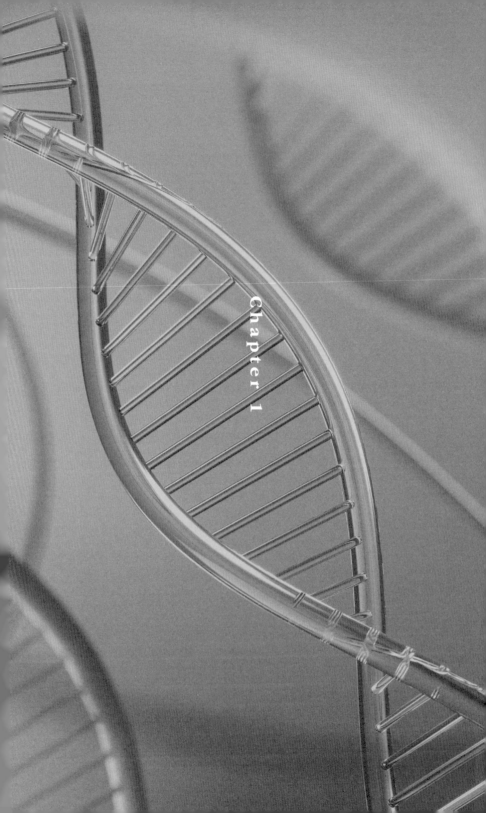

Chapter 1

콜라겐이 필요한 사회

세대 간 갈등 현장 진단

우리 사회의 노화시계는 유달리 빨리 간다. 불꽃같은 정열을 감추고 있어서다. 한 세기가 지나기도 전에 전쟁의 폐허 위에서 G20 안에 들어갔고, 더 이상 조용한 아침의 나라는 없다. 빠른 기술 발전과 문화적 배타성, 트렌드에 민감한 우리 사회의 풍토는 잘 쓰면 약이 되

지만 잘못 쓰면 독이 될 수도 있다. 우리의 정열
이 노화를 앞당기는 것은 아닐까. 그 노화를 늦
추는 것은 세대 간의 끊임없는 탐색과 교류, 문
화 접변을 통해 서로에 대한 이해의 폭을 넓히
는 것이다. 마치 노화를 늦추는 콜라겐처럼.

우리는 어떤 미래를
만들고 있는가 —————— 1

2044년 70세 이상 0.5표 현실화될까?

사회학자는 사회에서 집단 간 상호작용을 살피는 한편, 이러한 질문들을 던지고 미래를 준비하도록 유도하는 역할을 맡고 있다. 20년 후라는 그다지 멀지 않은 미래에 진영 간, 계층 간, 남녀 간, 세대 간에 어떤 갈등과 공존이 펼쳐지고 있을지 무척 궁금하다. 지금으로부터 20년 후 2044년에 우리는 어떤 나라에 살고 있을까? 과연 출산율은 반등했을까? 급증한 복지지출에 국가재정은 온전할까? 지방은 살아남았을까? 기업에 여전히 부장님 상무님이 존재할까? AI는 우리 일자리에 어떤 영향을 미쳤을까?

특히 고령화 시대의 뇌관으로 작용하고 있는 세대갈등이 어떤 식으로 전개되고 그 결과를 가져왔을지 자못 염려된다. 다음의

가상 시나리오를 통해 세대 간 긴장과 갈등을 어떻게 풀어낼지 떠올려 보자.

2044년 27대 총선 D-day 7, 선거를 좌우할 최대 쟁점은 신당 '젊은당'이 제시한 '70세 이상 0.5표' 공약이다. 70세 이상 노인의 투표권을 1에서 0.5로 조정하는 안이다. 그 배경에는 현역 불패로 인한 정치인의 고령화, 노년층의 과도한 정치참여, '제론토크라시'(gerontocracy 노인정치)의 등장이 있다. 국가를 떠나 이민 길에 나서는 청년들의 선택은 국가 해체에 대한 우려를 키웠다. 국가소멸에 대한 경고음이 나오는 까닭이다.

'젊은당'은 '노인 0.5표'가 세대 형평성을 실현하기 위한 불가피한 선택이라고 강조한다. 30세 청년은 43만 명, 22세 청년은 24만 명, 이에 반해 70세 인구는 92만 명에 이른다. 2030 청년 인구를 모두 합쳐도 70대 노인 인구에 한참 못 미치는 실정 속에서, 1인 1표는 불공정한 정치 시스템을 고착화하는 시대착오적인 제도라는 주장이다. 따라서 헌법 개정을 대안으로 제시한다.

CNN 등 외신은 고령 인구 세계 1위인 대한민국의 젊은 세대가 인구와 민주주의와의 관계에 대한 급진적인 발상을 내놓았으며, 이러한 새로운 정치실험이 1인 1표의 보통, 평등선거를 바탕으로 한 현대 민주주의에 미칠 영향에 대해 예의 주시할 것이라고 보도했다.

청년들의 지지는 뜨겁다. 세금을 가장 많이 내면서도 투표로는 아무런 목소리를 낼 수 없는 불공정한 정치 현실을 이제야 바꿀 수 있을 거라는 기대감이 터져 나왔다. 여론조사 결과 남성 청년 85%, 여성 청년 90%가 '노인 0.5표'를 지지하는 것으로 나타났다. 몇 해 전부터 청년층의 국민연금 철회 비율과 해외 이주 비율이 급격히 높아지는 데 더해, 노인혐오 정서가 빠르게 번지고 있는 것이 그 배경으로 작용했다.

70대, 80대가 주요 지지층인 여당은 젊은당의 '노인 0.5표' 공약이 현대 민주주의에 대한 중대한 도전이자, 보편적 인권을 침해하는 발상이라며 발끈했다. 노인 단체가 주최하는 길거리 시위 참여도 불사할 것이라고 선언했다. 반면 야당은 '70세 이상 0.5표'에 원칙적으로 동의하되, 노인 일자리 제공, 기초연금 증액, 재정 부족으로 폐지된 주택연금 부활 등 인센티브 제공이 함께 이뤄져야 한다고 주장한다. 노인층 일부는 이런 야당의 제안에 동조하고 있다. 또 다른 일부는 조건 없이 투표권 조정에 참여하는 것이 미래세대를 위한 어른의 책임이라고 주장한다.

'노인 0.5표'는 분명 현재 시점에서는 황당무계한, 노인 차별적 발상이 분명하다. 1인 1표를 전제로 한 보통, 평등, 직접, 비밀 선거의 원칙, 즉 헌법적 가치에 정면으로 도전하는 발상이다. 하지만 20년 후에도 황당무계한 발상으로 치부할 수 있을까?

2024년 현재 70세인 1954년 출생아(839,293) 대비, 30세인 1994년 출생아(721,185) 비율은 86%, 그리고 22세인 2002년 출생아(496,911) 비율은 59%이다. 현재도 노인과 청년의 인구 비대칭은 심각한 수준이다. 현재 인구 추이를 토대로 20년이 흐른 2044년을 추정하면, 30세 인구는 70세 인구의 47%, 22세 인구는 70세 인구의 26% 수준으로 떨어져 노인 인구는 청년 인구의 2배를 넘어설 전망이다. 설마 그렇게까지 되랴 싶지만 엄연한 현실이고, 정해진 미래이다. 2024년 현재 강아지 유모차 판매율이 일반 유모차 판매율을 앞질렀다. 처음으로 65세 이상 인구가 1천만 명을 넘어섰다. 이제는 국민 5명 중에 1명은 노인세대에 속한다.

인구 비대칭이 야기하는 문제는 한둘이 아니다. 경제활동인구 축소와 젊은 세대의 부양 의무 증가 등은 말할 것도 없다. 더 나아가 국가 시스템을 뒷받침하는 민주주의에 미치는 영향 또한 상당할 것이다.

우리나라에서 민주주의는 곧 다수결을 의미한다. 단순 다수결의 원칙에 따라 1표라도 더 받은 사람이 국민의 대표로 선출된다. 머릿수가 많은 쪽이 원하는 정치권력을 선출하고, 또 이 정치권력이 국민의 삶을 좌지우지한다. 2044년이면 노인세대는 수적으로 완전한 우위를 점한다. 복지수혜라는 공통분모를 바탕으로 둔 노인세대의 결집은 더욱 가속화되고, 이들의 정치적 영향력은 그 어느 때보다 막강해질 것이다. 따라서 우리나라 민주주의는 심각한 자기모순에 빠질지도 모른다. 노년층을 대변하는 정치권력이 의회를 독점하고 이들이 배타적 이해 추구에 나서는 상황을 배제할 수 없는 것이다.

2044년의 노인들에게 '젊은당의 70세 이상 0.5표 투표권 발의'는 생존권 박탈과 다름없다. 연일 길거리 시위가 벌어지지 않을까. 투표권을 제대로 행사해 이 나라를 올바른 길로 가게 만들어야 한다고 주장하며 민주주의 원칙에 의거해 자신의 1표를 결연히 지켜내려 할 것이다.

한편 정반대 입장을 표명하는 노인들도 있을 수 있다. 심각한 노인 빈곤 속에서 생존이 절실한 이들은 1인 1표를 포기하고, 더 많은 복지혜택을 받기를 원할 것이다. 선진국이든 후진국이든 노년기에 접어든 국민은 국가가 제공하는 복지에 의존하기 마련이다. 미래의 노인들이 투표권 일부 포기에 대한 반대급부로 제공되는 복지 혜택을 단호히 거부할 수 있을까? 투표권의 절반을 젊은 세대에게 내어주고 경제적 생존을 보장받을 수 있다면, 그렇게 하는 게 맞다는 주장도 나름 타당하게 받아들여지지 않을까.

투표권 일부를 포기하고 복지 혜택을 더 받자는 입장, 노인 혐오를 당장 멈추라는 입장, 또 이참에 조건 없이 정치적 권리를 양도하자는 입장이 상쟁하는 한편, 여기에 젊은 세대의 절대 다수가 '70세 이상 0.5표'에 찬성한다면 사회적 갈등은 더 극심하게 치달을지도 모를 일이다. 이런 맥락에서 2044년에는 '70세 이상 0.5표 헌법 개정안'이 가뿐하게 국회를 통과할 개연성을 완전 배제할 수 없다.

명백한 인구 비대칭이 야기하는 정치적 영향력의 불평등이라는 예견된 구조적 모순을 떠올리며, 우리 사회를 짓누르고 있는 세대 간 장벽, 세대 대립이 얼마나 참혹한 결과를 가져올지 상상해 보았다.

지금 세대 간 대립을 완화할 수 있는 사회적 합의를 이뤄내지 못한다면 암울한 미래를 피할 방법은 없다. '노인 0.5표'는 가상의 이야기에 그치지 않고, 우리의 현실로 다가올 수 있다.

꼰대와 3요들의 신경전

요즘 직장 생활 분위기는 상사는 꼰대, 신입은 3요로 대변된다.

"퇴근 전에 이것 좀 처리하면 좋겠는데?"
"이걸요? 제가요? 왜요?"

기성세대는 일에 대한 자기 책임을 중시하며 퇴근 5분 전이라 해도 급한 업무가 발생하면 처리하는 것을 당연하게 여긴다. 반면 요즘 세대는 내일 출근해서 하면 되는데 왜 퇴근 5분 전에 꼭 해야 하냐고 되묻는다. 회사의 시간만큼 개인의 시간도 소중하게 보장받아야 한다고 생각하는 것이다. 설령 일이 늦어져 늦게 퇴근한다고 해도 정시 10분 전에는 출근해야 비로소 성실한 직원이라고 생각하는 리더, 그렇다면 시간 외 수당을 보장하라는 팔로어가 한 사무실에서 하나의 업무를 함께 수행하며 성과를 내기 위해 고군분투한다.

"꼰대와는 말이 안 통해!"
"요즘 것들은 말을 안 들어!"

서로가 각자의 안경을 끼고 다른 세대를 바라보며 입장차를 좀처럼 좁히지 못하고 있다.

직장을 벗어나 사회로 시선을 넓히면 세대갈등은 좀 더 심각해진다. 생활에 밀접한 주제인 '노인들의 지하철 무임승차'를 예로 들어 보자. 청년층에서는 노인들이 운임의 절반이라도 내야 한다고 주장하는 이들이 많다. 자신들이 노인세대가 될 때는 이런 복지는 꿈도 못 꿀 것이라고 목소리를 높인다. 청년들은 정치 경제 권력을 손에 쥐고, 세상을 쥐락펴락하는 기성세대의 오만함, 그리고 신념과 원칙의 수렁에 빠져 유연함을 놓치는 기성세대의 고지식함에 혐오를 드러내기도 한다.

반면 65세 이상 노인층에서는 억울하다는 목소리가 크다. 그동안 국가와 사회를 위해 헌신한 노인들에게 이 정도 복지도 못 해주냐는 입장이다. 청년에게만 주는 혜택도 있지 않느냐며, '너희는 늙지 않을 것 같으냐'고 섭섭해한다.

이러한 세대 간 신경전은 우리나라에서만 일어나는 일이 아니다. 2019년 뉴질랜드에서는 청년 정치인과 기성세대 정치인 간에 설전이 벌어져 사회적 관심을 끌었다. 뉴질랜드의 25세 여성 국회의원이 기후변화 대책을 논의하는 자리에서 의원들의 평균 연령이 49세임을 언급하며, 정부와 의회 구성원이 대부분 중장년층이어서 미래세대가 원하는 기후변화 대책 마련에 소극적이라고 지적한 것이다. 이에 중진 의원들은 야유로 응수했고, 젊은 여성 정치인은 이렇게 화답했다.

"오케이, 부머(Boomer)!"

이를 기점으로 '오케이 부머'는 영미권 젊은이들 사이에서 널리 쓰이기 시작했다. 뜻이 맞지 않는 꼰대들을 향해 "네네, 됐네요." 하는 의미로 사용하는 유행어가 되었다.

반대 상황이 연출된 적도 있다. 미국의 유명 압력단체인 '전미 은퇴자협회' 부회장은 언론 인터뷰에서 한 젊은 의원을 겨냥해 이렇게 거들먹거렸다.

"오케이, 밀레니얼(Millennial), 하지만 정말로 돈을 갖고 있는 사람들은 우리야!"

파장이 커지자, 협회는 즉각 성명을 내고 부회장의 발언에 대해 사과했다. 이에 대해 뉴욕타임스(NYT)는 오케이 부머나 오케이 밀레니얼 현상은 세대 간 '친밀한 관계'가 끝났음을 뜻한다고 진단했다.[1]

세대 간 갈등, 정해진 미래

지하철 무임승차뿐만이 아니다. 연금 개혁, 자산 격차, 일자리, 조세 형평, 직장 내 성과급 책정, 정년 연장, 기성 노조 vs MZ 노조, 선거 표 대결, 청년 정치 후퇴, 댓글 전쟁 등등 세대갈등 사례는 넘친다.

혹자는 세대 간 갈등을 과장하는 일각의 시선이 오히려 갈등을 키우는 측면이 있다고 말한다. 세대 간 차이보다는 세대 내 차이에 더 주목해야 한다고 주장한다. 계층 불평등에 비하면 세대 불평등은 일부 나이 구간에서 일어나는 현상이며, 이는 소득과도 연동되어 있다는 것이다. 과연 세대 간 불평등보다 세대 내 불평등이 더 큰 이슈일까?

해외 언론에서는 우리나라를 세대갈등이 전 세계에서 두 번째로 심한 나라로 평가한다. 2018년 영국 BBC가 조사기관 입소스(Ipsos)에 의뢰해 전 세계 27개국 약 2만 명 대상으로 실시한 조사 결과에 따르면, 우리는 빈부갈등에서 세계 4위, 남녀갈등에서 세계 1위, 그리고 나이(세대) 갈등에서 세계 2위를 기록했다. 사회 갈등의 주요 원인으로 나이(세대)를 꼽은 응답자의 비율이 일본 다음으로 한국에서 가장 높게 나타났다. 이 조사에서 우리나라 응답자는 이념 갈등(61%), 빈부격차(44%), 나이(세대) 차이(25%), 젠더 갈등(24%)을 사회 갈등의 주요 원인으로 꼽았다.[2]

한국리서치의 '2021년 세대인식조사'에서는 '세대갈등에 대해 어떻게 생각하는지'를 묻는 질문에 '심각하다'라고 답한 비율이 전체 1천 명 응답자 중 85%였다. 세대갈등이 심각하다는 인식은 모든 연령대에서 고루 나타났는데, 60대 이상에서 87%로 가장 높았지만, 18~29세의 젊은 세대에서도 84%로 높게 나타났다. 앞으로 세대갈등이 지금보다 심각해질 것이냐는 질문에는 46%가 지금과 비슷한 수준일 것이라고 응답했지만, 44%는 지금보다 심각해질 것이라고 답했다. 지금보다 더 심각해질 것이라고 응답한 비율이 가장 높은 연령층은 30대(30세~39세)였다.[3]

한국리서치의 2023년 '집단별 갈등인식' 조사를 보면 더욱 놀라운 결과가 확인된다. '두 집단 사이의 갈등이 어떠하다고 생각하느냐'고 묻는 질문에, 기성세대와 젊은 세대 간의 갈등이 '아주 크다'와 '큰 편이다'라고 답한 비율은 2021년 76%에 그쳤으나, 2023년에는 84%로 7%포인트가 늘었다. 이는 같은 기간 '진보와 보수'의 갈등이 6%포인트(88%→94%), 기업가와 노동자의 갈등이 4%포인트(85%→89%) 증가한 것에 비하면 더 큰 증가율을 보인 것이다. 세대 간 갈등이 크다고 인식하는 비율이 최근 크게 늘어났음을 알 수 있다.[4]

젊은 세대가 느끼는 세대갈등의 이면에는 소득과 자산 격차가 존재한다. 천정부지로 솟아오른 부동산 가격에 절망하고, 설령 영끌해서 집을 산다 해도 이자와 부동산 가격 변동 추이에 노심초사하지 않을 수 없다. 하루 8시간 이상 꼬박 일해서 번 돈으로 국민연금을 내면, 국민연금을 낸 적도 없는 노인들이 기초 연금 30만 원을 받아간다고 억울해한다. 윗세대의 자산을 떠받치느라 자신들이 피해를 본다고 생각하는 것이다.

노인복지는 경로당 난방비까지 지원해 주고, 청소년복지는 생필품 키트까지 지원해 주는 마당에 청년을 위한 복지는 거의 실행되지 않는 것 같아 상대적 박탈감마저 느낀다. 젊은 세대와 태어날 미래세대에게 매우 불리한 구조를 갖춘 국민연금에 꼬박꼬박 돈은 붓지만, 세대 형평성은 온데간데없으니 부당하다는 감정이 솟구친다. 여기에 해결 기미가 없는 국민연금 개혁안에 대해, 10대 청소년들은 '폭탄 떠안을 우리 의견은 안 듣느냐'며 어른을 향해 일갈한다. 어른 중심의 논의 구조가 결국 미래세대에 피해를 준다는 인식이 커지고 있다.[5]

사회 갈등으로 따지면 전 세계 둘째가라면 서러워할 처지가 된 대한민국에서, 현재진행형 세대갈등은 시간이 갈수록 우리를 더욱 압박할 것이 분명하다. 고령화와 저출생, 빛의 속도로 전개되는 AI 혁명, 기후변화, 근절되지 않는 꼰대 문화, 라이프 스타일 변화 같은 것들이 세대 간의 단순한 차이를 옳고 그름의 문제로 둔

갑시키고, 형평성 논란을 계속 불러일으킬 것이다. 틀딱과 연금충, 잼민이와 등골브레이커라는 혐오단어가 함축하듯 켜켜이 쌓인 불신과 편견의 장벽들, 소통을 가로막는 사회 문화적 여건들이 더 높아지고 단단해지기 전에 대응이 필요하다.

앞으로 20년 후, 지금의 40대, 50대가 확실한 머릿수를 기반으로 정치를 전횡하게 된다면 우리의 미래는 무엇이 달라질까? 부의 대물림이 고착화하고, 정치권과 기업에서 세대교체가 지체된다면 어떤 결과가 초래될까? 까라면 까라는 식의 서열문화는 언제든 건재함을 과시할 수 있다. 젊은 세대의 상상력이 억눌리고 혁신이 지체되는 무기력한 기업문화가 고개를 들 것이다. 20년 후에도 리더로 활약하는 여성의 비율이 세계 최저 수준이거나, 혈통을 중시하는 전통적 사고가 외국인의 유입을 막아선다면, 대한민국의 미래는 암흑천지가 될 것이다. 따라서 젊은 청년들의 반감이 극에 달하고, 기성세대에 대해 정치적인 전면전이 시작될 개연성은 충분하다. 어둠으로 향하는 발걸음을 멈춰 세우는 일에 모두가 나서야 할 이유이다.

이런 우려가 미래의 현실이 된다면 어쩌면 '70대 0.5표'와 같은 헌법적 가치를 뒤흔드는 발상이 사람들의 지지를 얻을 수 있지 않을까? 국가소멸이라는 말이 유행처럼 번진 2024년, 이 불안감 속에 치러진 22대 국회의원 선거는 예상과는 달리 기성정치 세력을 더욱 공고하게 만들었다. 국회의원 300명 중 40대 미만

당선인은 14명으로 4.6%에 그쳤다. 21대 국회보다 단 한 석이 늘었을 뿐이다. 소선거구제를 앞세운 기성정치가 승자독식하면서 결과적으로 정치적 양극화는 심화되었다. 선거 운동 기간 내내 정책 토론이 실종되고 여야가 서로를 극단으로 밀어붙이고 헐뜯는 가운데 국민의 마음에 식상한 불신만 새겼다. 높은 물가와 마이너스 실질 임금, 소통을 외치는 국민의 절박한 심정이 정권 심판이라는 결과를 낳았지만, 새로움, 다양성, 그리고 혁신을 받아들이고 미래세대에게 기회를 열어준 정치 이벤트와는 거리가 멀었다. 우리에게 변화는 왜 이리 더디기만 할까.

물려줄 만한 미래, 가능할까?

젊은 층의 인구 감소는 자산 격차의 심화, 초경쟁 및 승자독식의 사회문화와 밀접한 연관이 있다. 전 세계 어떤 국가보다 유독 우리나라에서 두드러지게 나타나는 특징이 있다. 높은 교육 수준을 바탕으로 개성과 자율을 중시하기 시작한 현재의 40대부터 결혼과 출산을 거부하는 분위기가 생겨난 것이다.

인구학자 전영수는 이를 '조용한 복수'라 불렀다.[6] 고용 없는 성장과 비정규직의 일상화, 계층 간 이동 통로 해체 등 기성세대는 겪지 않던 고통들이 젊은 세대에 가중되었다. 그러자 피할 길 없는 절망이 '결혼과 출산 거부'라는 현상으로 쏟아지기 시작했다.

생（生）존（zone）십（ship）

기성세대가 만들어 놓은 라이프 사이클에서 서서히 이탈하고 있는 것이다.

상명하복과 엄격한 규율을 앞세워 인력 관리에 나섰던 기업들은 오랫동안 개인과 개인을 엮어서 집단주의라는 스크럼을 짰다. 입으로는 창의와 자율을 존중한다면서 결국은 집단과 조직의 목표 앞에 개인을 복속시켰다. 직장은 으레 욕설과 고함이 난무하고, 복종과 차별이 존재하는 곳이 되었다. 작업장은 위험한 환경의 그늘에 놓였고 그 결과 하청노동자들의 사망과 재해가 만연했다. 비로소 2018년 12월 산업재해 발생에 대한 원청의 책임을 강화하는 '위험의 외주화 방지법'이 국회를 통과하고, 2019년 1월 '직장 내 괴롭힘 방지법'이 제정되면서, 작업장과 직장에도 변화의 조짐이 나타났다.

2018년 7월부터 순차적으로 시행된 '주52시간 근무제'는 근로자와 직장인의 삶의 질, 그리고 워라밸의 중요성을 인식하도록 유도한 중대한 변화였다. 코로나19가 닥치고 재택근무가 활성화되면서 일하는 방식에 대한 논쟁이 일었고, 기업문화의 일대 전환을 촉구하는 움직임이 생겨났다. 이른바 MZ노조로 불리는 젊은 노조의 등장과 확산은 이런 여러 변화의 대표적 사례이다. 수직적 기업문화를 좀 더 수평적이고 공정하게 바꿔야 한다는 인식이 커졌다.

하지만 변화는 더디다. 50대, 60대 기성세대가 사회경제적 권력 구조의 정점에 올라 힘을 공고히 하면서, 아랫세대가 올라갈 수 있는 길목을 차단하고 있다는 비판도 나온다. 민주화 세대가 학연, 지연, 혈연의 네트워크를 총동원해 기업, 정당, 사회단체를 장악하고, 정치경제적 세력을 형성해 세대 불평등을 키운다는 것이다. 50대가 임직원을 독식한 결과 40대가 승진하지 못하고, 30대가 임포자를 자처하는 불행한 상황이 펼쳐진다.[7] 취업 후 1년 내 이직을 택한 비율이 2022년 21.8%로 과거에 비해 점차 증가하는 추세인 가운데, 이를 촉진한 요인으로 낮은 급여와 함께 경직된 직장문화를 꼽는 시각이 설득력을 얻고 있다.[8]

국민연금 개혁이 표류하면서 젊은 세대의 불만과 반발심이 커지고 있는 점도 주목해야 한다. 더 내고 지금처럼 받거나 덜 받는 상황이 도래됨에도 불구하고, 더 내고 더 받자는 기성세대의 의견이 압도하면서, 세대 충돌의 징후가 나타나고 있다. 지난 20년 동안 연금 개혁 시계는 제로를 가리켰다. 자신들의 월급에서는 적게 내고, 미래세대의 월급을 탐하려는 기성세대의 욕심에 대해 젊은 세대는 실망감을 감추지 않는다. 더 살기 어렵고 세금 왕창 내야 하는 세상을 만들어 놓고, 결혼 안 한다, 애 안 낳는다고 몰아세우는 기성세대가 위선적이라는 것이다.

전영준 한양대 경제금융학부 교수는 2000년대 이후 태어난 세대는 생애 수입의 40%를 세금으로 내야 할지도 모른다는 충격적인 연구 결과를 발표했다.[9] 저출생, 고령화로 인해 세수가 줄고 복지지출이 늘어나므로 미래세대가 감당해야 할 조세 부담이 크게 늘어날 거란 전망이다.

진정한 변화 없이 현재의 경제, 정치 시스템을 존속시키는 것은 기성세대의 직무 유기나 다름없다. 결혼과 출산이 기피를 지나 파업 수준인 상황이다. 국가의 발전 동력이 빠르게 감소하는 중이다. 새로운 변화 없이는 다가올 미래에 기대할 것은 아무것도 없다. 이것은 비단 어느 한 세대에 국한된 과제가 아니다. 인구의 절대다수를 차지할 기성세대의 복지를 미래세대에게 떠넘기는 식으로는 해결될 수가 없다.

　　변화는 기성세대로부터 시작되어야 한다. 미래세대를 위해 아니 국가의 존속을 위해 더 오래 일하고, 더 많이 내고, 스스로 책임지는 구조를 논의하고 넓혀 가야 한다. 젊은 세대가 기피하는 고단하고 힘든 일이면 어떤가, 기존에 해보지 않던 일이면 어떤가! 수십 년 하던 일을 똑같은 방식으로 고집할 필요는 없다. 일하는 시간을 나누고 정년을 연장하고 소득을 재분배하는 다양한 방식을 논의할 때가 되었다. 미래세대의 부담을 덜어낼 방법을 개인과 국가 모두 함께 고민해야 한다.

정년 연장은 약일까,
독일까 ——————— 2

정년 연장은 필요한가

더디다는 의견도 있지만 최근 기업에 부는 긍정적 변화의 바람은
고무적이다. 공정과 다양성을 포용하려는 여러 시도들이 포착된
다. 공정한 성과급, 직장 내 차별 방지, 복수 노조 허용 등, 당연하
지만 그간 억눌려왔던 요구들을 반영하려는 의지가 엿보인다. 하
청업체와 상생협약을 맺고, 탄소배출권 거래를 통한 녹색 성장을
주도하는 등 적극적으로 ESG 경영을 도입하고 있다. ESG 경영
은 트렌드가 아닌 생존전략에 가까워졌다. 또한 코로나 팬데믹을
계기로 도입한 재택근무, 원격회의, 시간 탄력제 등을 정착시켜
유연한 노동환경을 만드는 데에도 적잖은 노력을 기울이고 있다.

물론 기나긴 여정이 될 것이다. 공정에 대한 요구가 그 어느 세

대보다 거센 MZ세대는 자신의 의견을 피력하는 것에 주저하지 않는다. 기성세대의 입장에서는 조금도 양보하지 않는 것처럼 보이지만, 그들은 양보와 타협보다는 공정한 분배가 필요하다고 느낄 뿐이다. 필요하다고 생각하면 사비를 들여 항의 문구가 번쩍이는 트럭 전광판을 세우는 등 적극적으로 자신의 의사를 표명하기도 한다. 이들과의 조화를 위해 부장과 과장으로 대표되는 직급체계 대신 프로와 크루 체제를 도입하는 기업도 많아졌다. 서로 호칭과 존칭을 통일해서 표면적으로나마 공정성과 다양성을 포용하려는 모양새를 보인다.

앞으로 디지털 네이티브 세대가 본격적으로 노동시장에 진입하고, 생성형 AI에 대한 사회적 수용성이 갈수록 높아지면, 거짓과 위선을 배격하고 투명성과 진정성을 추구하는 '공정'에 대한 사회적 요구는 점점 더 거세질 수밖에 없다.[10]

MZ세대가 만들어 낸 새로운 문화는 처음 등장한 것이 아니다. 블라인드 같은 온라인 익명 커뮤니티는 직장인들의 애환을 표현하고 의견을 전달하는 매개체이자 클린센터 역할을 해준다. 예전에도 '대나무숲'이라고 불리는 사이트가 있었다. 변한 것은 이러한 요구를 받아들이는 기업이나 조직의 태도이다. 조직의 상사나 리더들은 구성원의 목소리를 놓칠세라, 기업 평판에서 부정적 의견이 나올세라 촉각을 곤두세운다. 기업이 조직원들의 태도나 반응에 적극 대응하는 이런 변화들이야말로 미래지향적 변화의 조짐이다.

하지만 이런 긍정적 조짐이 있다고 해서 미래가 온전히 우리가 원하는 방향으로 가지는 않는다. 세대 포용적인 사회는 마치 1학년을 마치면 2학년에 올라가듯 당연하게 오는 수순이 결코 아니다. 미래는 전적으로 구성원들의 선택에 달려 있다. 지속가능한 변화인지, 일시적인 눈가림인지 아직 알 수 없다. 세대 포용적인 미래 사회를 가능하게 하는 것은 사실 일자리이다. 생존을 위해 세대가 대결하지 않아도 되는 일자리를 사회가 마련할 수 있는가 없는가에 해결의 열쇠가 있다.

이웃 나라 일본에서는 지자체나 맥도널드 같은 기업에서 노인들이 젊은이들과 함께 일하는 모습을 흔히 볼 수 있다. 일본은 1994년에 법적 정년을 60세로 연장한 이후, 2013년에 '고령자고용안정법'이 개정되어 2025년까지 모든 기업에서 정년을 65세로 연장하는 탈바꿈이 진행 중이다. 최근 일본 도요타자동차가 직원 고용 가능 연령을 70세까지 확대하는 제도를 공개해 화제가 되었다. 현재 정년 60세에 더해 65세까지 재고용하는 제도를 운용 중인데, 앞으로 전 직종에서 70세까지 고용이 가능해지도록 제도를 정비한 것이다. 지퍼 제조사로 유명한 YKK는 정년제를 아예 폐지하였다. 이러한 기업의 대응은 시니어 고용을 적극적으로 유도하는 일본 사회의 모습을 단적으로 보여준다.[11]

일본뿐 아니라 프랑스 역시 62세였던 법적 은퇴 연령을 64세로 올렸다. 복지국가를 강조하는 유럽 풍토에서 엄청난 사회적 저항을 낳았음은 물론이다. 정년을 연장하면서까지 일하고 싶지 않다는 것이다. 자신들이 누릴 '편안한 노후'를 빼앗길 수 없다는 생각은 북유럽 복지국가들의 변화 추진에 제동을 걸고 있다. '좀 더 일하자'는 생각에 대한 거부는 국가재정 부담을 가중시키고 세대 간 갈등을 부추기는 주요 요인이 되고 있다. 이제 유럽은 한때 매료되었던 복지국가 실현이라는 환상에서 깨어나, 노년기 삶의 질과 일할 권리와 책임을 함께 조화시키는 새로운 설계가 필요해졌다.

싱가포르 역시 2030년까지 정년을 63세에서 64세로, 여기에 재고용 연령 상한을 68세에서 70세로 연장할 계획이다.

이러한 흐름과는 반대 분위기가 읽히는 미국 같은 나라도 있다. 미국 '뉴욕연방준비은행'의 최근 조사를 보면 62세 이후에도 풀타임으로 일하고 싶다고 답한 응답자 비율이 5년 사이에 5% 가량 줄어든 49%에 그쳤다.[12] 과도한 일중독에서 벗어나 삶과 가족을 중시하는 라이프 스타일로의 변화가 감지된다. 정년 연장은 노년기 삶의 질에 부정적 영향을 끼칠 것이며, 시니어에게는 정년 연장보다 쉴 권리를 보장해야 한다는 의견이 힘을 받고 있는 듯하다.

정년 연장 논의에는 선행되어야 할 중요한 전제가 있다. 세대 간의 신뢰와 합의가 우선되어야 한다는 것이다. 수년 전부터 대기업의 거대 노조로부터 시작된 정년 연장 요구는 최근 들어 양상을 달리하고 있다. 그동안은 임금 협상용 카드로 정년 연장을 언급했다면 현재는 본격적으로 협의하고 밀어붙이는 모양새이다. 사측에서는 신규 인력 고용이나 임금 체계, 인사 적체 등 전반적인 고용 구조를 뒤흔드는 문제이기 때문에 신중에 또 신중을 기할 수밖에 없다. 눈에 띄는 대기업의 거대 노조와 사측이 협의를 이루는 순간 정년 연장 논의는 전 사회적으로 급물살을 타고 빠르게 확산될 것이다.

명심해야 할 것은 정년 연장이 청년세대의 일자리를 빼앗는 마중물이 되어선 안 된다는 것이다. 기업 입장에서는 새로운 인력을 교육해서 숙련시키는 비용보다 고도로 훈련된 인력을 현장에 1년이라도 더 배치하는 것이 이득일 수 있다. 이런 1차원적 이해관계에 따라 고용 관행이 변화하고, 여기에 임금 체계의 개혁이 지체된다면 필연적으로 젊은 세대의 일자리에 부정적 영향을 주게 될 것이다.

더 일하기를 원한다면 젊은 세대가 기피하는 노동과 직무도 적극적으로 받아들일 준비를 해야 한다. 과거 익숙했던 일만 찾을 것이 아니라, 낯설고 또 보수가 적은 직업이라도 기꺼이 맡아 일과 삶의 의미를 추구하려는 적극적이고 유연한 태도를 갖춰야 한다. 미래세대에 압력을 가하는 게 아니라 협력하고 공존하려는 진정성이 바탕에 깔려야 한다.

정년 연장이 기득권 보장 수단이 되지 않으려면

정년 연장이 사회적 합의에 도달하려면 신규 고용 감소에 미치는 부작용을 어떻게 막을지 앞서서 논의해야 한다. 정년이 연장되거나 정년 후 재고용이 확산되면서 청년 고용을 포함한 신규 고용 전체가 감소하는 현상은 이미 60세 정년 의무화 실행 과정에서 확인된 바 있다. 한국노동연구원은 60세 정년 의무화로 인해 청년 고용이 약 16.6% 감소했다는 보고서를 냈다. 정년이 길어지면서 기업의 고용 유지비용이 증가하고, 그 결과 노동을 자본으로 대체하고, 비정규직을 늘리려는 움직임이 늘었다는 분석이다.[13] 일자리를 둘러싼 세대 간의 경쟁이 격화될 것을 예상하지 않을 수 없다.

고령화를 먼저 경험한 일본의 선택은 좋은 시사점을 제공한다. 일본 기업들은 60세 정년 의무화가 법제화되기 전부터 90% 이상이 사실상 정년제를 시행했던 것으로 알려졌다. 또 많은 기업들은 65세 고용 확보 조치까지 폭을 넓혔다. 이런 까닭에 일본에서는 사실상의 정년 연령은 65세라는 인식이 널리 퍼져 있다.

일본이 정년 연장을 세대 간 갈등 없이 안착시킨 배경에는 세 가지가 있다고 평가된다. 첫째, 20년 이상 논의를 통해 자연스러운 사회적 합의를 도출했다. 둘째, 기업이 정년 연장, 재고용, 정년 폐지 중 유연하게 선택하게 했고 기업별 노사에 자율성을 부여했다. 셋째, 장년층의 소득 공백기를 줄이는 데 우선순위를 두었다.

일본 정년제의 또 다른 특징은 노사 자율 협의를 거쳐 임금을 결정했다는 점이다. 임금 피크제라는 정부 주도의 강제성 없이도 자연스럽게 60세 정년 혹은 재고용 시 임금 조정을 실행했다. 스미토모그룹 자회사인 스미토모전설(Sumitomo Densetsu Co Ltd)은 65세 이후 70세 재고용 시 급여 수준을 55~80% 수준으로 조정하는 것으로 알려져 있다. 이 모두는 기업의 부담을 줄이고, 또 청년세대의 반발을 최소화해 지속 가능한 고용 모델을 만들려는 일본 정부와 기업, 그리고 사회 전체의 지난한 노력의 결과이다.[14]

정년 연장 및 정년 후 재고용 지표를 청년 고용 지표와 연동하여 양 지표가 제로섬이 아닌 균형과 동반 개선으로 나아갈 수 있도록 정부와 기업, 그리고 노조가 합력하여 정책 설계를 해야 한다. 정년 연장을 장기적 목표로 삼고, 청년 고용 지표를 개선하는 가운데, 정년 후 재고용을 강화하는 방향으로 중단기 목표를 잡는 것도 하나의 방법이다. 정부와 기업은 젊은 세대와 장년, 노년세대가 장점을 갖는 분야를 특화하고 조정해서, 일자리를 둘러싼 세대 간의 경쟁이 격화하지 않도록 유도해야 한다.

20년 후를 상상한 시나리오대로 2044년 27대 총선에서 '젊은 당'이 집권한다면 주력 정책으로 '70세 이상 0.5표' 대신, '70세 정년 연장'을 들고 나오길 기대해 본다. 어쩌면 이미 제도화되어 시행되고 있을지도 모른다. '70세 정년 연장'이 청년의 일자리를 빼앗는 것이 아니라, 생산가능 인구를 늘리고 숙련 기술에 바탕을 둔 생산성 증가를 가져옴으로써 모든 세대에게 이득이라는 사회적 공감대가 형성되어 있다면 말이다.

향후 10~20년간 정년 연장이 점진적으로 확대되고, 노인층의 경제활동 참여가 늘어나는 것은 희망적인 미래의 단초이다. 생애주기에서 건강과 자립생계를 유지하는 구간이 늘어나는 것은 우리 사회가 처한 여러 가지 문제에 대한 해결 방안이 될 수 있다. 예를 들어 저출생 고령화로 인한 경제활동인구 급감을 제어할 수 있고, 국민연금 고갈 시계를 늦출 수도 있다.

최근 이슈가 된 국가적 차원의 외국인 근로자 유입은 경제활동인구 감소를 막는 근본적인 대책이라고 하기에는 어렵다. 언어와 문화 동질성 차원에서 자국민의 정년 연장보다 더 효과가 크다고 장담할 수 없다. 나아가 디지털 전환이 완료되고 AI 기반 산업구조가 정착되면 숙련된 노동 인력의 필요성은 점차 커지게 될 것이다. 이에 따라 정년 연장이 산업구조 혁신에 기여할 것이라는 낙관적 전망도 가능하다.

청년들에게 정년 연장이 기득권 연장으로 비치지 않으려면 더 많은 논의가 필요하다. 사회 전반에서 내실 있는 혁신이 따라줘야 하는 것이다. 연공서열임금으로 대표되는 서열 중심, 연차 중심의 임금 체계에 혁신이 없고서는 청년들이 느끼는 세대적 박탈감은 해소되지 않을 것이다. 기업 문화에서 꼰대문화로 고착돼 버린 위계적 직급제도도 혁신의 대상이다. 실력과 기여도에 따라 평가받는 기업문화가 더 강화되어야 한다.

경우에 따라서는 청년에 포함되는 나이는 몇 살까지인가도 논의 대상이 될 수 있다. 청년기본법 제3조에 따르면 19세 이상 34세 이하인 사람을 '청년'으로 규정하고 있다. 하지만 청년 고용촉진특별법에서는 15세 이상 29세 이하, 공공주택특별법 시행규칙에서는 19세 이상 39세 이하를 청년으로 규정한다. 법령과 조례에 따라 청년에 대한 연령을 각자 다르게 적용하고 있다.

전북특별자치도 청년기본조례의 경우 '청년'은 18세 이상 39세 이하, '완주 청년기본조례'에서는 청년 연령을 18세 이상 45세 이하로 각기 다르게 적용한다.[15] 취업, 금리, 주택공급 부분에서 복지 혜택의 적용 기준이 되는 만큼, 정년 연장처럼 청년의 범위 확대도 논의해 볼 수 있는 것이다.

도대체 우리 사회는 누구를 청년이라고 부르고 규정해야 할까. 이러한 구체적인 논의나 사회적 공론 없이 대기업과 공무원 노조를 중심으로 밀어붙이기식 정년 연장이 된다면 당연히 청년세대의 합의를 끌어내기 어려울 수밖에 없다.

김태유 교수는 저서 『은퇴가 없는 나라』에서 추리력, 계산력, 공간 지각력 등을 포함하는 '유동 지능'은 젊은 세대가 뛰어나고, 반면 노년세대는 축적된 지식, 이해력, 참을성, 배려심 등 '결정 지능'이 탁월하다고 기술하고 있다. 유동 지능과 달리 결정 지능은 나이가 들어도 급격히 감퇴하지 않는 특징이 있다. 유동 지능이 높은 젊은 세대, 그리고 결정 지능이 높은 노년세대가 저마다의 능력과 적성을 살리는 방식으로 새로운 경제, 노동 시스템을 구축할 수 있다면, 인구 위기 극복은 불가능한 꿈이 아니라는 것이다. 양 세대가 서로의 장점을 극대화하고 경쟁을 최소화하는 분야로 진출해서 경제적 효과를 극대화하자는 것이 주장의 핵심이다. 노년이 되어도 교육받고 또 취업하기를 반복하는 이모작, 아니 다모작 경제로 이행할 수 있다면, 대한민국의 미래에는 한줄기 서광이 비출 수도 있다는 것이다.[16]

야나가와 노리유키(柳川範之) 전 도쿄대학원 교수 역시 비슷한 취지의 생각을 밝혔다. 일본은 정해진 길을 벗어나는 순간 가혹한 현실에 당면할 것이라는 두려움이 있다고 한다. 인생 100세 시대를 살면서 정년이라는 틀을 넘어, 20~40세, 41~60세, 61~75세로 20년씩 구간을 나눠 인생의 새로운 목표를 세우고, 새로운 일에 도전하는 사회를 만드는 데에 매진한다면 일본이 당면한 위기를 극복할 수 있다는 주장이다.[17] '단계별로 기업이 마음대로 해고'할 것이라는 비판적 시각도 있다. 하지만 주장의 핵심은 기업이 아닌 개인에게 있다. 인생의 길고 긴 항해에서 지속적으로 일을 찾고, 실행하고, 스스로를 책임지는 새로운 라이프 모델을 제시하고 있다. 이는 우리 사회가 참고할 만한 지점이다.

20년 뒤의 대한민국, 70세 이상 노년은 어떤 모습을 하고 있을까? 과도한 정치적 신념에 사로잡히지 않은 70대, 자아실현과 개인의 취향을 중시하는 70대, 말 한마디까지 책임지려는 어른으로서의 70대를 우리는 만날 수 있을까?

지금 선택에 따라 우리 사회는 전혀 다른 방향으로 바뀔 수 있다. 결국은 기성세대의 불이익은 청년세대의 부담으로 돌아오고, 청년세대의 고통은 기성세대의 부담으로 돌아온다는 단순한 진리를 깨닫게 되는 선택이 필요하다. 협력하지 않고 공존할 수 있는 창의적 방식이란 애초부터 불가능하다.

더 일하겠다는 한국의 노년층

스스로 잘 늙어가고 있다고 생각하는 노년층이 적지 않다. 스마트폰은 물론 키오스크나 배달 앱도 능숙하게 사용한다. 젊어서는 해보지 못한 가수 팬클럽이나 스포츠 동호회, 지역사회 봉사 모임에 참여하는 등 사회활동도 활발하다. 이들은 '60대는 아직 청춘이고, 인생은 70부터이며 지금이 가장 행복한 때'라고 말한다. 자신의 삶을 즐기는 것뿐만 아니라 캥거루족이 된 자녀들에게도 비교적 관대하다. 장성한 자녀와 같이 살면서 생활을 돌보는 게 결코 쉬운 일은 아니지만, 그조차도 기꺼이 감수하려는 경우가 많다. 손자 손녀도 키워주겠다며 낳기만 하라는 부모, 결혼만 하면 다 준비해 주겠다는 부모도 많다. 평생 비축한 경제력과 남은 체력마저 자녀들에게 쓰고 싶어 하는 노년층에게 일자리는 더욱 절실할 수밖에 없다.

이에 부응하듯 손자 손녀를 키우는 노인들에게 요양보호사처럼 자격증을 따도록 하고 여기에 육아 급여를 지급하는 방안이 한창 논의되는 중이다. 부모로서 자녀를 위해 헌신하는 모습 자체가 하나의 노동이자 직업이 될 수 있다는 점에서 의미가 깊다고 하겠다. 현실화된다면 가족과 사회 구성원들이 서로를 배려하고 돕는 전통을 지원하고, 또 노령 인구가 일할 수 있는 터전도 만드는 일석이조의 촉매제가 될 것이다.

한국 노인이 더 일하고 싶어 하는 데에는 '폐 끼치고 싶지 않다'는 것이 가장 큰 이유로 작용한다. 누군가에게 의지하려는 관성에서 탈피해, 사회·경제·문화적으로 독립적인 삶, 스스로를 책임지려는 '액티브 시니어'는 이제 노년문화의 대표명사가 되었다. 여기에 더해 수명 증가로 인해 필수 생애주기가 연장되고, 경제 욕구는 커졌지만 대부분 하우스 푸어인 현실도 무시할 수 없는 요인이다.

더 일하고자 하는 태도는 어느 나라에서나 나타나는 공통된 현상은 아니다. 우리나라와 일본을 비롯한 몇몇 나라를 제외하곤 찾아보기 힘들고, 특히 복지가 잘 발달된 여러 선진국에서는 상상하기 어려운 일이다. 유럽에서도 연금 문제를 풀기 위해 정년을 연장하고 연금 수급 시기를 늦추는 안들이 나왔다. 하지만 대부분 고령층의 강력한 반대에 부딪혀 좌초했다.

2022년 프랑스 마크롱 대통령은 정년 및 연금 수령 연령을 62세에서 64세로 늦추는 개혁안을 통과시켰으나, 노동조합과 시민들의 강력한 저항에 부딪혔다. 연일 백만 명이 넘는 사람이 시위에 참가했고, 상점을 습격하고 관공서에 불을 지르는 등 과격 시위 양상으로 번졌다. 경찰은 최루탄을 쏘며 시위대를 해산시켰고 수백 명을 체포했다. 연금 개혁 반대 파업 지지율이 65%를 넘는다는 뉴스들이 앞 다퉈 보도되었다.

'청년에겐 지옥, 은퇴자에게 천국'으로 알려진 이탈리아는 복지지출의 60% 이상을 노인 복지에 쓰고 있는 나라이다. 극심한 세대 간 갈등을 경험한 대표적 사례로 언급된다. 복지예산 대부분을 고령층에 집중한 탓에, 청년과 일반 시민에 대한 복지예산은 타 유럽 국가들에 비해 형편없이 낮은 수준이다. 청년 실업률이 30%에 육박하고, 희망을 잃어버린 수만 명의 젊은이들이 매년 이탈리아를 떠나고 있지만, 복지 의존도를 줄여 미래세대의 짐을 덜어줘야 한다는 생각은 기성세대로부터 외면받는 실정이다.[18]

유럽의 예처럼 복지가 국민의 삶의 질에 미치는 영향을 고려하면 더 일하겠다는 한국 노인들의 태도는 고맙게 받아들여야 할 일이다. 이들에게는 나 혼자의 삶이 아니라, 가족의 삶, 집단의 삶을 우선시하는 전통적 가치관이 자리 잡고 있다. 개인적 욕망을 억누르고 협력하는 삶을 사는 것을 당연하게 받아들이며 살아온 세대이다.

평생 자녀 성공을 위해 살아 온 탓에, 하우스 푸어를 자처하고 체력이 허용하는 한 일하겠다는 이들에게 사회가 마련한 대책이라고는 찾아보기 힘들다. 액티브 시니어가 확산되어 가는 것은 활력적으로 노년기를 보내고자 하는 것이지 이기적으로 자신만을 위해 살겠다는 의미가 아니다. 나이 들어서도 일하겠다는 태도에는 이러한 맥락이 있음을 이해해야 한다. 사회와 국가가 나서서 취약한 시니어들을 위한 경제적, 심리적 버팀목을 튼튼히 만드는 게 중요하다. 이 버팀목의 핵심이 바로 노년층 일자리이다.

각자의 책임을 떠올리는 방법

누구도 원하지 않았지만 우리에게 닥친 저출생 고령화라는 위기, 이 엄중한 현실 앞에서 기성세대와 모든 사회 구성원들은 겸허하게 각자의 책임을 떠올려야 한다. 기성세대와 노년층의 역할은 이 암담한 상황을 타개하고 우리 사회가 발전적으로 나아갈 방향을 제시하는 것이다. 청년세대에서도 60대, 70대까지 일하기를 원하는 비중이 절반이 넘는다는 최근 조사 결과도 있다.(밀레니얼 51%, Z세대 49%)[19] 스스로 자립하고 책임지는, 또 자립하려는 의지 앞에 충분한 기회가 제공되는 사회를 만들어나가는 것은 기성세대의 몫이다.

기성세대와 모든 사회 구성원들이 좀 더 겸허해지고 각자의 책임을 떠올릴 수 있는 방법은 무엇일까? 우선 '공동체의 존속이 곧 개인의 존속'이라는 점을 인식하는 것이다. 국민연금을 비롯한 복지 부담을 둘러싸고 세대가 갈등하는 가운데, 생산가능 연령 인구 집단에서 노년세대를 프리라이더(Free Rider)로 여기는 것이 우리의 현실이다. 이러한 분위기 속에서 '모두의 존속이 곧 나의 존속'이라고 인식하기란 쉽지 않지만, 매우 중요하다.

일본 NHK 스페셜 취재반이 펴낸 책 『미씽 워커의 충격: 일하기를 포기한 100만 중장년층 ミッシングワーカーの衝擊: 働くことを諦めた100万人の中高年』에 따르면, 생산연령 인구인 40, 50대가 경제적 여유가 없어 직접 부양하다가 부모님이 돌아가신 후 재취업에 실패해 사회적 고립을 겪는 사례가 적지 않다고 한다. 일본 중장년 히키코모리 60만 명 중 상당수가 이런 사례에 해당하는 것으로 추정된다.

이는 우리에게 숙고할 주제를 던지고 있다. 복지와 돌봄을 비롯한 사회적 책임을 공동체가 아닌 개인이 온전히 떠안게 될 때, 그 부담은 개인에게는 절망적인 무게로 다가올 수 있다. 복지라는 사회적 안전망은 당사자에게만 절실한 것이 아니라 사회 전체를 위해 존재해야 함을 시사한다. 나아가 복지는 수혜계층의 자립을 우선으로 해야 하며, 미래세대의 부담을 줄여주려는 의도가 개입되어야 한다. 스스로를 책임지는 개인과 이를 격려하고 돕는 집단이 조화를 이뤄야 한다는 것이다. 공동체와 집단을 위한 개개인의 노력은 결국 개인의 삶을 지탱하기 위한 수단이며, 따라서 그 자체가 중요한 목표라고 볼 수 있다.

협력이라는 것은 지극히 이타적이고 때론 희생을 동반하기도 하지만, 궁극적으로는 협력하고 공동체를 위해 노력할 때 개인도 생존하고 번성할 수 있다는 점을 깨우쳐 준다. '협력개인'의 쓸모를 여기에서 발견할 수 있다. 즉 협력적인 태도가 결국은 지극히 개인적인 생활을 보장하는 셈이다. 협력개인은 결국 나, 너, 우리 모두의 공존을 위한 각자의 책임을 일깨운다.

상암동 MBC 사옥 앞에는 「미러맨Mirror Man」이 자리하고 있다. 이 조각상을 제작한 유영호 작가는 「그리팅맨Greeting Man」으로 유명하다. 가볍게 쥔 양 주먹을 엉덩이 옆에 바짝 붙이고 45도로 인사하는 「그리팅맨」을 처음 보았을 때 온몸이 찌릿했던 기억이 난다. 인사하는 자세 하나로 겸손함과 남을 배려하는 우리 민족 고유의 심성을 이토록 잘 드러낸 작품이 있을까.

주위를 둘러보면 「그리팅맨」과 같은 겸손한 자세, 그리고 낯선 것에 대해 열린 태도를 갖춘 시니어들이 있다는 것을 깨닫게 된다. 물론 이기적인 꼰대 어르신들도 참 많다. 미래 공존을 위해 절실한 연금개혁, 조세개혁에 눈감는 어른들과 기성세대를 보면, 비호감을 넘어 울화가 치밀기도 하고 적개심이 올라오기도 한다. 하지만 세상의 모든 어른이 꼰대는 아니다. 「그리팅맨」과 같은 외적인 건강함은 물론이고, 그 인사하는 자세가 뿜어내는 겸양과 솔선수범의 아우라를 꼭 빼닮은, 사회적 건강함을 갖춘 어른들이 보이지 않은 곳에서 우리 사회를 떠받치고 있다. 어찌 보면 직장에서 신입이나 초년생들이 몸에 익혔을 법한 인사하는 자세를 기꺼이 몸에 익히고, 낮아지는 자세로 아랫세대와 소통하려는 모습은 지금의 젊은 세대가 바라고 기다리는 우리 사회의 진정한 어른의 원형과도 같다.

기성세대는 스스로에게 자문해야 한다. 나는 과연 그리팅맨인가? 나는 협력개인인가? 이들이 마중물이 되어 존재감을 과시할 때 세대가 연대하고 변화하는 적극적인 미래가 가능하다.

생 (生) 존 (z o n e) 십 (s h i p)

유영호 작가의 「그리팅맨(Greeting Man)」
인사하는 자세 하나로 겸손함과 남을 배려하는 우리 민족 고유의 심성을 이토록 잘 드
러낸 작품이 있을까.

젊은 세대에게 필요한
협력적 태도 ——————— 3

어른 친구가 있으면 좋은 것들

유튜브 웹 예능 「청소광 브라이언」에서 브라이언은 자신의 청소
능력을 십분 발휘해 게스트의 집을 청소해 주는 캐릭터로 큰 관
심을 불러일으켰다. 1화 조회수는 무려 480만 회를 넘었고, 전체
누적 조회수는 2천만 뷰가 넘는다. 청소만 했을 뿐인데 환골탈태
한 공간을 보면서 환호하는 사람이 적지 않았다. 보는 사람으로
하여금 왠지 그렇게 청소하면 될 것 같은 기분이 들게 한다. "더
러우면 싸가지가 없는 거예요."라고 말하는 브라이언의 코믹함
과 연예인임에도 불구하고 땀 흘리는 육체노동은 보는 재미를 더
했다. 더군다나 요즘 세대들이 그토록 힘들어하는 청소 콘텐츠니
인기를 끌 법하다.

생 (生) 존 (z o n e) 십 (s h i p)

요즘 세대에게 청소는 무척 힘겹고 낯설다. 학교에서부터 직장까지 늘 청소를 해주는 사람들이 있다. 심지어 자기 방이 어질러져 있어도 엄마라는 '청소의 달인'이 내버려두지 않는다. 그러니자기 방 청소를 넘어 학과방이나 회사 사무실, 그리고 집안 대청소를 해야 하는 상황이 닥치면 어찌해야 할 바를 모르고 강요받는 느낌마저 든다.

반면 기성세대에게 청소는 일상의 중요한 부분을 차지하는 행위였다. 자기 방 청소는 당연하고, 학교에 가면 교실뿐만 아니라교무실, 교장실, 복도, 화장실 등 당번을 정해 청소하고 검사를 통과해야 하교할 수 있었다. 그러니 청소가 당연한 습관으로 몸에밴 어른들 눈에 요즘 것들의 더러움이야 이루 말 못할 지경에 이른다. 만약 지금 이런 생각을 가진 교장선생님이 교육한다고 학생들에게 청소를 시켰다가는 학부모 민원에 엄청 시달릴 일이다.

청소 하나만 봐도 세대 간 인식 차이는 이토록 크다. 청소를 교육의 일환이라고 생각하는 기성세대와 청소는 당연히 누군가가해주는 것인 줄 알고 자라온 세대 사이에는 낯설고 익숙지 않은것들로 가득하다. 마음을 열고 이해해 보라는데, 참 말처럼 쉽지가 않다. 젊은 세대에게 어른들과의 관계는 마치 청소 같은 느낌을 준다. 꼭 해야만 하나 싶은, 누가 대신해 줬으면 하는, 거의 경험이 전무한 새로운 활동을 수행해야 하는 상황과 비슷하다.

그렇게만 받아들일 일은 아니다. 어른들과 잘 지내는 것은 의외로 어렵지도 않고 좋은 일도 많이 생긴다. 어른들과 잘 어울리는 사람은 사실 인간관계에서는 더 배울 것도 없다. 틀에 갇히지 않고 인간 대 인간으로 교류하는 법을 일찍 깨우치는 것만으로도 훌륭한 인적 네트워크를 형성할 수 있기 때문이다. 나이와 가치관을 떠나 사람에 대한 관심 그 자체로 이해하고 교류하려는 태도는 삶을 훨씬 더 풍성하게 만든다. 선입견 없는 생각과 태도를 지닌 사람에게는 기회와 사람이 다가오기 마련이다.

무엇보다 경계하는 마음을 거두고 나면, 자기 주변에 있는 경륜과 식견을 갖춘 어른들이 눈에 들어오게 된다. 실수하면 대뜸 면박부터 주고 가르치려 드는 사람도 있지만, 성취를 진심으로 축하하고, 실수를 반복하지 않도록 독려해 주는 선배나 직장 상사, 선생님도 있다. 그렇게 자신감을 불어넣어 주는 인생 선배들 덕분에 어려운 고비를 넘긴 경험이 다들 한 번쯤은 있을 것이다.

가끔씩 본인 자랑이나, 내 자식이 얼마나 잘 자랐는지 말하고 싶어 안달인 분들도 있다. 하지만 이분들이 꼭 꼰대여서 자기 자랑을 하려는 게 아니다. 우리에겐 모두 자랑하고 싶은 마음이 있다. 타인의 인정을 바라는 것은 인간 보편의 심리이다. 그분들의 말과 행동을 존중하고 경청하는 공감 능력만 있으면 견딜 수 있다.

공감이 곧 항마력이라고는 하지만 어른을 대하는 일은 결코 쉽지 않다. 특히 규칙과 위계가 분명한 직장에서 직급이 주는 무게를 초월해 인간 대 인간으로 다가서기란 무척 힘든 일이다. 세상이 자기 위주로 돌아가는 것처럼 구는 '요즘 것들'이라 할지라도,

'꼰대' 꼬리표가 붙은 어른과 허물없이 교류하는 것은 엄두를 내기 어렵다.

가까이 하고 싶은 어른, 멀리하고 싶은 어른은 분명 따로 존재한다. 종종 학생들과 대화하다 보면, 기본적으로 '따라하고 싶다', '나도 저렇게 되고 싶다'라는 끌림을 주는 어른이 따로 있다는 걸 알 수 있다. 그들이 말하는 따르고 싶은 '멋진 어른'에는 두 가지 의미가 함축되어 있다. 우선 일적으로는 자신의 직업을 충실하고 훌륭하게 해내는 '본업 천재'이다. 그리고 사적으로는 섣부른 조언을 하지 않는다. 후배나 나이 어린 사람이 먼저 물어보지 않는 이상 조언하거나 가르치려 들지 않는다. 자기 분야에서 확실한 한 획을 그은 사람이면서 아무리 나이 차이가 나더라도 간섭 혹은 지적 없이 온전히 존중해 주는 사람이 '멋진 어른'으로 인식되는 것이다.

주변에 있을지도 모르는 '멋진 어른'을 찾아 가까이 지내는 것은 남다른 자산이 되어줄 것이다. 자기계발을 위해 애쓰는 시간의 일부만이라도 어른들과의 교류에 투자한다면, 그 이상의 효과를 가져 올 것이다. 인정하고 싶지 않겠지만 '오케이 부머들'은 진짜 손에 자산을 쥐고 있기 때문이다. 자산에는 돈은 물론 이 사회를 일궈온 화려한 인맥, 좋은 기회를 알아보는 안목까지 다 포함된다. 이들이 젊은 친구들과의 교류를 마다할 이유는 아무것도 없다. 젊음은 젊음 그 자체로 시간을 투자해 교류하고 싶은, 자신에게는 없는 훌륭한 가치이기 때문이다. 부탁하면 자연스럽게 들어주는 어른이 있다는 것만으로도 남다른 자산을 지닌 것이라 여겨도 된다. 아직까지 우리나라는 모르는 사람보다는 아는 사람의 말을 귀담아 듣고, 문제를 해결할 때는 지인들이 많을수록 해결이 빠른 편이다. 이러한 무형의 자산을 나눌 어른 친구가 있다면 마다할 이유가 있을까. 말끝마다 "나 없으면 어떡할 뻔 했어?"라고 생색내는 어른이라면 별로지만 말이다.

멋진 어른을 알아보는 방법은 쉽고 간단하다. 바로 사용하는 말의 품격을 보는 것이다. 젊은 세대에서는 나이는 그저 숫자일 뿐이라는 인식이 널리 퍼져 있지만 기성세대는 그렇지 않다. 나이가 깡패라는 인식이 더 넓게 퍼져 있다. 나이에 상관없이 상대방을 온전히 자신과 동등하게 여기고, 그 존중의 표시로 존댓말을 사용하는 어른은 생각보다 찾기 힘들다. 한눈에도 어려 보이는 이들에게 초면이라 할지라도 말을 놓기 일쑤이고, 자신과 견해가 다르면 생각이 틀려먹었다고 단정하는, 나이만 먹은 사람도 많다.

한편 어른들과의 교류는 개인적 차원의 단순한 이점을 넘어 사회적 갈등 해결에도 이로운 영향을 미친다. 60세 이후 은퇴를 경험한 어른들은 심리적으로나 신체적으로 위축될 수밖에 없다. 이들의 능동적 사회적 참여를 이끌어 내는 것은 사회 전체의 행복지수를 올리는 일이기도 하다. 자기 또래의 문화를 벗어나 상하종횡으로 사람을 사귀고 이해하는 일은 사회적으로 살아있음을 증명하는 일이다.

생 (生) 존 (z o n e) 십 (s h i p)

비록 멀리하고 싶은 어른이라 할지라도 배울 점은 있다. 경험에서만 우러나오는 인생 노하우 하나는 누구나 다 있다. 긍정적으로 보면 보인다. 자세히 보고 오래 보아야 예쁘다는 것은 인간관계에서의 진리일 것이다. 젊은이든 어른이든 스스로가 '세대 편견과 갈등'으로부터 자유로워지고, 또 고착화되는 것을 경계하고, 이 과정에서 폭 넓은 교류를 통해 경험의 깊이를 깊게 만들고, 나 자신을 유연하게 만들려는 노력이 필요하다. 나이가 많든 적든, 디지털 기술을 많이 알든 모르든 누구에게나 친구는 필요하다. 그것도 내가 가지지 못한 매력 자본을 가진 사람이라면 말이다.

젊은 꼰대가 되는 이유

세상에서 가장 무서운 사람은 '한 살 위 선배'이다. 학교나 직장이나 한두 살 많은 선배들이 유독 위계질서나 기강을 잡으려 든다. 코로나 이전에는 특정 단과대 앞에서 후배들이 선배들을 향해 90도 허리를 굽혀 인사하는 모습을 종종 보곤 했다. 입학식도 못 치르고 대학생활을 시작한 코로나 학번 이후로는 선후배 간 결속력이 약해져서 이런 현상은 거의 사라진 듯하다. 하지만 결속력과 유대관계를 중요시하는 집단에서는 여전히 90도 인사가 남아 있다.

도대체 한 살 차이로 선후배를 가르고 존대와 인사를 강요하는 문화는 어디에서부터 온 걸까. 혹자는 유교문화라고 하는데 유교문화는 나이를 이렇게까지 잘게 쪼개지 않는다. 자신보다 나이가 두 배 정도 많으면 부모 대접을 하고, 열 살 정도 차이 나면 형 대접을 하고, 행여나 대여섯 살 차이가 나도 친구로 어울리며 함부로 하대하지 않는 것이 유교적 풍습이다. 한 살 차이로 선배와 후배를 가르는 것은 아무래도 학교나 군대에서 비롯된 것 같다. 일정 기간이 지나면 학년이 올라가고, 계급이 올라가면 자신의 달라진 지위를 한껏 뻐기고 싶은 유아적 발상이 아니고서야 설명이 안 된다. 오죽하면 빠른 년생까지 따져서 친구인지 선후배 사이인지 규정하려고 들까. 한국 사회의 형님 문화, 나이와 지위에 따라 달라지는 호칭 문화의 영향이 적다고 할 순 없다.

#인사

"선배를 보고도 인사를 안 해서 내가 인사 받으러 나왔어. 너 안면 인식장애 있니?" KBS 드라마 「라디오 로맨스」에서 20대 여성이 후배에게 쏘아붙인 말.

#출근

"9시 딱 맞춰 출근하는 거예요? 최소한 10분 전에는 와서 업무 준비해야죠." 신입사원이 줄곧 정시 출근을 하자 참지 못한 선임의 한마디. 선임은 신입사원이 들어온 덕분에 막내에서 탈출.

#단톡

"업무 관련 사항을 읽었으면 하다못해 '네'라고 하든가, 어떻게 진행하겠다 말을 해야 하는 거 아녜요?" 팀 단톡방에 올라온 업무 관련 사항을 읽기만 하고 답을 안 한 사람이 있음. 참지 못한 김대리 한 사람씩 전화로 색출.

이런 장면을 연출하는 건 기성세대가 아니라 요즘 20대, 30대들이다. 소위 말하는 '젊은 꼰대'이다. 신입이나 사회초년생들이 기성세대와 같이 일할 때에는 이런 사소한 부분에서의 지적은 거의 없다고 한다. 최근 꼰대문화에 대한 반감이 뉴스거리로 자주 등장하다보니, 오히려 기성세대들은 자신이 꼰대 취급당할까봐 하고 싶은 말이 있어도 자제하는 편이라고 한다. 꼰대는 원래 1960년대 담임선생님이나 학교 교사를 지칭하는 은어였는데, 시간이 흘러 고리타분한 상명하복 위계질서를 강요하는 사람의 대명사가 되었다. 위의 장면들에서 보듯이 꼰대는 나이에서 비롯되는 게 아니라 태도에서 비롯된다.

자신이 꼰대임을 인정하는 기성세대와 달리 젊은 꼰대는 자신이 꼰대라고 생각하지 않는다. 오히려 조직의 위아래 균형을 잡는 허리 역할이라고 생각한다. 직장생활 4~5년 지나 일머리를 터득하고 나면 한참 자신감이 차오른다. 이 조직이 원하는 것을 알고 있고, 성과를 낼 수 있으며, 본인이 없으면 조직에 큰 타격이 온다고 믿는다. 뭔지는 모르지만 프로답게 행동해야 한다는 생각에 사로잡힌다. 상사나 조직의 요구가 부당하다고 생각되면 언제든지 맞서 의견을 피력할 준비가 되어 있는 반면, 후배들에 대해서는 엄격하다.

조직의 관행을 솔직히 비판하고 대안을 제시하는 신입을 보면 '나도 가만히 있는데 네가?' '내가 해봐서 아는데' 등 부정적인 반응을 보이기 일쑤이다. 분명 신입 교육 때 "궁금한 거 있으면 다 물어 봐." 이렇게 나이스하게 말했는데, 정작 이런 저런 자질구레한 질문을 해오면 "이런 것도 몰라?" 하고 한심하게 여긴다. 직장 생활의 사춘기마냥 생각과 태도가 겉돈다. 서로를 향한 질문과 대화는 줄어들고 협업이 필수인 프로젝트에서는 예상과 다른 결과물이 도출되기도 한다.

자기 뜻대로 통제하고자 하는 욕망에 빠져 의도했건 그렇지 않건 기성세대의 위계질서를 그대로 답습하는 모습을 보이곤 한다. '우리들의 일그러진 젊은 영웅'을 발견하면 짧은 한탄이 나온다. 결국 자기 아집에 빠져 상대를 쉽게 판단하고, 편견으로 고정된 틀에 집어넣으려는 시도가 보이면 남녀노소를 떠나 누구든 꼰대가 될 수밖에 없다. 조직에 빨리 적응하고 조직을 위해 헌신하려는 마음이 클수록 젊은 꼰대가 되기 쉽다. 수평조직을 만들기 위해 애쓰지만 조직은 원래 수직적이다. 수직의 조직 문화에 길들여지는 건 직장인으로서의 숙명이기도 하다.

기시미 이치로(岸見 一郎)와 고가 후미타케(古賀 史健)가 철학자 아들러(Alfred Adler)의 이론을 토대로 집필한 저서 『미움받을 용기』에 보면 다음과 같은 사례가 나온다. 설거지를 돕는 대상이 자식일 경우 '잘했다'며 칭찬을 하지만, 배우자일 경우 '고맙다'는 감사의 표시를 하는 게 우리의 일상이라는 것.[20] 칭찬이라는 긍정적인 행위도 사실은 수직적 관계를 토대로 이뤄진다. 일상의 사소한 부분에서도 권위와 수직적 관계가 스며들어 있는 것을 인식할 필요가 있다. 이를 인식하지 못하면 자신이 권위적인지도 모르고, 젊은 꼰대에서 벗어나기도 어렵다.

젊은 꼰대에서 해방되는 방법은 생각보다 간단하다. '내가 모를 수 있다, 내가 틀릴 수 있다, 나는 전부가 아닌 일부이다' 하는 메타인지를 확고히 하면 된다. 자신이 무엇이 부족하고 무엇을 잘하고, 자신의 장점을 어떻게 더 발전시켜 나갈지 고민하는 것이다. '나는 나를 존중하지만 내가 항상 옳다고 생각하지는 않는다, 내 주장도 옳지만 상대방 주장도 옳다, 옳고 그름을 떠나 상대방 주장이 더 조직에는 도움이 된다'고 생각하는 상대주의적 태도 말이다.

내가 아닌 타인의 주장에 힘이 실리는 것은 곧 내가 도태된다는 의미가 아니다. 그럼에도 불구하고 그동안 승자독식 구조로 일관해 온 사회 분위기 덕분에 내 주장이 안 받아들여지면 그것은 곧 패배라고 인식하는 풍토가 만들어졌다. 기업은 이윤 추구가 최우선이고, 회의에서는 이길 수 있는 결론이 나야 하고, 조직의 결정은 따를 수밖에 없고, 번번이 양보하면 도태되는 등 사람들을 '모 아니면 도'로 움직이게 한 것이다. 이를 벗어날 필요가 있다. 약간은 부족한 듯한, 혹은 잘 모르는 자신을 허용할 수 있을 때 비로소 후배 세대를 진심으로 받아들이고 독려할 수 있다. 후배는 가르치는 대상이 아닌 나에게 도움을 주는 대상으로 새롭게 인식할 수 있고, 이런 생각이 꼰대를 벗어나는 생각이다.

일상에서 누군가에게 조언할 때도 마찬가지이다. 나의 조언이 때론 후배가 원치 않거나 필요로 하지 않는 행동일 수 있다는 것을 인지하는 태도가 중요하다. 꼰대가 되지 않기 위해 해야 할 것은 불필요한 눈치 보기가 아니라 '후배 세대가 필요로 하는 것', 그리고 '그들에게 필요한 것이 무엇인지 아는 것'이 아닐까?

최근 온라인에 '꼰대력 테스트'라는 것이 유행하고, 여러 커뮤니티에서 '이런 제가 꼰대인가요?' 혹은 '꼰대가 되지 않기 위해 어떻게 해야 할까요?'라는 질문과 글들이 흔하게 올라온다. 많은 이들이 자신도 꼰대가 될 수 있고, 꼰대 같은 행동에 대한 자기 검열을 통과하는 중이다. 이런 현상들은 결국은 소통하고자 하는 의지의 표현일 것이다. 젊은 꼰대보다는 말이 통하는 선배가 훨씬 좋은 포지션인 것은 서로 이미 충분히 알고 있다.

피드백을 넘어 피드포워드로

요즘 직장에서 하급자가 상급자에게 고마워요, 수고해요라고, 'ㅇㅇ해요'체로 말하는 것에 대한 의견이 분분하다. 한 온라인 커뮤니티에서 "신입이 계속 '고마워요'라고 하는데 뭔가 계속 거슬린다."는 의견이 올라왔다. 다른 직장인 역시 신입직원에게 업무를 가르쳐 주다가 당황했던 경험을 토로한다. 업무를 배운 신입이 이렇게 말했다고 한다.[21]

> "선배, 참 잘 가르쳐 주네요."
> "고마워요, 수고했어요."

처음에는 잘못 들은 줄 알았다고 한다. 신입이 마치 선배 같은 어투로 말해서 괜히 기분이 이상하고 불편한 마음이 들었다는 것이다. 얘기를 할까 고민하다 결국 꼰대 소리 들을까 봐 하지 못했다고 한다.

신입들의 입장은 조금 미묘하게 다르다. 이들은 말투나 단어 자체보다 발화가 이뤄진 의도와 맥락이 더 중요하다는 입장이다. '수고했어요'라고 한 것은 '고생하세요'라고 말하면 안 될 것 같아서 나름 고민해서 고른 인사말이라는 거다. 대체 뭐가 문제냐는 입장이다.

이처럼 애매하게 존대하는 사회초년생의 사례는 일부 청년에만 국한되지 않는다. 이 또래 청년들의 일반적인 패턴에 가깝다. 사회생활 경험이 처음인 데다, 학교생활을 하는 동안 수평적 관계에 익숙해져 있었기 때문에 직장생활을 시작하면서부터는 뭔가 어색한 것이 계속해서 터져 나오는 것이다.

이럴 때 과감하게 학교생활과 직장생활의 다른 점을 알려주고 안내해 주는 사람이 있으면 빨리 배우고 넘어가는데 현실은 그렇지 못하다. 꼰대 소리 들을까 봐 선배들이 조언하기 꺼리는 분위기이다. 세대편견이 워낙 넓게 퍼져있다 보니, 합리적인 조언이 곧이곧대로 받아들여질지 모르겠다는 것이다. 물론, 지적하는 것이 껄끄럽고 부담스러울 순 있다. 하지만 조직생활에서 필수적으로 협력해야 하는 파트너이기 때문에 내 감정을 최대한 절제하고 팩트 중심으로 설명해 주고 동의를 구한다면, 여기에 대고 꼰대 낙인찍기로 응수하는 이들은 아마 없을 것이다.

요즘 주목받는 피드백 기법을 참고하면 도움이 될 것 같다. 기업 리더들 사이에서는 잘못을 직접 지적하는 방법보다, '그 상황에서 나라면 이렇게 했을 거야'라고 내가 취할 수 있는 행동을 담담히 전달하는 피드백이 인기를 끌고 있다고 한다. 이런 편안한 피드백이 가능해지려면, 평소에 동료들과 충분히 신뢰 관계를 쌓아야 한다. 업무를 넘어 적절히 일상을 공유하면서, 서로에게 도움을 주고 또 지지해 주는 관계가 된다면 피드백 또한 자연스럽게 된다. 사회도 개인도 신뢰라는 밑바탕이 없다면 구성원들의 관계는 견고해지지 못하고, 작은 갈등에도 쉽게 흔들리는 불안한 상황에 노출될 수 있다.

구글은 과거의 실수나 문제를 지적하는 '피드백(Feedback)' 대신, 개인이나 팀이 어떻게 앞으로 개선하고 발전할 것인지에 초점을 맞추는 '피드포워드(Feedforward)'를 소통 전략으로 사용한다고 한다. 업무 능력을 더 끌어올리기 위해서 이미 저질러진 실수를 지적하는 차원이 아닌, 앞으로 하고자 하는 의지에 초점을 맞추는 것이다.

후배가 조직에서 어떻게 성장할 수 있을지, 어떻게 발전해 나갈지에 초점을 맞추는 것은 상당히 바람직한 방향이다. 그 조직 안에 나도 있고, 후배도 있다. 같이 성장하고 이를 회사가 금전적으로 보상한다면 금상첨화라 할 것이다. 동료 간 성과급 추천권을 제도화한 구글의 '동료 보너스 프로그램(Peer Bonus Program)' 같은 것이 우리 기업에 도입된다면 충분히 가능한 일이다.

꼰대와 조언자는 분명히 다르다. 관계에 대한 두려움 때문에 파트너에게 사려 깊은 조언조차 못 한다면, 결코 바람직한 관계라고 볼 수 없다. 섣불리 말하다가 꼰대 소리 들을까 봐 입을 아예 다무는 것은 위험하다. 말이 없는 사회, 조용한 조직은 많은 위험 요소를 내포하고 있다. 언제 갈등이 터져 나올지 알 수 없다.

우리 사회의 구성원들은 자기중심적이라기보다 서로가 눈치를 보는 경우가 많다. 서로를 인식하고, 보조를 맞추고, 함께 일하고자 하는 욕구가 강하다. 이는 서구 사회에서는 좀처럼 찾기 힘든 장점이다. 후배나 신입, 더 나아가 조직 구성원 모두 '핵개인'이 아닌, '협력개인'이라는 시선으로 바라봤으면 한다.

콜라겐을 채울 때 ———— 4

우리 사회의 노화방지를 위하여

콜라겐은 몸의 탄력을 만들어 내는 중요한 단백질이다. 피부, 뼈, 혈관 등 우리 신체의 다양한 곳에서 세포와 세포를 연결하는 중추적 역할을 담당한다. 충분히 채워져 있다면, 윤기 나는 피부와 튼튼한 뼈, 유연한 관절이 조화를 이뤄 젊고 건강한 신체를 유지하도록 돕지만, 결핍되면 주요 신체에 문제를 야기하고 결국 몸 전체가 활력을 잃고 노화의 단계를 밟게 된다. 흥미로운 사실은 20대를 정점으로 콜라겐의 총량이 점차 줄어든다는 것이다. 나이를 떠나 성인에게는 누구나 노화가 찾아오는 이유이다.

몸에서 피부가 재생되지 않으면 노화가 시작되는 것처럼, 우리 사회에 갈등을 풀어주고 완충해 주는 콜라겐 역할이 없다면, 가

뜩이나 전 세계 최고인 고령화의 질주 속에서 우리 사회는 급격히 노화하고 나아가 사회를 재생할 수 있는 기본 능력조차 잃어버리게 될 것이다. 그렇다면 우리 사회의 콜라겐 역할은 누가, 어떻게 할 것인가?

세대 접변의 시대를 살다

요 몇 년 이래 'Y2K' 패션이 크게 유행하고 있다. 'Year 2 Kilo (1000)'의 앞 글자를 조합한 단어로, 2000년을 전후해 유행한 문화와 패션 트렌드를 통칭한다. 빵모자, 카고바지, 오버핏 재킷 등 과거의 아련한 추억에 묻혔던 아이템들이 새롭게 재해석되어 유행하고 있다.

패션과 메이크업을 재현하는 것을 넘어서, 싸이월드, 하두리, 버디버디 등 당시 유행하던 온라인 커뮤니티 밈도 반응이 뜨겁다. 요즘 10대부터 20대, 30대 젊은 층에서는 당시 유행하던 테크토닉 같은 춤을 재현한 숏폼이나 일상을 재현한 영상 콘텐츠가 인기이다.

여기에는 중요한 사회적 기능이 있다. 2000년대에 20대를 보낸 세대와 2020년대에 20대를 보내고 있는 세대를 연결하는 역할이다. 이전 세대에게 추억으로 남은 것이 요즘 잘파(Z+알파)세대에게는 생소하면서도 힙한 것이 되어 두 세대를 간접적으로 연결하고 있다.

Y2K 패션처럼 레트로(Retro, 복고)가 아닌 기존 문화를 새로운 감성으로 재해석한 뉴트로(Newtro) 현상은 우리 문화의 중요한 축으로 자리 잡고 있다. 최근 식품업계는 젊은 세대와 장년 세대를 동시에 타깃으로 한 뉴트로 마케팅을 활발하게 펼치고 있다. 단순히 옛 제품을 다시 살려내는 걸 넘어, 과거의 감성과 추억을 현재적 관점에서 재해석하여 장년층과 젊은 층에게 공통으로 어필할 수 있는 제품들을 선보이고 있는 것이다. 진로 소주가 '진로 이즈 백'이 되어 다시 돌아오고, 한과나 양갱이 할매니얼(할머니+ 밀레니얼) 간식으로 유행하는 중이다.

최근에 양갱은 젊은 세대에서 폭발적인 인기를 얻고 있다. 가수 비비의 「밤양갱」이라는 노래의 인기에 더해진 것인지 양갱의 인기가 먼저인지 알 수 없다. 「밤양갱」은 아이유의 신곡을 제치고 음원 차트를 휩쓸기도 했다. '달디 달고 달디 달고 달디 단 밤양갱'이라는 가사가 규칙적으로 반복되며 재미를 주는 것은 물론, 과거와 현재를 연결 짓는 매개체 역할을 톡톡히 하고 있다. 같은 간식을 좋아한다는 것은 추억을 공유하는 의미도 되고, 서로를 꽤 가깝게 만드는 요인이다.

이러한 뉴트로의 열풍이 서로에 대한 고정관념을 깨고, 각 세대의 트렌드가 각개 약진하다가 서로 손을 맞잡음으로써 콜라겐 역할을 해내는 것이다.

공간이 주는 무형의 파워

공간은 어떨까? 우리가 필요로 하는 콜라겐의 역할을 '세대를 넘나드는 완충지대'라는 관점에서 본다면 전통시장의 변화는 주목할 만하다. 과거 어른들의 삶의 터전이었던 전통시장이 힙한 뉴트로 느낌으로 되살아나 세대 구분 없이 많은 사람들의 관심을 끌고 있다.

'스타벅스 경동1960점'이 자리 잡은 경동시장, 구제 옷의 성지 동묘시장, 세대와 국경을 연결하는 K푸드가 넘쳐나는 광장시장, 단종된 전자기기와 힙한 아이템이 가득한 세운상가. 이처럼 전통이 있는 다양한 공간이 다양한 세대와 계층을 불러 모아 경계를 넘어선 경험을 북돋고 있다.

동묘시장에서는 강렬한 붉은 바지와 모자, 갈색 구두로 한껏 멋을 낸 중년 신사를 '경험'해 볼 수 있다. "옷이 멋져서 그런데 사진 좀 찍어도 될까요?"라는 말이 절로 나올지 모른다. 기성세대는 늙고 트렌드에 뒤떨어졌다는 생각이 얼마나 터무니없는지 깨닫게 된다. 기성세대가 얼마나 멋에 대한 기준이 확고하고 까다로운지 알게 되는 순간, 중노년을 보는 시각이 달라질 것이다.

20대, 30대가 많이 찾는 경동시장 내 스타벅스 '경동1960점'은 1960년에 지어졌다가 문을 닫은 경동극장을 리모델링했다. 지역사회와 이익을 공유하는 이익공유형 매장으로 재탄생했다. 매장에서 판매되는 품목당 300원씩 적립되어 경동시장 상생 기금으로 사용되고 있다. 레트로 느낌을 주는 공간 구성이 이채롭다. 실제 극장을 거의 살리다시피 해서 단차가 느껴지도록 테이블을 놓았다. 20대, 30대 젊은 남녀, 노년층, 중년부부 등 차를 마시는 사람도 무척 다양하다. 홍대나 강남 스타벅스에서는 좀처럼 보기 어려운 광경이다. 세대와 계층의 구분 없이 다양한 사람들이 찾는 이유는 아마도 공간이 주는 편안한 매력 때문일 것이다.

120세를 훌쩍 넘긴 광장시장은 외국인들이 종이컵에 포개진 호떡이나 붕어빵을 들고 우르르 몰려와 '아메리카노'를 주문하는 신기한 광경을 볼 수 있는 곳이다. 젊은 층의 비율이 확연히 높긴 하나, 시장을 가득 메운 육회나 빈대떡 같은 먹을거리는 전통시장의 풍취를 한껏 돋운다. 다양한 세대와 외국인 관광객이 끊임없이 방문하는 이곳에서 '과연 K관광의 성지구나'라는 느낌, 진정한 멜팅팟이라는 느낌을 받을 수 있다. 비씨카드에 따르면 2020년 광장시장 인근의 종로 상권의 결제 금액을 100으로 봤을 때, 2023년엔 185가 됐다고 한다.[22] 음식과 문화가 얼마나 큰 경제효과를 거두는지 알 수 있는 대목이다.

역사와 시간의 경험을 응축시킨 공간으로 '힙지로'를 빼놓을 수 없다. 과거 인쇄소, 공구상, 설비 가게들이 가득했던 공간이 힙한 디저트 카페와 퓨전식당, 그리고 골뱅이와 노가리를 인심 좋게 제공하는 선술집들로 가득한 젊은이의 성지로 돌변했다. 산업화 시대의 어느 한 단면을 뚝 자르고 디지털 시대의 이미지를 합성한 느낌이다. 기성세대가 삶의 애환을 간직했던 곳에서 젊은 세대들이 부담 없이 음식과 수다 즐기는 독특한 공간 경험을 선사한다.

서울시는 '골목상권 활성화 사업'을 통해 자치구별로 1곳을 뽑아 총 25개의 골목상권을 선정했다. 재정을 투입해 제2의, 제3의 힙지로를 조성하기 위해 애쓰고 있다.[23]

백종원 더본코리아 대표가 활성화시킨 골목상권도 유사한 의미에서 계층과 세대를 초월한 공간적 의미를 내포하고 있다. 2018년 국정감사에 참고인으로 출석해, '먹자골목과 골목상권을 헷갈리면 안 된다'고 말한 바 있다. 도심에서 쉽게 접근 가능한 먹자골목과는 달리, 다양한 계층과 세대의 구성원들이 의식적인 노력으로 방문하고, 공간을 즐기는 곳이 바로 골목상권이라는 것이다. 소비자들은 온라인에서 해소치 못한 소비 갈등을 이곳에서 해결하기 위해 오랜 이동 시간과 대기 시간을 감내하면서 골목상권의 유명한 가게들을 찾는다. 여러 지자체가 골목상권 개척에 나서 괄목할 만한 성과를 얻고 있는 것은 상생과 공존의 관점에서 의미 있는 변화이다.

국가가 대비할 미래 사회

우리 사회의 노화를 방지하기 위한 콜라겐 형성에 정부의 역할이 빠질 수 없다. 다양한 연령집단 간 상호작용 촉진이 중요하다는 인식이 세계 여러 국가들 사이에 퍼지고 있다. 세대 간 유대를 재구축하고 회복하는 방법들에 대한 고민이 국가적 차원에서 이뤄지고 있는 것이다.

2014년~2015년에 싱가포르는 '성공적인 노화를 위한 행동계획'을 수립하기 위해 대규모 컨설팅을 진행했다. 목표는 '세대 간 조화를 이루는 응집력 있는 사회'로 설정했고, 모든 세대를 위한 '캄퐁 마을'을 만드는 구체적 계획을 세웠다. 교통, 교육, 고용 모든 면에서 일종의 세대인지 감수성을 발휘하고 이를 통해 세대가 화합하는 공동체를 만들고자 하는 기획이다.

일본에서는 전문가들이 '미래 디자인'이라는 실천방법론을 개발하고 있다. 물부터 주택에 이르기까지 공공보급과 관리를 시민의 시각으로 살피는 게 주요 골자이다. 각종 정책에 있어 미래세대에 미진한 점을 제언하도록 프로그램을 만들었다. 미래세대 입장에 감정 이입함으로써 공공정책과 도시 디자인에 새로운 활력을 불어넣을 수 있다는 생각이다.[24]

미래부를 신설해, 장관 책임하에 세대 충돌이 예상되는 국가 정책을 검토하고, 세대를 아우르는 의제를 다뤄야 한다는 의견도 나오고 있다. 이스라엘, 헝가리, 캐나다는 미래세대 의제를 다루는 국가기관을 설립해 운영하고 있는 것으로 알려져 있다.[25]

영국 웨일즈에서는 서방 사회 중 최초로 '미래세대 위원장(Future Generations Commissioner)'이 임명됐다. 이 직책은 미래세대를 대표하고 이들의 삶의 질을 고민함은 물론, 미래세대를 위한 입법 권한까지 가진다. 미래세대 위원회는 투표권이 없는 어린 세대와 태어나지 않은 미래세대까지 포함해, 이들의 관점에서 국가와 지역 발전 전략을 재검토한다.

우리나라도 미래부 혹은 미래청년부 설치를 주장한 여러 정치인들이 있다. 한 정치인은 청년미래부를 설치하고 아동수당을 100만 원 지급하자는 의견도 내놓았다. 또 다른 정치인은 저출생, 기후변화를 다룰 미래부 설치를 총선 공약으로 내걸기도 했다. 하지만 아직 우리 정부는 미래세대를 위해 그 어떤 것도 뚜렷하게 내놓은 것이 없다. 정치적 당파성을 떠나 미래세대를 위한 법안 마련에는 두 팔을 걷어붙여야 하지 않을까.

우리 사회의 노화시계는 유달리 빨리 간다. 불꽃같은 정열을 감추고 있어서다. 한 세기가 지나기도 전에 전쟁의 폐허 위에서 G20 안에 들어갔고, 더 이상 조용한 아침의 나라는 없다. 빠른 기술 발전과 문화적 배타성, 트렌드에 민감한 우리 사회의 풍토는 잘 쓰면 약이 되지만 잘못 쓰면 독이 될 수도 있다. 우리의 정열이 노화를 앞당기는 것은 아닐까. 그 노화를 늦추기 위해서는 세간 간의 끊임없는 탐색과 교류, 문화 접변을 통해 서로에 대한 이해의 폭을 넓혀 나가는 수밖에 없다. 마치 노화를 늦추는 콜라겐처럼.

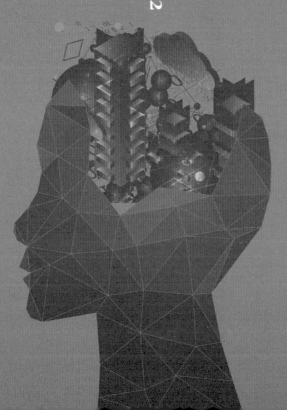

Chapter 2

AI에겐 없는
인간만의 라이프 사이클

다른 듯 닮은 기성세대와 요즘 세대

AI가 마치 모든 것을 집어 삼킬 듯한 기세이다. 부족한 것을 채워주고, 필요한 것을 척척 만들어낸다. AI에겐 꿈이 있을까? 실패를 알까? 연애의 떨림과 결혼의 복잡한 계산을 간파할까?

한반도에 볍씨를 뿌리기 시작한 때만큼이나 오래된, 우리만이 가진 속살은 따로 있다. 다른 듯 닮아 있는 기성세대와 요즘 세대가 각자도생을 넘어 함께 살 길, 인간다움에 대한 이야기이다.

사람은 언제나
연애를 한다 ———— 1

상남자 유효기간

누군가를 하염없이 기다려 본 적이 있다. 학교 정문 앞에서, 서점에서, 커피숍에서, 골목길 어귀에서 몇 시간씩이고 그녀를 기다렸던 기억이 중년 남자들에게는 다들 한 가닥씩 있다. 인터넷과 스마트폰이 없었어도 기다리는 시간은 마냥 설렘과 기대로 가득 차 있었다. 적어도 그녀에게 답변을 듣기 전까지.

'만나면 무슨 말부터 꺼낼까?'
'내 진심이 통할까?'
'열 번 찍어서 안 넘어가는 나무 없다!'

생 (生) 존 (z o n e) 십 (s h i p)

이 정도 성의는 보여야 연애에 성공한다고 믿던 시대였다. 그렇게 연애와 결혼에 성공한 남성 또한 셀 수 없이 많다. 지금이라면 어림도 없는 소리이다.

여성의 입장에서 썸 타는 남성의 첫 고백은 설렘을 주지만, 첫 고백에 '노'를 했는데 계속 들이대면 매우 난감한 상황이 된다. 두 번이나 거절했는데 세 번 네 번 계속되면 집착이고 스토킹이 된다. 과거에는 남성다움의 대명사였던 '열 번 찍어 안 넘어가는 나무 없다'는 신념은 더 이상 존재할 수 없다.

지금은 이런 걸 '고백 공격'이라고 부른다. 남성이든 여성이든 연애 감정이 전혀 없는데 상대가 느닷없이 급발진 고백으로 불쾌감을 안겨주는 행위를 뜻한다. 고백이 되레 상대방을 곤란하게 만들고 괴롭히는 꼴이라는 걸 비꼬는 표현이다. 이제는 연애에 삼세판 도전은 더 이상 통용되지 않는다.

2018년 2,921건에 머물렀던 스토킹 관련 112 신고 건수는 2020년 4,513건, 2021년 14,509건, 2022년 29,565건으로 2년 사이에 무려 6.5배가 늘어났다.[26]

사회학에 성역할 고정관념이라는 것이 있다. 『화성에서 온 남자, 금성에서 온 여자』라는 책이 이런 걸 다룬다. 베이비부머와 X세대의 연애 교과서로 통했던, 레거시(legacy) 서적이다. 남성은 독립적이고 문제 해결을 추구하는 반면, 여성은 친밀함을 추구하고 공감에 우선순위를 둔다는 내용이다.

커플 간 다툼이나 부부싸움이 일어날 때 그 차이가 극명하게 드러난다. 소통과 공감을 원하는 여성 앞에서 침묵으로 대응하는 남자, 상처받은 눈만 껌뻑이는 남자, "알았어, 내가 해결할게."라며 상황 이해 없이 결론으로 치닫는 남자 등등 뭔지 모르게 얄미운 남자들 참 많다. 여자는 감정 공유를 원하는데 '차분함'을 자랑하고, '미스터 수리공'을 자처하는 남자들 말이다.

남자도 여자에게 서운할 때가 많다. 여성들은 시시콜콜 공유해 주고 공감해 주길 원하지만, 남자는 고민이 생기면 조용히 나만의 동굴로 들어가고 싶어 한다. 그 안에서 생각에 생각을 거듭한다. 게임의 세계에 들어가거나, 친구들과 술독에 빠지거나, 산에 오르기도 한다. 수다 떨며 해소하는 여성들의 관점으로 보자면 도무지 이해가 안 될 테지만, 남성은 그렇게 산다. 탄생한 별이 금성이 아니라 화성이기 때문에.

뚝심 있는 남자, 칼을 빼면 무라도 베는 남자가 호감을 사던 시절이 있었다. 관계를 리드하고, 단순하고, 험한 일에 앞장서는 남성에 환호했다. 하늘에 있는 달도, 별도 따다 줄 것 같은 슈퍼히어로 같은 남자, '하면 된다'라는 신조로 밀어붙이는 남자는 상남자로 인정받았다.

이런 성역할 인식은 이제 더 이상 환영받지 못한다. 열정과 노력만으로 결코 원하는 걸 다 가질 수 없다는 것을 아는 남자, 고백 거절에는 그럴 만한 이유가 있음을 헤아릴 줄 아는 남자, 자신을 믿으라며 큰소리치는 남자보다는 쿨하게 현실을 직시하고 새로운 상대를 찾아 떠나는 남자를 훨씬 더 멋있게 여긴다.

하지만 연애뿐만 아니라 모든 면에서 '하면 된다'는 신념으로 성장했고, 성공 자신감이 넘치는 중장년 세대 입장에선 납득이 잘 안 된다. 카톡으로 이별을 고하다니 어떻게 그럴 수 있나 싶다. 문자나 카톡에 답이 없으면 더 이상 미련 갖지 말아야 한다는 지금 세대 연애 룰이 이들에게는 꽤나 낯설게 느껴진다.

그럼에도 불구하고 대화를 나눠보면, 요즘에도 꽤 많은 여성들이 상남자, 남자다운 남자에 대한 로망이 있음을 알게 된다. 다만 '남자다운 남자'의 개념이 조금 다르다. 포기를 모르는 집착남이 아니다. 뭔가 끌어줄 수 있는 남자, 좀 더 많이 아는 남자, 본인 업무를 능숙히 해내고, 때때로 남성미 넘치는 장면을 연출할 수 있는 남자를 말한다. 예를 들어 후진 주차 잘하는 남자 떠올려 보면 금방 이해가 갈 것이다. 내가 20대 때 첫사랑한테 들었던 표현을 소환하면, '가슴이 넓은 남자'이다. 그땐 정말 그 말의 의미를 몰랐다.

최근 드라마로 방영된 네이버 웹툰 「내 남편과 결혼해줘」에도 상남자가 등장한다. 암에 걸린 시한부 주인공 지원은 바람피운 남편으로부터 살해당한 후, 10년 전으로 회귀하고 그곳에서 복수를 돕는 만렙(滿level) 조력자 지혁을 만난다. 자존감이 넘치는 긍정 캐릭터에다 재력, 커리어 면에서 부족함이 없는 지원이지만, 정서적 물질적으로 도움을 주는 등 능력이 출중한 지혁에게 사랑을 느끼게 된다.

자신 역시 충분히 강하고 능력이 있지만 상대는 이런 나조차도 의지하고 싶을 만큼 든든하길 바라는 요즘 여성들의 심리가 잘 드러나 있다. 이쯤 되면 막장 드라마 서사쯤은 아무런 문제가 안 된다. 대리 만족하는 즐거움이 크기 때문이다.

시간이 아무리 흘러도 변하지 않는 남자다운 매력은 언제나 상대에게 최선을 다해 도움을 주고, 진심으로 소통하는 자세에서 풍겨져 나오는 것 같다.

여성이 돈도 내고 어장도 관리하는 시대

연애할 때에는 말하기는 그렇고 속에 담아두자니 억울한 일들이 참 많다. 돈은 특히 더 그렇다. 과거에는 데이트 비용을 남성이 내는 경우가 대부분이었지만 지금은 남녀가 함께 부담하는 경우가 많다. 성역할 인식에 변화가 생기면서 데이트 비용도 공평하게 나누는 추세이다.

기억을 돌이켜 보면 나도 데이트 비용 때문에 이성을 만나는 데 부담을 느꼈던 적이 있었다. 20대 유학생 시절 미국인 친구에게 데이트 비용에 대한 불공평함을 푸념했더니, 미국도 별로 다르지 않다는 말을 들었다. 당시는 세계 어느 나라나 성역할 고정관념이 팽배해 있었던 것 같다. 돈 없을 때에는 차라리 싱글이 속 편하다고 생각했었다.

예전에 비해 여성의 권한이 늘어나고, 극단적이지 않은 건전한 페미니즘이 자리 잡으면서 남녀의 관계 방정식에도 적지 않은 변화가 생겼다. 여성이 관계를 리드하거나, 경제적 부담을 더 많이 지거나, 데이트 상대가 연하인 경우도 많다. 이른바 어장관리나 썸타기만 즐기는 것은 이제 더는 남성의 전유물이 아니다. 남녀를 떠나 깊이가 얕은 관계를 두루 추구하는 경우가 많아지고 있다. 누군가에게 올인하고 상처받는 그런 전형적인 연애는 젊은 세대에게는 부담스러운 연애로 인식되고 있다. 자기 자신도 책임지기 버거운데 누구를 책임지느냐는 것이다.

진화론적으로 보면 다양한 이성에게 환심을 사려는 욕구는 여성보다는 남성에게 더욱 강하게 나타난다. 영국 옥스퍼드대학교 리차드 도킨스(Clinton Richard Dawkins) 교수가 지적했듯 짝을 버리고 다른 이성을 쫓는 유전자를 가지고 있는 쪽은 남성이기 때문이다. 1~2억 개가 넘는 정자가 1개의 난자를 향해 달려가는 장면을 떠올려 보면 쉽게 수긍이 간다.

하지만 그의 주장에 완전히 공감하기도 어렵다. 다양한 이성에게 환심을 사려는 것은 본능이 아닌 사회적 욕망이 된 듯하다. 더 많은 기회를 향한 몸부림이라고나 할까. 여성들은 자신의 생물학적 특징인 비운동성에 근거해 행동하지 않는다. 다양한 '남자 사람 친구'를 만나고 사회생활에 필요한 풍부한 인간관계를 맺으려고 한다. 기존의 가부장적인 시선으로 여성들의 다양한 인간관계를 어장관리나 썸 타기로만 폄훼하다가는 근방 100미터 근처에는 여자사람친구는 얼씬도 하지 않을 것이다.

연애에 있어서 여성의 적극성은 날로 커지고 있다. 돈도 내고 관리도 한다. 이는 여성의 사회진출, 경제활동 참여의 증가와 상당한 정비례 관계에 있다. 일하는 여성이 증가함에 따라 진화론적인 특징보다는 사회학적인 특징이 더 크게 발현될 수밖에 없는 것이다.

알파걸이 학교교실을 다 장악했다고 한다. 신모계질서로 진입할 때가 곧 올 수도 있다. 너무 극단적이라고 생각하는가? 그렇다면 여성의 어장관리를 특별하게 보지 말라. 다양한 인간관계를 추구하는 사회적 추세와 맥락 속에서 이해하지 않으면 결국은 대립적 관계로 여성을 보게 된다. 이제 더 이상 우리 사회는 여성과 남성이 대립하는 구조가 아니다. 오히려 젠더 갈등은 정치적으로 부추겨지는 측면이 있지, 현재는 개인 능력주의의 시대이다. 돈도 내고 어장관리도 하는 남성과 여성이 존재하는 게 아니라, 돈도 내고 어장관리도 하는 '능력자'가 존재하는 것이다.

동질 연애

요즘은 다들 편하게 살고 싶어 한다. 마음이 편한 친구나 가까운 지인과 시간을 많이 보내면서 새로운 관계를 만드는 것에 인색하다. 과거 동창회니 향우회니, 학연과 지연에 얽혀 사람을 만났던 방식에서 탈피해 자전거 동호회, 클라이밍 동호회처럼 취향을 중심으로 어울리거나, 맘카페처럼 확실한 목표를 바탕으로 모이는 경우가 다반사이다. 점차 동질 집단을 선호하는 경향이 짙어지고 있다.

동질성이 담보되면 유대감은 더욱 강해진다. 예전 이너서클은 사회오피니언 리더들 사이에 존재했지만 요즘은 다들 자신만의 이너서클을 만들고 또 공고히 한다. 대학생들이 학교나 학과별로 '과잠'을 즐겨 입는 이유도 여기에 있다. 학교나 학과에 대한 소속감을 공고히 하고, 자부심을 거리낌 없이 드러낸다.

연애도 마찬가지다. 환경과 학벌이 서로 비슷한 사람과 만나길 원한다. 어느 한쪽이 매우 다른 환경이거나, 학벌과 자산 차이가 현격하면 연애 성립 확률이 매우 낮다. 심지어 MBTI 궁합까지 비슷한 쪽을 선호한다. ESTP 남자는 절대 만나지 마라, 여자한테 쉽게 질리는 스타일이다, ENTJ와 연애하지 마라, 지적질 많고 공감 능력 떨어진다, 이런 평가 매뉴얼이 유튜브에 난무한다.

과거에는 어땠을까? 동질성을 찾는 것은 지금이나 마찬가지였다. 요즘 MBTI처럼 혈액형에 기대를 걸곤 했다. AB형은 바람을 잘 피운다거나, A형은 소심하다거나. 이런 말들이 미팅이나 소개팅의 단골 화젯거리였다. A형인데도 O형이라고 얼버무리거나, 상대방 혈액형에 맞춰서 혈액형을 말하는 경우까지 있었다. 비슷한 환경의 이성과 교제하는 경우가 대부분이었다. 다른 점이라면 그때에는 집안 환경이나 배경, 학벌 격차가 있는 다른 이성에 끌리는 경우도 제법 많았다는 것이다. 적어도 자기가 편한 관계 안에서만 연애를 꿈꾸지는 않았다.

보이지 않는 계층 질서는 한 번도 사라진 적이 없다. 심지어 AI로 대변되는 과학혁명이 어디로 우리를 인도할지 모를 정도로 발달된 2024년에도 학벌과 재력을 뛰어넘는 사랑을 하는 건 쉬운 일이 아니다.

후배가 어느 날 점심을 같이하다가 불쑥 고백 같은 말을 뱉었다. 1년쯤 사귄 여성으로부터 갑자기 헤어지자는 말을 들었다는 것이다.

"헤어지자는 이유가?"

"강남에 아파트가 없어서요. 강남에서 태어나 자랐는데, 결혼할 때 돼서 강북으로 옮겨야 한다고 생각하니 주저할 수밖에 없었을 거예요. 왠지 불안했을 거예요."

집은 남자가 마련한다는 과거 고정관념에 더해서 이제는 그럴싸해야 한다는 좀 더 까다로운 조건이 추가된 것 같다. 여성의 입장을 이해할 수 없는 것도 아니다. 다른 지역은 10년에 1억 오르기도 힘든데 자고 일어나면 1억 원씩 오르는 아파트가 즐비한 곳, 아이가 태어나면 어떤 사교육을 시킬지 고르기만 하면 되는 곳, 대한민국 부의 상징이 된 곳. 그런 곳이 자신이 태어나 한 번도 떠나본 적 없는 동네라면 십분 이해가 가고도 남는다.

갈수록 격차가 커지는 요즘, 경제력이 강한 이성에게 끌리는 것은 생존 본능에 가깝다. 좋아하는 이성을 만나려면, 그만큼 갖춰야 하는 현실이 되었다. "재지도 따지지도 말고 마치 내일이 없는 것처럼 사랑하라."고 말하는 사람도 더 이상 찾아보기 어렵다. 돈 있으면 너무 살기 좋다는 이 나라에서 경제적으로 좀 더 나은 선택을 하려는 것을 어찌 누가 말릴 수 있을까. 70~80년대에도 비슷한 집안끼리 선을 보고 결정하는 '정략결혼'은 난무했다. 동서고금을 막론하고 '조건'은 연애에서 절대적으로 많은 부분을 차지해 왔다.

그럼에도 한 가지 분명한 것은 그러한 선택이 곧 행복을 보장하지는 않는다는 것이다. 배경이 비슷한 이와 만나 평탄하게 흘러가는 사랑 또한 마냥 행복한 미래를 보장하지는 않는다. 사랑과 결혼에서는 예상할 수 없는 일들이 준비되어 있다. 앞날에 무엇이 놓여 있을지는 아무도 모른다. 상대가 살아온 환경과 배경으로만 판단하기보다 상대의 미래 가치를 살펴볼 필요는 분명있다.

동질 연애가 가져올 파장은 생각보다 클 것이다. 최근 고가 아파트에서는 입주 자격을 제한하고 주민들끼리 품앗이하듯 자녀들을 소개시키고 결혼하는 경우도 많다고 한다. 이런 것들이 당연한 것처럼 여겨지는 것은 경계할 필요가 있다. 결혼을 통한 사회적 신분세습이 심리적 개인적 암묵적으로 행해지는 것은 그럴 수 있다고 쳐도, 사회 전체가 그것을 당연하게 받아들이는 것은 다른 문제이다.

사회의 다양성이 짓눌리고, 직업이나 사는 곳이 사회적 장벽이 되어 사회 구성원들을 경계 짓고 나누는 모습은 결코 이상적인 사회의 원형이라 볼 수 없다. 사회적 이동이 가능하고, 신분 사회가 아닌 열린 사회를 지향하려는 집단적 의지가 점점 더 중요해지고 있다. 적어도 헌법으로 민주주의를 규정하고 있는 국가라면 말이다.

바뀌는 연애 패턴

기성세대가 연애하는 방식은 참 단순했다. 저녁 먹고, 영화 보고, 커피나 차, 취향에 따라 술을 마시는 정도였다. 80~90년대만 해도 영화관은 문화생활의 성지였다. 피카디리, 단성사, 서울극장과 같은 이른바 '단관'들이 한데 몰려 있었고, 이들이 밀집한 종로는 사람들로 인산인해를 이뤘다.

최근 쇠락해 가던 종로가 다시 뜨고 있는 상황이 참 반갑다. 내가 20대 때 자주 가던 대학로도 구름 인파가 몰리던 곳이었다. 당시는 혜화역 앞 주도로는 주말에 한쪽 차선을 막아 일방통행만 허용했다. 일방통행 덕분에 젊은 청춘들이 지금은 상상도 못하겠지만, 차도나 보도블록에 걸터앉아서 막걸리를 나눠 마시거나 두런두런 이야기를 나누는 광경이 끝도 없이 이어졌다.

생 (生) 존 (zone) 십 (ship)

근래에는 수십 년 동안 도전받지 않았던 '저녁, 영화, 커피나 술'로 이어지던 공식이 깨지고 있다. 무엇보다 코로나19 기간을 거치면서 많은 사회적 활동에 변화가 생긴 것이 그 원인이라 할 수 있다. 그 기간 동안 OTT 플랫폼이 급성장하고, 다양한 콘텐츠를 쉴 새 없이 만들어냈다. 여기에 더해서 '집에 있는 편안함'이 영화관으로 가는 젊은 층의 발길을 돌려 세웠다.

하나를 더 꼽자면 인스타그램과 같은 SNS가 일상과 연애의 필수가 되면서, SNS에 올라갈 사진을 확보하는 시간과 장소가 매우 중요해졌다. 깜깜한 영화관은 누가 봐도 사진 찍기 좋은 장소는 아니다. 사진 잘 찍어주는 남성이 인기도 많은 시대가 아니던가.

요즘 데이트족은 영화관을 떠나 미술관이나 박물관, 고궁 같은 곳으로 발걸음을 옮기고 있다. 옛 경성 분위기를 재현한 동네 혹은 예쁜 카페가 즐비한 곳이 핫플로 인기를 끌고 있다. 새로운 데이트 코스를 개발하는 데이트족들 덕분에 북촌이나 익선동, 성수동 같은 곳이 세상에 새롭게 알려졌다.

북촌 한옥마을이야 600년 전부터 양반층이 거주하던 곳으로 오랫동안 명성을 이어오던 곳이지만, 꼬불꼬불 골목으로 연결된 익선동은 비교적 최근에 젊은 층뿐 아니라 세대, 성별을 아우르는 트렌디한 곳으로 거듭났다. 여기에 서울숲을 끌어안은 성수동이 문화의 중심부로 도약하고 있다. 각종 플래그십 팝업 스토어에 이국적인 음식점들, 감성 카페뿐 아니라, 대형 엔터테인먼트 회사들이 K팝 관련 시설을 유치하며 대한민국 트렌드를 주도하고 있다.

더 예쁘고, 더 재미있고, 사진 촬영이 더 편리한 데이트 코스를 찾아 젊은 세대들의 촉수가 바삐 움직이고 있다. 과거의 향수에 빠진 중장년들은 '예쁜 카페 찾을 필요 없고, 사진 안 찍어도 되고, 침묵해도 하등 지장이 없는 예전 세대 영화 데이트가 더 낫다'고 생각할지도 모르겠다.

학생들과 점심을 먹다가 우연히 연애 루틴을 물었는데, 거리낌 없이 숙박업소 데이트를 꼽았다. 종일 머물 수 있고, 가격도 저렴하고, 무엇보다 넷플릭스를 무한 시청할 수 있는 점을 장점으로 꼽았다. 예쁜 사진 확보는 어렵지만, 오붓한 둘만의 데이트를 가성비 높게 즐길 수 있어서 좋다고 했다.

언제나 그랬듯이 데이트나 연애 트렌드의 주도권은 20대 여성이 쥐고 있다. 20대 여성은 디테일에 강하고 표현력이 남다르다. 그녀들이 방문하는 장소는 일단 사람들로 붐빈다. 그다음 30대 여성까지 확장되고 자연스럽게 20~30대 남성이 따라온다. 개인의 취향이 매우 중시되는 20대 여성들에게 과거처럼 정형화된 데이트 루틴은 없다. 더욱 복잡다단해지는 양상을 띤다. 그 여자와 그 남자를 사로잡기 위해서 예전보다 더 치열한 공부가 필요해졌고, 이를 방증하듯 연애 프로그램이 홍수를 이루고 있다.

티빙의 「환승연애」는 이별한 커플을 다룬다. 지난 사랑과 새로운 사랑 사이에서 고민하는 옛 커플을 조망하면서 연애에 지친 젊은 남녀의 심리를 훔쳐본다. 시즌1과 2를 거쳐, 시즌3까지 흥행을 거듭하고 있다. 시청자는 'X커플'이 공개될 때마다, 'X'와 'NEW' 사이에서 흔들리는 출연자들의 마음이 어디로 향할지 숨죽이며 지켜본다. 환승연애 시즌 1·2를 제작한 피디는 최근「연애남매」를 선보였다. 남매가 함께 연애 프로그램에 나와 서로의 연애에 전지적으로 참견하는 콘셉트이다. 여기에 남매의 부모들도 까메오로 출연해 연애에 가족 또한 고려되는 요소임을 설득력 있게 보여준다. 각 부모가 자신들을 어떻게 어필하고, 남매를 얼마나 잘 소개하는지가 자식의 연애 성패에 중요한 변수가 된다. 매우 한국적인 연애 풍속도 같다.

'핫'한 비주얼의 출연자들이 시청자의 시선을 사로잡는 넷플릭스의「솔로지옥」역시 늘 인기 순위 상위권을 찍는다. 보는 이들은 덩달아 솔로천국에 환호하고 솔로지옥에 낙담한다. 시즌이 거듭할수록 좀 더 자극적인 화면이 4D 영상으로 살아온다. 10대 20대부터, 자극성을 원하는 30대 40대까지 두터운 시청자 층을 자랑한다.

이 외에도「하트시그널」,「나는 솔로」,「잠만 자는 사이」등 헤아릴 수 없이 많다. 예전에 자만추는 '자연스러운 만남 추구'를 뜻했는데 지금은 '자보고 만남 추구'라 읽는다고 한다.

도발적이고 파격적이면서 극사실주의를 추구하는 연애 프로그램이 이토록 범람하는 이유는 역시 비혼이나 비연애 인구가 증가했기 때문이라는 분석이 지배적이다. 타인의 연애를 다큐나 멜로물, 드라마 보듯 관찰 시청하면서 대리만족을 얻는다는 것이다. 하지만 결국 동질 연애를 원하는 이들의 욕망에 부응했기 때문이 아닌가 한다. 동질 이성을 찾는 게 출연진의 궁극적인 목표이고, 이를 위해 고군분투하는 모습에 시청자들 또한 쉽게 감정이입을 한다. 출연자들이 날것의 감정으로 상대를 평가하고 싸우고 탈락하는 등의 쟁취 과정에서 야생의 매력을 느끼는 것이다.

이렇게 많은 연애 프로그램이 연애에 대한 과도한 환상을 키우는 것은 아닌지 우려도 된다. 이미지가 중요한 시대이다 보니 연애 프로그램 출연진들 또한 비주얼이 강조된다. 모양이 예쁘게 나오는, 보여주기 식 연애 프로그램에서 스타가 되거나 진짜 연예인으로 진출하는 경우도 꽤 있다. SNS 셀럽이 섭외되거나 연애 프로그램을 통해 셀럽이 되기도 한다. 연애프로그램은 프로그램일 뿐 현실과 혼동해서는 안 된다는 점도 분명하다.

게다가 연애를 귀찮아하고 동질 연애를 추구하는 세태로 볼 때, 연애에 대한 현실적 감각보다는 부풀려진 상상과 과도한 기대가 더 연애를 어렵게 만드는 것은 아닐까 하는 생각이 든다.

사랑은 언제나 이기적이다

연애만큼 기울어진 운동장이 어디 있을까. 어느 한쪽이 상대를 더 좋아하기 마련이고, 그만큼 시간과 돈도 상대를 위해 더 많이 쓰고 싶어진다. 일방적인 구애는 아닐지라도 마음을 얻기 위해 더 애쓰는 쪽이 있기 마련이다.

흥신소에 의뢰해 상대의 바람피운 증거를 찾는 것이나, 상대의 휴대폰 암호를 풀어 그 안에 있는 판도라 상자를 여는 것이나, 결국 본질은 같다. 한 사람은 느긋하고, 또 한 사람은 조급한 것은 시대를 막론한 공식이다. 요즘 연애는 뜨겁게 사랑하고 쿨하게 헤어진다고 하지만 과거나 지금이나 변치 않는 진리가 존재한다. 연애는 언제나 이기적이라는 것이다.

10년 전쯤 내 엑스가 내 휴대폰을 풀어헤쳤을 때, 도대체 어떻게 비밀번호를 알아냈는지 궁금했다. 동시에 상대를 의심하고 또 애정을 확인하고자 하는 보편적 심리에 연민을 느꼈다. 특별하다고 느꼈던 상대가 보통명사가 되는 순간이었다. 연애는 자신의 사랑을 이루고자 혹은 지키고자 치사하고 이기적인 행동을 불사하게 만든다. 나와 비슷한, 나만큼 멋진 동질 대상을 찾고 싶은 것도 이 때문이다. 상대의 깊은 내면에서 발현되는 품격과 능력이 아닌, 겉으로 보이는 배경으로 동질성을 찾으려 할 때에는 문제가 크겠지만 말이다. 동질 연애를 추구하는 요즘 세태는 사랑의 본질에 대해 생각할 거리를 안겨준다.

양성평등기본법이 제정되고, 성역할 고정관념이 변화하면서 바람직한 연애에 대한 관점 또한 많이 변하고 있다. 남녀의 관점보다는 인간의 관점에서 상대방의 심리를 꼼꼼하게 살피고, 행동을 세밀히 분석하려는 경향이 크다. 갓생을 살고자 하듯, 갓연애를 추구하는 경향이 짙어지면서 연애도 맥락이 중요해졌다.

지금은 연애보다 더 재미있는 것들로 넘쳐난다. 필라테스나 요가로 보기 좋은 몸을 만들고, 캠핑과 골프 같은 취미생활도 활발하게 할 수 있다. 무엇이든 배우려고만 들면 기회를 만들어주고 지원해 주는 평생학습 지원체계도 많다. SNS나 개인채널을 통해서 모르는 사람과 소통할 수 있는 수단도 엄청 풍부해졌다. 연애를 대체할 수 있는 수단들이 날마다 쏟아진다.

하지만 인간 고유의 욕망, 사랑받고 싶고 사랑하고 싶은 욕망은 그 어떤 것으로도 채워질 수 없다. 연애는 달콤하고 쓰라리다. 사랑에 빠져 마음이 꿈처럼 떠다니고 감정의 파도에 휩쓸려 행복감이 몰려오는 경험, 만남의 설렘에 눈과 귀와 머리가 맑아지는 경험, 쓰라린 경험에 좌절하고 인생이 모두 끝난 것 같은 자기 망상에 빠지는 경험, 이런 것들은 세대를 초월해 인간이라면 누구나 갖는 보편적인 감정이다. 연애의 본질은 변치 않는다. 연애는 예나 지금이나 인간에게 가장 절실한 이기적 소망이다.

생 (生) 존 (z o n e) 십 (s h i p)

결혼은 가능성에 대한 베팅

수십 년 전에는 돈이 없거나 직업이 변변찮아도 결혼은 당연하고 중요한 일생일대의 통과의례였다. 서로 좋아한다면 모아 놓은 돈도 없고 달랑 방 한 칸이라도 후딱 식 올리고 알콩달콩 살 수 있다고 믿었다.

보릿고개를 경험한 70대 이상의 분들은 '밥사발 속에 때론 눈물이 있고 죽사발 속에 웃음이 있다'며 같이 죽을 먹는다 해도 함께 웃으면 산다는 생각으로 결혼했다. 콘돔이라는 게 뭔지, 어떻게 쓰는지도 모르고, 서로 몸고생 맘고생 하며 살다 보면 아이가 생기고, 그 아이들 뒤치다꺼리하며 한평생 사는 게 그게 인생이라고 생각했다. 재고 따지지 않고 본능적으로 사는 게 가장 현명하다는 나름의 합리적 판단을 한 것이리라. 행간에 '하면 된다'는 당대의 신념이 읽힌다. 불도저 같은 뚝심으로 살던 분들이었다.

우리 부모님도 그랬다. 물려받은 재산도, 모아 놓은 돈도 하나 없이 무작정 결혼해 작은 읍에서 택시 두 대를 구입해 운수업에 뛰어들었다. 부모님께 결혼관을 제대로 여쭤본 적은 없지만, 어려운 처지에서도 아들 둘, 딸 둘을 낳아 키우셨으니, 결혼에 대한 당신들의 생각은 충분히 짐작이 간다.

이 가운데에는 실리적인 결혼관을 가졌던 이들도 제법 많았다. 비슷한 배경과 학력을 갖춘 사람들끼리 일종의 동질혼을 하는 거다. 한국 전쟁 직후 격동기에도 좋은 집안과 학벌을 갖춘 이들은 있었다. 그들은 그들끼리 좋은 직장을 다니며 결혼상대를 찾고, 웨딩마치 울리고 애 둘쯤 낳고 화목한 가정을 꾸려나갔다.

X세대인 내 친구들이, 또 가까운 선배 형님, 누님들이 그랬다. 몇 살 아래인 후배도 비슷했다. 초등학교 때부터 미국에 살았고, 미국의 명문 대학을 나왔는데, 늘 말하곤 했던 결혼관이 '화목한 가정'에서 자란 여성과 결혼하는 것이었다. 모두가 화목한 가정에서 자란 건 정말이지 아닐 텐데 이렇게 결혼관을 분명히 제시하는 후배가 사실 부러웠다. 화목한 가정과의 결합을 통해 더 화목한 가정을 꿈꾸는 중산층의 결혼관이 그대로 투영되어 있었다.

요즘도 척박한 연애와 결혼 풍토에서 웨딩마치 울리는 제자들이나 젊은 세대를 보면 옛날과 크게 다를 것 없다는 생각이 든다. 대체로 대기업 혹은 탄탄한 중소기업에 다니는 비슷한 또래의 남

녀가 결혼에 적극적이다. 집안 환경도 대체로 차이가 없고, 부모
가 집을 포함해 초기 정착에 필요한 자금을 지원해 주는 경우가
대부분인 것 같다.

김영하 작가가 '결혼은 이미 중산층의 문화'가 되었다고 말한
이유도 여기에 있을지 모르겠다. 결혼은 서로에게 예측 가능성을
더 높여줄 수 있는 사람들의 결합이고, 특정 계층을 중심으로 엇
비슷한 결혼관을 가진 사람끼리 맺어진다.

'서로 좋아 죽으면 함께 산다'는 또 다른 결혼관이 이 시대에 완
전히 자취를 감춘 건 아니다. 계층을 넘어선 결혼이 줄긴 했지만
여전히 이뤄지고 있고, 서로의 차이에도 불구하고 갈등 속에서
조화를 이루며 미래를 함께 그려가는 사람들도 존재한다. 다만
과거에 비해 이런 커플이 줄어든 것은 분명한 것 같다. 세상이 각
박해져서라기보다는 남성, 여성 모두 각자의 입장과 처지에서 당
당하게 살아가려는 의지가 반영된 게 아닌가 한다.

최근에는 남성이든 여성이든 상대에게 의존하지 않고 좀 더 평
등한 파트너로 살아가기를 원하는 젊은 세대의 집단적 바람이 읽
힌다. 동질적인 파트너를 선호하는 현상에 색안경을 끼고 볼 필
요는 없다. 동질혼이건 이질혼이건 사랑하는 사람들이 합리적으
로 선택해 행복한 삶을 추구하는 게 결국 결혼의 본질이기 때문
이다.

엄마, 아빠처럼 살고 싶지 않은 세대

2024년 2월 말, 다가오는 봄기운을 짓누르며 충격적인 소식이 전해졌다.

'2023년 대한민국 합계 출산율 0.72'

이는 코로나가 기승을 부린 2021년 0.84보다 0.12줄어든 수치이고, 또 앤데믹에 들어선 2022년 0.78보다도 0.06 줄어든 수치이다. 2020년 출산율이 0.8명대로 접어든지 불과 2년 만에 0.7명대로 진입했다. 이변이 없는 한 2024년은 0.6명대로 진입할 것이 확실시 되고 있다. 한부모가정, 다문화가정을 모두 포함해 성인 남녀 200명 당 태어난 아이는 72명뿐이라는 의미이다.

결혼하고도 자녀를 갖지 않는 딩크족도 늘고 있지만, 본질적으로는 결혼을 안 하는 풍토의 필연적 결과이다. 결혼과 출산을 기피하는 데에는 아무래도 경제적 요인이 가장 크다. 이전 세대는 '내 집 마련의 꿈'을 꾸고 비교적 수월하게 이뤘지만, 요즘 세대는 그렇지 못하다. 경제적 안정에 대한 꿈을 버리기 시작한 최초의 세대, 연애·결혼·출산 세 가지 의례를 셀프 무력화한 세대이다. 욜로(YOLO, You Only Live Once)족으로 대표되듯 '지금 잘사는 것'을 선택했다. 아이 키우는 데 돈 들고, 내 자유 속박하고, 마음 맞는 사람 찾기 힘든데, 굳이 결혼과 출산을 선택할 이유가 없다. 조건, 자존심 다 내려놓고 교제해 본들 신혼집 값은 대체 어떻게 감당하나. 외로우면 강아지나 고양이 키우며 사는 게 낫지, 자식을 낳을 것도 아닌데 결혼은 왜 하냐며 스스로를 합리화한다.

경제적 요인 못지않게 문화적 요인도 크다. 조남주의 소설 「82년생 김지영」에는 결혼과 동시에 가족의 굴레에 갇혀 자신의 꿈을 포기해야 했던 주인공 지영이 나온다. 친정 엄마에게 빙의해 가부장제의 모순을 통렬히 지적하는 지영의 모습에 많은 젊은 여성들이 함께 눈물을 흘렸다. 성공해야 한다가 아니라, 시집 잘 가야 한다, 좋은 엄마가 되어야 한다는 사회적 압박이 되레 결혼과 출산을 터부시하게 만들었다. 과거에는 세상 물정 알 필요 없이, 사회생활도 안 해보고, 친정에서 시댁으로 거처만 옮기는 결혼이 흔했다. 혼기가 차면 결혼해야지 무슨 공부냐고 시집이나 가라는 시선이 팽배했다. 공부 못한 게 천추의 한이 된 분들은 중년이 훌쩍 넘어 야간 대학에 다니는 등 뒤늦게 자존감을 회복한 여성들도 있다.

하지만 이런 엄마의 모습을 일생을 관통하며 봐온 딸의 마음은 절대 편치 않다. 엄마에 대한 연민도 느끼지만, 왜 그렇게 살았냐고, 억울하지 않았냐고 따져 묻고 싶을 지경이다. 땀 흘려 공단에서 번 돈으로 오빠와 남동생 뒷바라지하는 것이 당연하다고 여겼던 엄마 세대에 존경하는 마음이 있지만, 자신은 그렇게 살지 않겠노라고 다짐할 수밖에 없는 것이 딸들 세대이다.

"다 이러고 살아."라는 말을 입에 달고 살았던 엄마에 대한 반발감 속에서 많은 여성들은 결혼을 미루거나, 비혼을 택하는 새로운 길을 걸었다. 누구나 다 하는 결혼을 선택한 많은 여성들은 좋은 엄마가 되어야 한다는 강박관념이 끈질기게 이어져 육아에 대한 책임감이 매우 높아졌다. 그런가 하면 남편이 육아나 집안일을 공동 분담하는 데에는 인색한 현실이 여성들을 덮쳤다. 여성이 결혼을 기피하고 아이를 낳지 않는 진짜 이유는 여기에 있다.

가부장적 문화가 오랫동안 침습해, 남성과 여성의 가치와 역할에 대한 왜곡된 인식이 방치되어 온 것이 화근이었다. 그 결과 청춘 남녀 누가 먼저랄 것도 없이 전통적인 결혼과 육아라는 정해진 길로 들어서는 것을 거부하는 새로운 세태가 만들어졌다.

아이러니하지만 어쩌면 남성도 가부장제 희생자일지 모른다. 남녀 간의 힘의 균형을 적절히 조정하며, 치우치지 않는 사회를 만들었어야 했는데 기성세대는 그러질 못했다. 구조적 힘, 여성의 요구에 떠밀려 운동장의 기울기를 급격히 조절해 가는 과정에서 젊은 남성들의 볼멘소리도 함께 터져 나왔다. 남성들도 힘들기는 마찬가지이고, 우리도 기성세대가 만들어 놓은 구조와 규칙의 피해자라는 인식이 생겨났다.

결혼하면 아내는 전업주부로 있고, 남편은 돈 벌어 가족을 먹여 살리는 게 당연한 시절이 분명히 있었다. 지금은 그런 생각으로 결혼을 결심하는 남성이 상당히 드물다. 남성 한 명이 가족을 부양하는 것은 현실적으로 매우 힘들어졌다. 상대 여성이 가진 게 없어도 앞뒤 안 가리고 결혼할 남자들이 요즘은 많지 않다. 가부장제의 모순을 젊은 여성도 느끼지만 젊은 남성도 느끼는 거다.

결혼 가능성이 있는 남성의 조건은 단연코 '집'이다. 가부장제가 만들어 놓은 과거의 규칙이 아직도 당연하게 적용된다. 시대가 바뀌었음에도 불구하고 가부장제의 굴레가 씐 엄혹한 현실 앞에 어떻게 젊은 남성들이 좌절감을 느끼지 않겠는가.

젊은 남성들의 한탄에 비겁한 태도라거나 여성을 향한 백래시로 몰아가는 건 적절치 않다. 어쩌면 젊은 여성, 남성이 서로의 멱살을 잡고 흔들어대는 모습이 요즘 대한민국의 민낯인지도 모르겠다. 서로가 가부장제가 가져온 모순의 희생양이라고 주장하는 모양새이다. 여성은 여성대로 남성은 남성대로 기존의 남녀 역할에 손사래를 친다.

일본 작가 우에노 지즈코(上野 千鶴子)는 "결혼하면 여자는 시간을 잃고, 남자는 돈을 잃는다"고 했다.[27] 여자는 가사와 육아를 책임져야 한다는, 그리고 남자는 돈을 벌어 가족을 먹여 살려야 한다는 가부장제의 양날의 검에 모두가 상처 입었다는 뜻이다.

가족의 재정의 필요

미립자같이 세밀한 무수한 정체성을 가진 젊은 세대는 경험해 보고 싶은 게 너무나 많다. 이들은 과학과 기술 발전이 퀀텀 점프하는 디지털 시대에 태어나 자라났다. 핵가족에다 많은 가구가 자녀 한 명을 키우는 분위기인지라, 요즘 청춘은 관심과 배려를 온몸으로 받고 살았다. 바야흐로 세계의 중심에 내가 있는 거다.

어쩌면 결혼이라는 것은 세상의 중심에 알 박기 되어 있는 나를 뽑아내고 그 위치에 다른 사람을 집어넣어야 하는 일인지도 모른다. 내가 사는 터전, 내게 산소처럼 주어진 자유, 혼자 독점하던 공간, 가리낌 없는 여가 활동 등 많은 것을 포기하는 일이다. 포기하지 않는다 하더라도 변화는 불가피하고, 의무와 책임 같은 것들로 대체해야 한다. 결혼함으로써 포기해야 하는 기회비용, 너무나 크게 느껴진다.

유튜브를 비롯한 OTT가 욕망의 백과사전이 되고, 백만 가지 취향을 키워주는 개인 교사인지라, 야외활동이든, 스포츠든, 댄스든, SNS 관리든 할 수 있는 게 무한대로 늘었다. 기회와 정보에 여유 시간이 더해지면서, 취미생활이 덕질로 진화하고, 여러 개의 '부캐'와 더불어 자아를 충만하게 즐기고 누리고 또 관리하는 중이다. 캠핑, 바이킹, 등산, 테니스, 골프, 폴댄스, 필라테스, 헬스, 사격, 드론, 요리 등등 24시간이 부족한 찐 취미 부자가 차고 넘친다.

이런 터에 바이오와 의학 기술의 발달에 힘입어 결혼을 합리적으로 늦출 수 있는 신박한 방법들도 속속 선보이고 있다. 늦은 결혼과 출산에 대한 대비책으로 난자 동결이 급부상했다. 대략 3백만 원의 시술 비용에 매달 30만 원의 보관비용을 부담할 능력만 되면 언제든 원하는 시기에 임신이 가능해졌다. 적지 않은 여성들이 '너 결혼 언제 할래?'라는 듣고 싶지 않은 소리에 대한 방어막으로 난자 동결을 선택한다고 한다.

기성세대에게는 사랑의 종착지는 결혼이라는 정해진 결론이 있었다. 그렇기에 결혼이라는 제도를 벗어난 사랑은 불장난이거나 불륜으로 격하되기 십상이었다. 하지만 젊은 세대는 나름의 방식과 맥락 속에서 사랑을 키워 나간다. '비혼 동거 커플'이 늘어나고 있다. 한번 겪어보면 안정적인 결혼이 가능할 것 같다고 실용적으로 보는 시각이 공감을 얻는 추세이다.

30대 미혼 남성 추이 변화를 보면 1990년 9.5%, 2005년 29.8%, 2020년 50.8%로 크게 늘었는데 이 가운데 적잖은 비율이 비혼으로 추정된다. 급격히 늘어난 비혼 동거 찬성 의견은 이런 추세를 뒷받침한다. 비혼 동거에 동의한다는 의견이 10년 전에는 61.8%에 그쳤는데, 2023년 현재는 80.9%로 늘었다. 비혼 출산에 대한 동의 비율 역시 같은 기간 29.8%에서 39.6%로 늘었다.[28]

실제 비친족가구 비율도 크게 늘었다는 보고가 있다. 비친족가구는 8촌 이내 친족으로 구성되지 않은 5인 이하 가구를 의미하는데, 법적으로 혼인이나 부양책임 등으로 묶이길 원치 않는 연인들, 동성 부부, 친구 간의 동거, 경제적인 이유의 주거 공유 등이 여기에 포함된다. 최근 가구 구조에 변화를 가져온 주요 현상들이다. 2021년 기준으로 비친족가구는 47만2,660가구에 이른다고 하고, 앞으로 2030년에는 59만8,000가구, 2040년에는 68만1,000가구가 될 것으로 전망된다고 하니, 비친족가구에 대한 사회적 수용성이 급격히 커지고 있다는 증거이다.[29]

딸을 둔 아빠들은 이런 현상에 열불이 솟는다. 후진 아빠라는 소리를 들을까 봐 말로 표현할 수는 없지만 속으로는 '동거하다 튀면 남이지!'라고 생각한다. 사랑과 결혼에 대한 기성세대의 가치관은 여전하다. 하지만 혈연과 혼인 관계로만 가족을 구성해야 한다는 생각이 이 시점에서 과연 유연하고 긍정적일까?

미국 등 선진국은 '같은 주거 공간에 거주하는 가구 구성원' 심지어 '내가 가족으로 여기는 자'까지도 가족으로 인정한다. 세계화 시대에 굳이 대한민국 젊은 세대들만 예외는 아니다. 모든 사회 구성원들이 다양성을 더 인정하고 포용해야 한다. 이것이 결혼 기피와 저출생의 늪에서 조금이나마 빠져나갈 수 있는 출발점이 될 수 있다. 기성세대의 우려어린 시선, 뿌리 깊은 혈연 중심의 가족주의, 과다한 타인에 대한 의식 등이 더 자유로운 결혼과 출산을 가로막고 있는 것인지도 모른다.

에코붐세대, 과연 애 낳을까?

1991년부터 96년생까지 출생한 이들을 일컬어 '에코붐세대'라
고 부른다. 1996년생을 제외하곤 출생아 수가 매년 70만 명을 넘
긴 세대다. 65만 명에 못 미쳤던 80년대 후반생을 추월했다. 줄어
들기만 하던 출생아 수가 마치 베이비붐세대처럼 늘어나기 시작
했다는 의미에서 붙여진 이름이다. 높아진 출생아 수에 대한 들
뜬 기대감은 곧장 높은 출산율 전망으로 이어졌다. 2030년이면
합계 출산율 0.96, 2046년에는 1.21로 올라간다고 전망하고 있
다. 그런데, 이 계산이 틀렸다면 어떻게 될까? 에코붐세대가 다른
선택을 한다면?

이 책을 쓰고 있을 무렵 에코붐세대 두 명의 직장인과 교류할
기회가 있었다. A는 대기업 연구직에서 3년 정도 일한 여성이었
다. 유럽에서 대학을 나와 거시경제 분석을 맡고 있었다. 뜻밖에
도 한국에서 하던 일을 그만두고 다시 유럽으로 돌아가 금융 분
야에서 일할 계획을 세우고 있었다.

"꿀 직장인데, 왜 그만두세요?"
"좀 더 새로운 일을 해보고 싶네요."
"일하면서 힘든 점이 있었나요?"
"한국의 기업문화에 적응하는 게 쉽진 않았어요. 일하면서 내가

여성이구나 라는 생각을 불현듯 했어요. 유럽에선 안 그랬죠."

평소 동료들과 친분도 좋고, 상사들에게도 두루 인정받던 A가 이런 말을 하는 게 뜻밖이었다. '여성이라고 느꼈다'라는 말을 듣고 머리를 한 대 얻어맞은 느낌이었다. 여전히 우리의 일터는 남성도 여성도 아닌 오롯한 한 사람의 직원으로 인정하지 못하고 있구나. 사라진 듯 보였던 여자라는 꼬리표는 여전히 누군가의 발길을 돌려세우는구나.

'여성이라고 느꼈다'는 맥락을 나도 정확히는 모른다. 동료들이 실수하지 않으려고 더 잘 대해주려고 상대를 '여성'으로 대했을 수도 있다. 하지만 내가 일하는 곳에서 내가 조직의 일원으로써가 아니라 여성으로 혹은 남성으로 인식된다면, 또 그렇게 동료를 대하기 시작하면, 조직에는 묘한 긴장감이 생길 수밖에 없다. 편견이 하나둘 만들어진다. 왜 여성 임원은 적은지, 왜 여성은 술자리에 끼기 어려운지, 왜 사내 식당에서 아이와 식사하는 사람들은 대부분 여성인지 스스로 묻게 된다.

또 다른 에코붐세대 직장인 B 역시 대기업에서 일하는 여성이다. 입사한 지 7년이 넘었고, 결혼은 3년 차로 접어든다. 내가 「사회학입문」을 가르친 제자이기도 한 B는 꽤나 즐겁고 활기차게 직장 생활을 하고 있었다. 내가 '젊은 교수'로 학생들과 많이 어울리고 수업 시간에 피자도 돌릴 때였으니, 학창 시절과 관련된 작은 기억의 뭉치로 우리는 쉽게 마음을 열었다.

B에게 위기가 없었던 건 아니다. 좀 더 자유로운 워라밸 중심의 직장 분위기가 만들어진 건 3년이 채 안 됐다고 했다. 칼퇴근은 꿈도 못 꿨고 야근이 일쑤였다. 코로나19 이후 유연 근무가 가능해져서 일찍 출근하고 일찍 퇴근하는 게 한결 수월해졌다고 했다. 하이힐을 신고 블라우스 차림으로 출근하는 게 당연했는데, 지금처럼 프리스타일 패션으로 변한 것도 그때가 기점이었다고 한다.

그래도 다행이다. Z세대 신입사원들 입사 때문인지, 코로나로 인한 변화 때문인지는 정확히 모르지만, 지난 수년간 직장문화에 큰 변화가 생긴 건 분명했다. 묻진 않았으나, 아마도 B는 출산을 계획하고 있을지 모르겠다. 여성이라는 정체성을 덜 생각해도 되니 스트레스도 덜 할 거고, 또 이제 과장으로 진급한다고 하니 출산해서 양육할 자신감이 조금은 더 생겼을 것 같다.

B가 일하는 회사가 겪은 변화는 모범사례에 가깝다. 아직 많은 직장에선 상명하복과 폐쇄적인 회사 분위기로 인해 자유와 창의성이 억눌리고 있다. 많은 익숙한 행동들이 성별 편견을 재생산하고, 평가, 승급, 보상에서 다양한 모양의 유리천장이 여전히 존재한다. 육아휴직 후 승진에서 누락되는 주위 사례를 보면서, 아이를 낳으면 직장을 떠나야 할지도 모른다는 불안을 느끼는 게 현실이다. 에코붐세대 여성은 과연 어떤 선택을 할까?

우리 사회가 에코붐세대에 주목하는 이유는, 베이비부머의 자녀 세대인 이들이 결혼과 출산을 결심한다면 출생률이 반등할 수 있다는 희망 때문이다. 하지만, 에코붐세대가 다른 선택을 한다면 어떻게 될까?

큰 혼란이 예상된다. 연금, 노동, 교육개혁, 정부 정책의 근간이 흔들릴 수도 있다. 정책의 전제가 인구이기 때문이다. 떡 줄 사람은 생각지도 않는데 어른들이 김칫국부터 마신 건 아닌지 불길한 예감이 든다. 정부는 에코붐세대 출산율 반등 시나리오에 따라 일하는 인구 1명의 65세 이상 1명 부양 시기를 2060년으로, 경제 역성장 시작 시기를 2050년으로 내다보고 있다. 에코붐세대가 결혼, 출산을 기피한다면 이 두 시기가 모두 크게 앞당겨질 것이다. 같은 가정을 바탕으로 2047년 소멸 위험 단계에 종로, 서초, 송파를 포함했는데, 이 공포스런 단계 역시 앞당겨질 것으로 예상된다.[30]

'나은 미래'에 대한 확실한 시그널 필요

결혼은 통과 의례가 아니라 선택으로 변한 지 오래이다. 청년들은 미래가 더 나을 것이라는 확신을 얻지 못하면 결코 결혼에 대한 인식을 바꾸지 않을 것이다. 주거, 금융, 일자리 기회를 두텁게 제공하는 것이 가장 중요하다. 번듯한 집과 일자리가 핵심이다.

청년이나 신혼부부를 위한 주택 공급 방안을 지속적으로 강화하고, 정부와 기업이 함께 나서서 양질의 일자리 창출을 위한 다양하고 구체적인 방안을 내놓아야 한다. 청년 일자리 문제가 해결되지 않는 상황에서 65세 정년 연장을 밀어붙이는 오류를 범해선 안 된다.

노동환경 개선이 더 빠르고 강력하게 이뤄져야 한다. 육아휴직을 쓰고 싶어도 업무 공백에 대한 부담감과 동료 눈치 때문에 쓰지 못하는 직장인이 너무나 많다. 2023년 육아휴직자 숫자가 전년 대비 3.9%가 줄었다고 하는데, 국가소멸 이야기까지 나오는 마당에 나라와 기업은 거꾸로 가고 있는 셈이다.[31] 고용보험을 통해 지급되는 육아휴직 기간 급여가 최대 150만 원이다 보니, 상당한 임금 손실을 감수하고 울며 겨자 먹기로 육아휴직을 쓰거나, 눈물을 머금고 포기하는 직장인 여성이 태반이었다.

다행히 2024년부터 '6+6 부모육아휴직제'가 도입되면서 부모 각각 첫 6개월에 대해 육아휴직 급여를 통상 임금에 좀 더 가깝게 지원받을 수 있게 되었다. 분명 긍정적 변화이다. 하지만 상한액을 올렸다곤 하나, 1개월 차 200만 원, 그 다음 달 50만 원 인상, 이렇게 해서 6개월 차에 450만 원까지 늘리는 복잡한 셈법도 문제이거니와, 여전히 6개월 지원이라는 제한이 걸려 있어 아쉬움이 남는다.[32]

2024년 6월 19일 선포된 '인구 국가비상사태'는 정책적 갈증을 해소하기 위한 의미있는 한 걸음이었다. '인구전략기획부'라는 인구 컨트롤 타워를 신설하고, 일·가정 양립, 양육, 주거의 3대 핵심 분야에 정책적 역량을 총동원하겠다는 정부의 강력한 의지가 피력되었다. 남성 육아 휴직 사용률을 3년 내에 50%로 높이겠다고 했는데, 남성 육아 부담이 전 세계 꼴찌 수준인 현 상황을 어느 정도 바꿀 수 있을지 지켜볼 일이다. 정부 정책이 극한 경쟁 완화, 수도권 집중 해소와 같은 구조적 문제를 외면하지 않도록 정책 감시와 압박이 뒤따라야 한다.[33]

더불어 기업이 나서야 한다. 대기업이든 중소기업이든 추가적인 임금 지급을 취업규칙에 명시해야 한다. 현재 여성이 받는 임금의 100% 수준으로 임금이 보장되어야 여성들은 안심하고 출산을 계획하고 육아휴직을 쓸 것이다. 남성 역시 동일한 기준을 적용해야 한다. 변동없는 임금을 받을 수 있는 기간도 최소한 1년은 되어야 한다. 아빠 출산휴가가 당연시 되어야 여성이 짊어지는 과도한 육아 부담을 줄일 수 있다.

결혼과 출산이 합리적인 선택지가 되도록 만드는 게 중요하다. 할 수 있는 건 다해도 모자랄 판이다. 아니 할 수 없는 것도 되게 만들어서라도 출산율을 높여야 한다. 기업은 사내 어린이집 확충에 나서고, 이중 일부는 협력사 직원 혹은 지역사회 신혼부부에게 제공하는 등의 상생방안을 마련해야 한다. 혹시 비혼을 선언한 직원이 있다면, 비혼 선언 축하금도 지급하면 어떨까? 회사와 사회가 나를 포용한다는 마음을 느끼도록 하는 게 중요하다. 되레 결혼에 대한 긍정적인 생각도 가질 수 있다.

난자와 정자 동결에 드는 비용은 국가와 지자체가 전액 보존해 줘야 한다. 난임 시술비 지원 역시 필수적이다. 결혼장려금과 수당도 이참에 현실화하자. 지자체의 남녀 청춘 만남 주선에 말도 탈도 많다. 하지만 정작 청년들의 반응은 뜨겁다. 결혼정보회사 회비가 얼마나 비싼가? 비용을 줄여주고 만남을, 연애를, 결혼을 합리적인 선택지로 만드는 기상천외한 노력들이 필요하다.

사랑과 배려가 바탕이 되는 결혼의 본질에는 변화가 없지만, 결혼에 대한 인식이 크게 바뀐 현실을 기성세대는 담담히 받아들여야 한다. '결혼은 하면 되는 것'이라는 생각은 크나큰 착각이다. 대한민국의 결혼 현실을 직시하고 공감할 때 세대 간 대화의 창이 열리고, 결혼과 출산에 고개 젓는 청년들의 마음을 되돌릴 수 있다.

'서른다섯 살이 넘었는데 결혼을 안 해서 걱정'인 부모님들이라면 좀 더 느긋해지시길 바란다. 결혼 적령기 들먹이면 되레 결혼 의향이 꺾일 수 있다는 걸 이참에 깨달으시길 바란다. 자녀가 비혼 선언을 해도 결혼은 꼭 해야 한다고 다그치지 말고 그들이 비혼을 선택한 까닭에 귀를 기울였으면 한다.

청년세대에게 결혼은 당위가 아닌 선택이며, 무엇보다 이들은 합리적인 선택을 위해 많은 것을 따지고 재는 세대임을 기억해야 한다. 이들이 고민 끝에 비혼을 결정하게 된 원인과 계기부터 알아가는 것, 그리고 그들이 결혼을 합리적 선택의 영역에 둘 수 있도록 그 기반과 환경을 마련해 주는 것이 우리 사회와 기성세대의 역할이 아닐까 한다.

청년들이 기꺼이 만나고 교제하게 하는 것, 그리고 행복하게
잘 살게 하는 게 중요하다. 어쩌면 지금이 마지막 기회일지 모
른다.

결혼은 통과 의례가 아니라 선택으로 변한 지 오래이다. 청년들은 미래가 더 나을 것이라는 확신을 얻지 못하면 결코 결혼에 대한 인식을 바꾸지 않을 것이다.

프로 N잡러 시대 ——— 3

꿈꾸지 않는 세대

2002년 한일이 공동 주최한 월드컵. 모든 세대가 하나가 되어 '꿈은 이루어진다!'를 외쳤다. 실제 꿈은 이뤄졌다. 한국 축구가 최고의 강자들이 겨루는 월드컵에서 4강에 오른 거다. 조별 리그 마지막 경기에서 박지성이 포르투갈을 상대로 날린 왼발 슛은 짜릿한 감동으로 국민의 가슴에 남았다. 이후 박지성은 에인트호벤을 거쳐 맨체스터 유나이티드로 진출하면서 한국 선수들의 유럽 진출의 신호탄을 쏘았다. 이것이 시발이 되어 손흥민이 토트넘으로, 이강인이 파리 생제르맹으로 진출해 맹활약하면서 대한민국 축구의 꿈은 미래형으로 계속 진화중이다. 축구가 아닌 우리의 현실도 그럴까? 꿈은 정말 이뤄질까?

　　　　　　　생 (生) 존 (z o n e) 십 (s h i p)

사회가 오랫동안 암묵적으로 정해 놓은 '그들만의 리그'는 분명히 존재한다. 열린 기회가 비교적 많던 사회에서는 더 많은 사람들이 그 안에 들어가려 아등바등 애를 썼다. 하지만 계층 질서가 공고해지고 기회의 창들이 닫히는 요즘, 소수의 리그에 들어가려고 애쓰는 것 자체가 부질없다는 인식이 커지고 있다. 의사, 변호사, 변리사, 교수, 대기업 직원, 모두가 그들만의 리그 안에서 살아간다.

세습사회라는 말이 어색하지 않을 만큼, 좋은 집안 배경, 좋은 학벌로 견고한 벽이 세워지는 요즘, 계층 질서에 도전하느라 젊음을 낭비하기 보다는 자기 기준을 가지고 자기 삶을 살려는 이들이 많아지고 있다. 자기만의 영역을 구축하고 그 세계를 공고히 함으로써 새로운 도전을 이어가려는 움직임이 크다. 마치 구독자가 있건 없건 자신만의 유튜브 채널을 개설해서 목소리를 내는 것처럼 말이다.

어쩌면 '꿈꾸지 않아도 좋다'는 선언은 요즘 청춘이 선택한 생존전략일지도 모른다. 기회의 창이 열려 있고, '하면 된다'는 신념이 유효하던 과거에는 꿈을 꾸는 게 꽤나 근사한 일이었다. 하지만 보이지 않는 계층 장벽이 갈수록 견고해지는 요즘, 결국 도전하는 것은 무의미하다는 결론을 내린 게 아닐까. 임금, 근무 여건, 직업훈련 등 여러 면에서 '그럴싸한' 직장이 전체 일자리의 10~20%에 불과한 실정에서, 수십 번 서류심사와 면접에서 탈락하고, 게다가 내가 왜 거부당하는지 알 수 없는 상황이 되면, 꿈을 꾸는 게 사치처럼 느껴질 수도 있다. 꿈을 가져봤자 번번이 좌절하는데, 내 인생에 도움이 안 되는 그 꿈을 부여잡고 있는 것이 얼마나 도움이 되겠냐는 생각이 들 수도 있다.

최근 한 조사에 의하면, 신입사원이 취업에 성공하기 위해서는 평균 16곳의 회사에 응시하고 최종 면접을 6번 정도 치른다고 한다. 이것도 '성공한 자'의 평균일 뿐, 그렇지 않은 경우는 더욱 험난한 자기와의 싸움이 지루하게 이어진다. 게다가 첫 직장이 내가 바라던 '꿈의 직장'이 될 확률은 점점 낮아지는 추세이다.[34] 입사 후 1년 동안 고용이 유지되는 비율이 40%에 불과한 데다, 근속연수 1년 미만의 노동자 비율이 전 세계에서 가장 높은 상황이기 때문에, 꿈을 이룰 수 있는 토양이 점점 더 척박해지고 있는 것 또한 사실이다.[35]

이성에게 호감을 표시하는 데 삼세판이 더 이상 없는 것처럼, 어쩌면 청춘의 꿈도 비슷한지 모르겠다. 꿈을 이루고, 목표한 바를 달성하는 게 너무나 힘겨운 구조적 상황 속에서, 이룰 것이 없으면 행복해진다고 생각을 바꾸는 젊은이들도 많아지고 있다. 꿈에 대한 강박관념에 시달리는 것보다, 자신이 의미를 두는 활동에 몰입하는 편이 훨씬 낫다고 생각하는 것이다.

기성세대라고 해서 모두가 꿈을 이루고 보람된 삶을 산 것은 아니다. 가파른 경제성장 국면에서 취업률은 분명 높았지만, 모두가 자신이 원하던 직장을 얻고 꿈꿔왔던 삶을 살았던 것은 아니다. 10명 중 4명이 정년 이전에 비자발적으로 퇴직하고 있고,

많은 퇴직자들이 생계유지를 위해 본인이 해왔던 일자리를 떠나 생경한 곳에서 노동을 이어 나가고 있다.[36]

80년대에 대학을 다녔던 86세대는 격동의 시절을 보내면서 가치관과 꿈이 흔들리고 무너진 체험을 한 사람들이다. 이들은 당시 권위적인 사회 분위기 속에서 어떻게 여유를 즐기고, 어떻게 새로운 것에 도전해야 할지 전혀 알 수 없는 진공상태에 놓여 있었다. 인터넷이 없었으니 당연히 SNS도 유튜브도 없었다. 지금의 시각으로 보면 도대체 어디서 정보를 얻고 어떻게 의사결정을 했을지 짐작도 하기 어렵다.

학교에 휴교령이 떨어지고, 가까운 친구가 취조실로 불려가던 공포스런 분위기 속에서, 오늘은 무엇을 해야 할지, 내일은 어떻게 살아가야 할지 종잡을 수 없는 하루하루를 보내는 경우가 많았다. 당시 일부에서는 대학교수, 공무원, 엔지니어, 기업인 모두 일종의 비양심적인 이기주의자가 아니냐며 분개하기도 했다. 학생운동하면 안 된다며 불호령 내리는 부모, 불법 서적을 들이미는 선배 사이에서 정신적인 방황을 겪던 세대였다.

격동의 시기를 거치면서 많은 이들이 운동권에 몸을 실었지만, 또 다른 많은 젊은이들은 미래의 불안감 속에서 꿋꿋이 학문의 길을 선택하거나 직장인으로 탈바꿈했다. 현실과 이상 사이에서 방황하는 대신 조화를 추구하고, 사회를 좀 더 폭 넓고 깊이 있게 들여다보는 성숙한 인간으로 성장하고자 하는 이들도 많았다.

젊은 시절 제대로 꿈을 펼쳐볼 기회가 없었기에, 내 자식들은 꼭 하고 싶은 일을 하고 꿈을 이뤘으면 좋겠다고 생각하는 것이 86세대의 전반적 정서이다. '그래 갈 데까지 가보자, 네가 하고 싶은 거 다 지원해 줄게'이 다짐을 마음에 품고 살아온 세대이다. 그래서 부모는 '꿈꾸지 않아도 좋다'거나 '꿈이 없다'고 당당하게 말하는 자녀 세대가 이해가 안 가고, 또 못내 아쉽다.

86세대는 독재와 엄숙한 위계질서가 전반적으로 사회를 지배하는 분위기, 말하자면 자유를 저당 잡혀야 하는 현실 속에서 끊임없이 이상과 현실 간 타협점을 찾아야 했다. 생계를 위해 직장을 찾아 나섰고, 고도성장기라는 순풍을 만나 많은 경우 요즘 세대가 부러워할 만한 번듯한 직장으로, 대기업으로 흘러들어갔다. 내가 꿈꾸던 직장, 풍운의 꿈을 안고 입성한 곳은 아니었다 할지라도, 직장은 가정의 연장선상에 있었다. 집과 일터 밖에는 모르면서 평생직장이라는 자부심을 마음에 품고 직장에 헌신하는 경우가 많았다. 요즘 표현을 빌리면 '프로 헌신러'였던 셈이다.

기업의 성과를 자신의 성과라 믿었고, 평생직장을 마무리하면 내 가족의 행복과 내 노후는 쉽게 보장될 것으로 믿었다. 이런 마음가짐을 가졌던 베이비부머 세대가 대규모로 노동시장에서 퇴장하고 있다. 25년 만년 늦깎이 부장을 하다 임원 승진에 미끄러져 결국 대책 없이 짐을 싸 집으로 향해야 하는 베이비부머는 자문한다.

"내 헌신의 대가가 이거였나?"

"어떻게 청춘을 바쳤던 직장이 나를 이렇게 떠나보내나?"

쓸쓸하게 퇴장해 집이라는 동굴에 들어온 아버지를 보는 자녀의 마음은 착잡하다. 평생직장과 작별을 고한 초라한 모습에 최선의 위로와 감사의 마음을 전하지만, 아버지가 평생직장에 헌신한 대가가 결국 이런 건지 자식 된 도리로 따져 묻지 않을 수 없다. 1997년 IMF, 2008년 외환위기, 2019 코로나 팬데믹 등 위기 때마다 기업은 가장 연약한 고리인 사람부터 잘라냈다. 직장은 정말이지 믿어선 안 될 곳임을 아버지를 통해 통감하면서 자란 세대가 요즘 세대이다. 결국 나 혼자 일어서야 하며, 꿈을 꾸기보다는 이름을 당당하게 내걸 수 있는 자신만의 영역을 구축하고, 그 속에서 행복을 추구하는 것이 더 이득이라는 생각을 하기에 이른 것이다.

실패해도 좋다

기성세대는 실패하면 큰일 나는 줄 알고 살아왔다. 실패는 곧 낙오를 의미하며, 나락으로 가는 지름길처럼 여겼다. 고 정주영 현대그룹 회장이 남긴 '시련은 있어도 실패는 없다'란 말은 당대의 유행어였다. 낙관하고 긍정적으로 생각하면 반드시 성공한다는 의미인데, 실패를 용납하지 않는 당시 사회적 분위기를 함축하고 있다.

하지만 20년 이상 시간이 흐르고 난 지금에서는 오히려 실패를 용인해야 한다는 쪽에 사람들의 생각이 모아지고 있다. 실패를 용인하는 것을 넘어서 '실패할 권리'를 보장해야 한다고 주장하는 사람들도 있다. 스탠퍼드대 심리학자 캐롤 드웩(Carol S. Dweck, Ph.D.)은 저서 『마인드 셋』에서 '성장 마인드셋'을 갖춘 사람은 실패를 통해 더 많이 배울 수 있고 성장할 수 있다고 봤다. 반면 '고정 마인드셋'을 가진 사람은 실패를 능력의 한계치로 보고, 도전을 기피함과 동시에 개인의 결함으로 받아들인다고 주장한다. 캐롤 드웩은 실패가 개인의 능력을 확장하는 데 필요한 도전이라고 보며, 성장 마인드셋을 가진 사람들은 실패를 포기의 신호로 보지 않고, 더 나아질 수 있는 변곡점으로 이해한다는 것이다.[37]

이 주장은 실패할 권리를 보장할 만한 충분한 명분이 된다. '실패해도 좋다'는 마음을 미덕으로 여기는 세상이 시작되었다. 실패는 다시 도전하게 만들 동력이 되며, 새로운 창의력의 물꼬를 트는 계기가 된다. 일찍이 토마스 에디슨(Thomas Alva Edison)은 '나는 실패한 것이 아니라, 작동하지 않은 1만 가지 방법을 발견했다'라고 말하지 않았던가.

물론 실패를 보는 관점에 변화가 없는 기업인과 리더가 아직 우리 주위에 많다. 굴지의 대기업도 예외가 아니다. 삼성그룹 임원들과 이야기를 나누다 보면, 회사의 가장 큰 고민은 단기성과와 장기 성과 사이의 고민, 단기적인 목표 달성과 새로운 먹을거리 발굴 사이의 고민이라는 말을 듣곤 한다.

장기적 성과와 새로운 먹을거리, 여기에 더해 창의적인 사고와 계획이 결정적인 혁신의 시대에 살고 있지만, 결국 늘 삼성그룹 계열사 사장과 임원들은 1년, 2년 단위로 평가받는 것이 현실이다. 또 미리 정해진 업무 목표와 지표에 따라 좌고우면하지 않고 일해야 한다. 이러다 보니 막중한 책임을 지닌 조직의 리더들은 직원들의 실수에 예민해지고, 작은 실수도 쉽사리 용납하지 못하는 상황에 놓이게 된다. 그뿐 아니라 자신의 작은 실수에도 엄격해지고 자신을 자책하고 스스로 리더십이 부족하다고 단정하는 경우도 생긴다.

『초격차』의 저자 권오현 전 삼성종합기술원 사장은 작은 실패의 경험은 면역력과 회복력, 그리고 어려움을 헤쳐 나갈 수 있는 추진력을 가져다준다고 봤다. 실패 경험이 있는 사람을 적극적으로 채용하라는 조언도 했다. 실리콘 밸리의 리더들은 직원을 선발할 때 실수와 실패의 경험이 있는 사람을 오히려 적극적으로 채용하는 관행이 있는데 이를 눈여겨보라는 것이다.[38]

삼성이 그렇듯 대부분의 한국 기업들은 단기적 평가의 관성과 실패를 용납하지 못하는 기업문화의 덫에 걸려 혁신의 길로 나아가지 못하고 있다. 기업의 리더들이 '실수해도 좋고, 실패해도 좋다'는 여유 있는 마음, 오히려 자기 주도적으로 실패를 경험해 보라고 권장할 수 있는 분위기가 되어야 한다. 후회 없고 건강한 실패란 무엇이고, 이것이 닥쳤을 때 어떻게 피드백을 제공하고, 또 어떻게 평가에 활용할 것인지 조직문화의 관점에서 진지한 고민이 필요하다. 이런 새로운 분위기가 형성될 때에 비로소 직원들은 수비보다 공격에 몰입하는, 그래서 결국 회사의 생존과 성공 가능성을 높이는 선택에 나설 것이다.

이미 애플, 구글, 아마존 등 글로벌 플랫폼 기업들은 혁신을 위한 실험을 추진하고 이 과정에서 실패를 수용하는 기업문화를 오래전부터 안착시켜 왔다.

구글은 2006년부터 실패한 서비스의 비석을 한곳에 모아 전시하는 '구글 공동묘지'를 공개했다. 구글은 직원들이 실패를 두려워하지 않고 새로운 도전에 나설 수 있게끔, '20% 규칙'을 운영해 왔다. 일터에서 주어진 시간 중 20%를 자신이 하고 싶은 프로젝트에 몰입하게 함으로써, 창의적 아이디어를 실험하고, 궁극적으로 혁신적인 제품이 개발될 수 있도록 유도한 것이다. 전 세계인의 이메일 표준이 된 Gmail도 이렇게 탄생했다고 한다. 실리콘밸리에는 매년 10월에 창업자들이 실패담을 공유하는 실패 콘퍼런스(Fail Con)가 열린다.

테슬라 창업자 일론 머스크(Elon Reeve Musk)는 '무언가 실패하고 있지 않다면 충분히 혁신하고 있지 않다'라는 말로 실패와 혁신의 관계를 새롭게 정립했다. 아마존 CEO 제프 베이조스(Jeffrey Preston Bezos)는 아마존을 '실패를 발명하는 회사'라고 칭하며 실패를 대규모 혁신을 위한 필수적인 부분으로 바라보는 조직문화를 장려한 리더로 손꼽힌다.

이렇듯 혁신을 이뤄낸 기업들은 대부분 실패를 분석하고 곱씹으면서 혁신으로 나아갈 새로운 아이디어를 찾아냈다. 실패를 받아들이면, 무언가를 그럴싸하게 포장해서 잘된 것처럼 만드는 위장 전략은 더 이상 필요가 없다. B급이라는 말이 아무런 열등감에도 속박되지 않고 널리 사용되는 것도 이런 이유이다.

실패나 솔직함, A급이 아닌 B급을 '체면 구기는 것'으로 여겼던 기성세대는 이런 경향에 대해 이질감도 느끼지만 한편으로는 해방감도 느끼는 듯하다. 성공과 일등주의로 점철된 마음의 짐을 가볍게 만들어주는 해법을 젊은 세대들의 '솔직한 실패론'에서 배우는 것이다.

실패를 포용하는 요즘 세태에는 분명한 교훈이 있다. 실수나 실패로 인해 일어나는 '기죽는 경험'들도 인생의 항해에서는 엄청나게 중요한 자산이 된다는 교훈이다. 실패를 장려하고 제도화하는 글로벌 기업들처럼, 국내 기업의 리더들도 실수와 실패를 건강한 자산으로 삼으려는 변화를 꾀하고 있다.

물론 현실은 녹록치 않다. 사회초년생이 직장과 우리 사회에 발을 딛는 순간부터 경직된 직장문화와 단기성과를 중시하는 분위기로 인해 좌절을 경험하곤 한다. 이들의 새로운 가치관을 인정하고 지지할 수 있는 기업문화나 사회 풍토가 아직 뿌리내리지 않았기 때문이다. 기업들의 발상 전환이 시급하다. 실수와 실패를 감추지 않고 드러내어 주위에 도움을 요청함으로써 충분히 극복할 수 있다는 시그널, 실패가 혁신의 밑거름이 될 수 있다는 시그널을 더 강하게 던져야 한다. 그리고 이를 제도화해야 한다. 주도적으로 일을 추진해 보고, 실패를 경험했을 때, 오히려 평가에서 좋은 점수를 주는 접근이 필요하다. 실책이 두려워 안전하게 1루에 송구해 팀이 패하는 상황을 피해야 하는 것이다. 공격적으로 강하게 던져서 팀이 이기고 또 내야 수비진도 그 기여를 평가받는 조직 문화가 정착되어야 한다.

세상이 바뀌고 있다. '실패할 권리'를 인정하는 사회가 오고 있다. 인생은 무조건 당당하게 살고 보자는 건강한 분위기도 만들어지고 있다. 이런 변화를 기회로 바라보는 기업이 필요하다. 이런 관점으로 기업을 이끄는 지도자가 많아져야 한다.

장래희망, 판사? 유튜버?

난 고등학교 때 기자가 되고 싶었다. 사회부나 정치부 기자는 사회문제를 집요하게 파고드는 뭔가 근성이 있는 사람들 같았다. 하지만 늘 부족한 수면에 시달리며 술에 절어 사는 기자의 일상을 접한 후 곧장 꿈을 접었다. 수십 년이 지난 지금 젊은 사회부 기자들이 매일 나를 애타게 찾는 걸 보면 완전히 다른 길을 택한 건 아닌 것 같다.

젊은 기자들과의 전화 인터뷰는 늘 즐겁고 또 뭔가를 얻게 된다. 자연스럽게 세대 간 사고방식의 차이를 발견하게 되고, 나만의 인사이트를 새로 구축해 나갈 계기가 된다. MZ세대, 젠더 문제부터 공정성과 사법 정의, AI와 디지털 전환까지 온갖 질문을 받고 성심껏 답하면서 '천생 사회학자'라는 생각이 든다.

어렸을 적 꿈은 판사였다. 초등학교 때부터 생활기록부에 새겨진 내 장래 희망이었다. 사실 초등학교 때는 판사가 정확히 뭔지, 무슨 직업인지 알지 못했다. 누가 물어보면 판사가 되겠다고 주저 없이 답했는데, 사실은 어머니가 말해준 대로 그대로 읊은 것에 불과했다.

어머니는 왜 아들이 판사가 되기를 원하셨을까? 아마도 당시에 가장 명망 높은 직업이었을 것이다. 금수저가 아니더라도 재능이 있고 열심히 공부하면 법대에 진학하고 사법 고시에 통과해서 '개천에서 난 용'이 될 기회라고 생각했을 것이다. 내 어머니만 그런 게 아니라 그 시대 어머니들은 다들 그런 꿈을 꾸셨다.

사법고시가 변호사시험으로 대체되고, 법학과가 법학전문대학원으로 대체되었지만, 법조인을 꿈꾸는 청춘은 예전이니 지금이나 차고 넘친다. 하지만 이제는 더 이상 '개천에서 용 났다'는 이야기가 잘 들리지 않는다. 되레 법학전문대학원이 상류층 자제들의 기득권 진출 통로가 되었다는 개탄이 여기저기서 들린다.

노무현 대통령 개혁 정책의 하나로 변호사 숫자가 대폭 늘어나면서 직업 위신에 변화가 생겼다. 변호사도 옛날 같지 않다. 하지만 아직도 인문사회과학 분야에서 가장 상위권 친구들은 법학전문대학원에 진학하길 원하기 때문에 불변의 엘리트 코스인 것만은 틀림없다.

다양한 배경과 전공의 학생들이 법학전문대학원에 진학하고 당당하게 사회로 진출해 기업 변호사, 로펌 변호사로 일하는 모습을 보면 참 흐뭇하다. 내가 가르치는 사회학과의 학부 졸업생들도 여럿이 이 경로를 따라 법학전문대학원에 진학하고 변호사 시험을 통과해서 변호사로 활동하고 있다. 이런 점을 볼 때, 다양성이나 이동성이라는 차원에서 법조 분야는 과거와 현재를 이어주는 공통점이 있다.

당시에 또래 친구들의 장래 희망을 들어보면 대통령이나 법조인, 과학자 등이 많았는데, 그렇게 생각한 계기는 대동소이했다. 변호사가 꿈이라고 말하면 뭔가 근사해 보이고, 날 키워주시는 부모님이 원하시는 걸 따르는 게 자식의 도리라고 생각했기 때문이다. 80년대만 해도 과학에 대한 개념이 일천했던 지라 요즘처럼 뇌과학자, 로봇공학자, 양자물리학자, 이렇게 세분된 이해는 없었지만, 뭔가 국가와 사회를 이끌어가는 주역들처럼 느껴졌다.

요즘은 장래 희망이나 선호하는 직업의 상위권이 제법 달라졌다. 2022년 12월 한국직업능력연구원이 실시한 조사에 따르면 초등학생 희망 직업의 1위가 운동선수로 나타났다. 2위가 교사, 3위 크리에이터, 4위 의사, 5위 경찰관, 6위 요리사, 그리고 10위는 웹툰 작가였다.[39] 가장 선호하는 꿈이자 희망 직업이 운동선수인 건데, 요즘 연예인급으로 주목받고 돈도 많이 버는 직업이 운동선수란 점에서 세태를 반영하는 것 같다. 유튜브 크리에이터, 웹툰 작가가 상위에 오른 점은 영상에 익숙한 세대의 습성과 정체성 때문일 것이다.

흥미로운 건 판사, 검사, 변호사와 같은 법조인 직업은 10위 안에 오르지 않았다는 것이다(여학생 순위 없음, 남학생 8위). 우리 사회는 여전히 법조인들이 전성기를 누리고 있는데, 알파세대의 눈에는 들지 않는 것 같다. 아마 부모들도 그다지 달가워하지 않고, 또 자녀들의 취향을 존중하려는 분위기가 반영된 것이 아닌가 한다. '엄마 아빠, 나 골프선수 될래', '나 요리사 될래', '나 웹툰 작가 될래'라고 당당히 자기 생각을 드러내고 또 부모는 이를 존중하는 분위기이다.

또 한 가지 흥미롭고 동시에 우려스러운 점은 여학생의 희망 직업 1위가 교사인 반면, 남학생은 10위에 그쳤다는 점이다. 과학자, 법률전문가, 소프트웨어개발자는 여학생 선호 10위 중 어디에도 끼지 못했지만, 남학생 희망 직업 10위에는 이름을 올렸다. 꿈과 희망 직업에 있어서 남녀 차이는 어제 오늘 일이 아니지만, 성평등을 중요한 가치로 삼고 있는 21세기 대한민국에 성별 고정관념이 여전히 존재함을 알 수 있는 대목이다.

의사라는 직업의 위신과 가치는 크게 달라지지 않았다는 점도 엿보인다. 금수저가 아닌데 명문 의대에 진학해 성공한 사례는 과거에도 흔치 않았다. 사회가 다원화되면서 과거에는 주목받지 못했던 다양한 직업이 어린이의 마음을 흔들기 마련이지만, 유독 의대나 의사와 관련해서는 예나 지금이나 큰 차이를 발견하기 어렵다. 오히려 사회적 명망이나 선호도가 더욱 커졌다고 보는 게 정확할 것 같다. 최상위권 학생들이 의사가 되기를 희망하는 데에는 그만한 사회적 지위와 물질적 보상이 따르기 때문이다. 지난 수십 년간 의료 수요는 크게 늘었지만, 의대 정원은 사실상 동결되었다. 의사라는 직업이 제도적으로 보호되고, 그 희소가치와 중요성 때문에 높은 소득수준을 보장받고 있다.

본격화된 고령화 사회를 맞아 치료하는 의사도 필요하지만, 의료과학자도 필요하고, 건강 불평등을 연구하는 의료사회학자도 필요하다. 부족한 필수 의료와 점차 취약해지는 지역의료를 담당할 더 충분한 의사가 필요하다. 의사 정원을 늘리고 의사 숫자를 늘려야 한다는 주장이 나오는 맥락이다. 참 기괴하지만 요즘도 변함없이 불어오는 의대 열풍은 직업의 다양성을 중시하는 사회 풍토를 무색하게 만드는 '집단 열병'처럼 보인다. 우리 사회가 과도하게 획일화되고 있다는 하나의 신호가 아닌가 한다.

집단 내에서의 지위나 특정 직업보다 자신이 어떤 일을 '좋아하는가'가 직업 선택의 우선순위가 되어야 하는 게 아닐까? 모두가 선호하는 직업보다 좋아하고 즐길 수 있는 일을 찾는 게 중요하다. AI에게는 직업이 없다. 하지만 인간에게는 직업이 있다. 그리고 그 직업을 통해 이루고자 하는 소망이 있다. 판사와 의사가 전부인 양 비쳐지는 사회 풍토 속에서, 심장을 뛰게 하고 도파민을 샘솟게 하며, 진정한 '덕업일치'를 실현시켜 줄 일이 직업의 제

1순위가 되어야 할 것이다.

즐겁게 일하며 행복을 느낄 수 있는 '나만의 꿈', 이것을 직업으로 삼고자 하는 세대가 왔다. 자녀들의 꿈에 대해서, 혹은 젊은 층이 선호하는 직업에 대해서 기존의 잣대를 들이대는 일은 더는 의미가 없다.

관계 맺기 기술의
진화 ——————————— 4

나이에 반기를 들다

쉽게 사람을 만날 수 있었던 시절이 있었다. 초대받아 나간 자리
건, 우연히 합석했건, 사람들은 마음의 문을 여는 데에 거리낌이
없었다. 인구가 많기도 했거니와, 사람에 대한 경계심도 비교적
적었다. 물론 열 길 물속은 알아도 한 길 사람 속은 모른다고, 뒤통
수 맞고 사기당하는 일도 비일비재했다. 어쨌든 사람들로 붐비는
길거리에는 늘 활기가 넘쳤다.

　계층 이동이 활발했고 경계심이 느슨했던 사회 분위기이기도
했지만, 사람 관계가 대체로 예측 가능했고 관계를 맺는 방식도
비교적 단순했기 때문에 가능했던 일이다. 아이러니하지만 위계
적인 질서가 관계 맺기를 수월하게 만든 측면이 있다. 사람들은

위계적 질서 안에서 자기 자리를 찾아내는 데 익숙했다. 언젠가 높은 자리로 올라갈 수 있다는 믿음과 더불어서 말이다.

나보다 연상이면 오빠, 누나, 선배라고 부르는 데에 인색하지 않았고, '형님'이라 부르면서 자신을 낮춰 상대의 마음을 움직이는 기술을 터득했다. 거꾸로 지위가 높은 사람은 '수고했어'라며 하대하는 데 거리낌이 없었다. 같은 나이를 만나면 '동기사랑, 나라사랑'을 외치며 유대감을 형성하는 데 몰두했다.

'뭐야 조폭이야?' 싶겠지만, 대체로 일반적인 관계 맺기 방식이었다. 이 문화에 익숙한 기성세대는 지금도 이렇게 관계를 맺고 또 유지하면서 살아가는 것이 어색하지 않다. 학교는 어디 나왔니, 집은 어디니, 부모님은 뭐 하시니 등의 호구조사는 상대가 궁금해서라기보다는 자기 자신 때문에 던지는 질문이었다. 상대를 파악해서 자신과 상대의 위치를 위계질서 안에서 정하려 들었다. 대체로 상대의 성별, 나이, 환경 등의 배경지식을 갖고 상대를 가늠하고자 했다. 여기에 '선입견'이라는 경직된 인식 체계를 덧붙인다. 위계질서와 선입견을 결합해 가장 효율적인 방식으로 상대를 대하고 관계를 형성했던 것이 과거의 방식이다.

요즘 세대도 그럴까? 20대 중후반 나이가 대부분인 대학원생들이 서로 '쌤'이라 부르는 모습을 자주 본다. 처음엔 이해가 안 됐다. 같은 학교 선후배 사이나 또래인 친구들이다. 옛날 같으면 선배, 형, 언니로 호칭할 것을, 무조건 '쌤'으로 통일하고 또 말도 놓지 않는다고 하니, 갸우뚱하게 된다. 서로를 너무 경계하는 건 아닐까? 정중한 호칭이 편하고, 또 서로를 존중하는 방식 같아 그렇게 한다고 하는데, 기존의 방식과는 사뭇 다르다. 서로를 평등하게 수평적으로 대하는 면에서는 긍정적인 변화로 느껴지지만, 관계 맺기에 부담감을 느끼는 요즘 세대의 고민이 반영된 것이라는 생각을 지울 수 없다.

반대의 경우도 있다. 거리를 두기보단 되레 확 허문다. 주로 아주 가까운 또래 친구들 사이에서 통하는 방식인데, 한두 살 차이 또래들끼리 서로 호칭을 트고 말을 놓는다. 두 학번 선배를 '○○'이라 이름 부르고, ○○은 자신의 두 학번 선배를 '□□'이라고 이름을 부른다. '말 놓자'라는 제안이 오갈 때는 반드시 진짜 말만 놓는 건지, 호칭까지 트는 건지 항상 물어본다고 한다.

앞서 대학원생 간의 '쌤' 호칭이 동료 감각에서 나온 거라면, 친한 또래 사이의 '말 놓기' 관행은 친구 감각에서 유래한 것으로 볼 수 있다. 동료와 친구의 감각 경계를 철저히 나누고 그에 따라 신중하게 처신한다. 이렇게 되면 가까운 관계는 더할 나위 없이 끈끈해지지만, 조금이라도 멀어지면 관계 설정이 쉽지 않다.

흥미롭게도 '쌤' 호칭과 '말 놓기' 관행 간에는 공통점이 있다. 바로 '나이에 대한 저항'이다. 오랫동안 우리 사회에 질서를 부여한 것은 나이였다. 나이로 위계를 만들고 관계의 질서정연함을 유지했다. 사람들은 나이를 앞세운 이 질서정연함을 신뢰했고, 그 결과 대한민국은 서열주의 사회가 되어버렸다. 한두 살 차이에서도 강력하게 작동한 것이 나이라는 문법이었다.

나이 질서에 대한 반감은 기존의 견고한 사회질서에 반기를 드는 행위이며, 일종의 '작은 혁명'이라고 볼 수 있다. 관계의 성격을 분명히 하는 한편, 나이를 매개로 과도하게 간섭하고 오지랖을 펴는 불편한 관행에 도전하는 것이다. 관계를 맺는 절차를 성찰하고, 단계를 새롭게 규정해 가는 이런 실험적 분위기 속에서 관계 맺기의 새로운 기술이 만들어지고 있다.

인맥에서 팬덤으로 진화하는 인간관계

교수가 된 이후 많이 들었던 소리 중 하나가 '돈 많이 썼겠어요' 아니면 '누가 도와줬나요'였다. 과거 우리 사회가 워낙 인맥 중심 사회였으니 당연한 질문이다. 아무 노력이나 인맥 없이 대학교수가 되는 건 거의 불가능하다고 생각하는 것이다. 나도 그랬다. 유학을 앞뒀을 때나, 간혹 방학을 이용해 한국에 머물 때 여러 대학의 교수들에게 인사를 다녔다. 술도 사 가고, 선물도 사 가고 남들이 하는 대로 그대로 따라 했다.

신기하게도 지금 일하고 있는 대학의 교수들과는 교류할 기회가 없었는데, 그래도 일자리를 얻은 걸 보면 당시 꽤 운이 따랐던 것 같다. 돌이켜 보면 미래에 대한 불안감 때문에 초조했던 청년기를 나도 그대로 지나온 것 같다.

우리 사회를 연줄 사회로 부르는 건 지금도 과장된 게 아니다.

여전히 연줄이 제공하는 정보와 혜택, 또 이것들이 만들어 내는 사회적 관계는 한국적 토양에서 큰 자산이 되기 때문이다. 특정 대학이나 특정 학과 출신들이 여전히 재계, 정계, 관료사회를 좌지우지하고 있다. '스카이'나 '서성한' 같은 특정 대학을 줄 세우는 단어들을 중고생들까지 아무렇지 않게 사용한다.

요즘 세대는 연줄망을 키우려고 동분서주하던 우리 때와는 상황이 좀 다르다. 능력 있는 사람은 주위에서 먼저 알아보고 연락해 온다. 능력과 재능을 갖춘 사람이라면 불안해하거나 조급해할 필요가 없다. 기업의 채용 관행도 수시 채용 형태로, 헤드헌팅 업체를 통해 적극적으로 채용하는 방식으로 변하고 있다.

분위기가 이렇게 바뀜에 따라 명함을 받으면 먼저 연락하는 게 과거처럼 크게 도움이 되는 일은 아닌 것 같다. 또 동문회 같은 형식적인 모임에 자주, 꾸준히 나가는 게 큰 이익으로 돌아오는 것도 아니다. 나가지 말라는 뜻이 아니다. 다만 그런 곳에 나가는 것에 얽매이거나 우선순위에 둘 필요는 없다는 것이다.

스스로를 낮추고 예의를 갖춰 문자를 보냈는데, 영혼 없이 답장하는 사람들은 사실 그 시간부터 잊고 살아도 좋다. '내가 뭘 잘못했나?' 이런 생각하며 한두 시간을 보내는 게 오히려 시간 낭비다. 내가 사람을 찾는 게 아니라 사람들이 나를 찾게 만들어야 한다. 어떻게 하면 사람들이 나를 찾게 할지, 그렇게 만들기 위해 내가 뭘 해야 할지를 고민해야 한다.

몇몇 소위 잘나가는 학교나 학과를 제외하곤 대체로 동문회에 대한 애착 또한 과거보다 많이 줄었다. 대신 취향과 정체성을 중심으로 다양한 형태의 '사교 모임'이 부상하고 있다.

최근에는 아이돌 팬들이 스타를 위한 '생카'(생일 카페)를 열기도 하고, 인스타 셀럽들이 봉사 모임을 만들어 취향을 공유하는 젊은 층의 참여를 유도하는 경우도 많다. 이런 모임들은 좋은 직장, 돈 버는 기회와 같은 목적의식적인 관계 맺기와는 분명 차이가 있다.

젊은 세대는 논문 공저, 인턴십 위조 등 유력인사의 '부모찬스'가 터질 때마다 학연, 지연이 갖는 위선적 모습에 좌절과 분노를 동시에 누적시켜 왔다. 자신이 가진 배경과 인맥에 상대적 박탈감을 느끼면서 인간관계를 맺는 새로운 방식을 개발할 수밖에 없었다. 인맥의 중요성을 부정하는 것도 아니고, 사람에 대한 그리움, 관계에 대한 욕구는 여느 세대 못지않게 강하다. 하지만 목적의식적인 관계 맺기로부터 탈피해 새로운 관계를 추구하는 경향이 나타나고 있다.

공통된 관심과 취향을 바탕으로 러닝크루, 독서모임, 스터디모임 등을 만들고, 내 마음이 내킬 때 뭉칠 수 있는 유연한 관계 맺기를 지향한다. 때로는 자기계발과 취미생활이라는 즉각적인 목적을 넘어, 자신의 사적 바운더리 안에 상대를 들이는 방식으로 '인맥'을 형성하고, 이를 통해 관계에 대한 갈증을 해소한다.

관계에 대한 욕구는 '팬덤'을 통해 드러나기도 한다. 자기가 좋아하는 것에 대한 믿음과 신뢰를 바탕으로 스스럼없이 새로운 사람들과 동질감을 느끼고 교류한다. 팬덤 대상이 아이돌이건, 임영웅과 같은 대중 가수건, e-스포츠 스타건 그건 조건이 못 된다. 아이돌 팬덤이 강력하고 다른 팬덤은 덜 강력하고 이런 게 없다.

나와 가까운 곳에 있지는 않더라도 공통 관심사 하나만으로도 쉽게 결속할 수 있다는 점이 팬덤의 주요 특징이다. SNS를 비롯한 온라인 매체의 발달이 팬덤 결속감을 더욱 키우고 있다. 하나의 야구팀을 응원하기 위해 전국의 야구팬들이 한데 모이거나, 아이돌을 응원하기 위해 전국의 팬들이 집결하는 현상은 이들 모두가 실제로 만난 적은 없지만 공통적인 관심사가 있다는 것만으로 하나의 집단을 형성하고 또 친구가 될 수도 있다는 것을 뜻한다.

물론 일부 팬덤이 스타도 하나의 인간이라는 사실을 망각해 과도한 금욕과 절제를 요구해 무리를 빚은 경우도 있다. 거꾸로 음주운전 뺑소니 의혹으로 곤혹을 치렀던 가수 김호중의 경우는 스타에 대한 과잉 충성심으로 팬덤이 왜곡될 때 어떤 폐해를 낳는지 보여줬다. 이런 논쟁에도 불구하고, '내가 좋아하는'이라는 순수한 동기에서 출발해 이를 공통분모 삼아 관계를 형성한다는 것은 과거엔 흔히 보기 어려웠던 새로운 방식이다.

한국인과 일본인이 다른 것

2021년과 2022년에 『총균쇠』의 저자 재레드 다이아몬드(Jared Mason Diamond) 교수와 함께 '대격변의 시대'라는 제목의 공동 강의를 성균관대에 개설해 운영했다. 여기에 하버드대 스티븐 핑커(Steven Pinker)와 같은 세계적 석학을 동시 초청해 국제컨퍼런스를 개최한 바 있다. 이를 통해 다이아몬드 교수의 사상과 개인적 면모를 가까이에서 지켜볼 수 있었다.

공동 강의를 진행할 때, 다이아몬드 교수는 일본인의 기원이 한국의 농부라는 대담한 주장을 폈다. 솔직히 잘 들어보지 못한 생소한 주장이었는데 석학의 표정과 말투는 확신에 차 있었다. 이런 주장을 과거 UCLA 강의실에서 했더니, 수업을 듣던 일본계 학생들이 시험을 거부하는 일도 있었다고 했다. 그도 그럴 것이 기존 일본 역사학계의 주장과는 상치되는 내용이기 때문이다. 일본의 지배적인 학설은 기원전 2만 년 빙하기 일본 땅에 정착한 조몬(Jomon)인을 조상이라고 본다. 이들을 기원으로 지난 1만2천 년간 일본이 독특한 일본만의 생활양식을 보존해 왔다는 것이다.[40]

다이아몬드 교수의 주장처럼 만약 일본인의 조상이 한국의 농부라면, 왜 한국어와 일본어는 완전히 다른 언어처럼 들리는 걸까?

약 2천400년 전 한반도 농부들은 배를 타고 큐슈 지역에 도착

한다. 이모작을 바탕으로 한 벼농사 기술이 출중했고, 집도 실용적으로 잘 지어서 혼슈를 포함한 북쪽 지역까지 넓게 확장해 나가기 시작한다. 이들이 일본 땅에 들여온 청동기, 유리구슬, 직물, 지하 쌀 저장소, 사람의 유해를 항아리에 묻는 관습 등은 대표적인 한국식 도구와 집 짓는 방식을 보여주는 것으로, 이런 생활방식을 사람들은 야오이(Yayoi) 문화라고 불렀다.

지정학적 위치를 고려할 때 당시 한반도 전역에 분포했던 언어는 지금 한국말의 모태가 되는 통일 신라 언어와는 큰 차이가 있다. 만약 이들이 퍼트린 언어가 고대 일본어의 모태라면, 현재 한국어와 다를 수밖에 없다. 다만 현존하는 고구려 시기 언어와 일본 초기의 언어가 유사점이 많다는 점에서 일본인의 기원이 한국 사람이라는 견해는 꽤 설득력 있게 들린다.

한국과 일본이 역사와 영토 분쟁에 직면할 때마다, 두 민족이 같은 핏줄과 역사를 공유한다는 점을 기억하면 좋겠다고 다이아몬드 교수는 조언했다. 사실 집단주의 성향이 강하고, 예의를 차리는 문화도 꽤 비슷하다. 한국인과 일본인 모두 코로나 이전에도 마스크 착용에 거부감이 없었다. 자신을 보호하는 용도도 있었지만 다른 사람들을 의식하고 배려하는 전통에서 나온 관습이다. 두 나라 모두 협력개인이 활동할 수 있는 유리한 문화적 토양을 갖췄던 셈이다.

이는 분명 미국을 비롯한 서구에서는 볼 수 없는 관습이다. 미국인들은 코로나가 절정으로 치달을 때에도 마스크를 착용하라

생(生)존(zone)십(ship)

는 정부의 명령에도 아랑곳하지 않았다. 심지어는 '마스크를 착용하지 않을 권리'를 주장하는 운동이 벌어지기도 했는데, 인권을 연구하는 학자들에겐 적지 않은 충격이었다. 미국의 경우 경찰관, 소방관 등 치안과 사회질서를 담당하는 필수 공무원들조차 마스크 착용을 거부하는 상황이 벌어져, 국민들이 불안에 떨어야 했다.

도시락을 준비하는 문화도 한일 두 나라는 비슷하다. 한국과 일본의 부모들은 자녀들이 동티나지 않게 비슷하게 생긴 런치 박스에 비슷비슷한 음식을 넣어 보낸다. 반면 미국 등 서양의 부모는 눈치 보지 않고 자유롭게 도시락을 싼다. 비슷한 음식을 싸야 한다는 압박도 없다. 점심 도시락에도 한국과 일본은 '집단주의 문화'가 배어 있는 반면, 미국과 유럽은 '개인주의 문화'가 드러난다.

한국과 일본 두 나라의 공통점에 집단주의도 있지만, 수천 년 다르게 살아왔기 때문에 문화가 다르고, 관계를 맺는 방식도 다른 점은 많다. 다이아몬드 교수는 이런 말도 덧붙였다.

"한국인은 일본인에 비해 신체접촉이 잦아요. 서로 더 가깝게 다가서죠. 또 서로 간에 더 편안하게 행동하는 경향이 있어요."

일본 사람들과 비교해 볼 때 한국 사람들이 행동하는 방식에는 분명한 특징이 있다고 한다. 관계를 맺는 방식에서 세대별 차이는 분명하지만, 타민족과 우리 민족 전체를 비교하면 우리는 우리만의 어떤 공통점이 있다는 의미일 것이다.

일본인들은 지하철에서 우리만큼 휴대폰 삼매경에 빠지지 않는다. 우리는 집단적으로 마법에 걸린 듯 지하철에서 남녀노소 모두 휴대폰을 들여다보고 있다. 반면 일본에선 멍 때리는 사람들을 흔하게 볼 수 있다. 일본 여행을 하다 보면 이런 장면이 생소하게 다가오는데, 공적 공간에서 다른 사람을 방해하지 않고 평화로운 분위기를 유지하려는 일본인의 습관이 반영된 것으로 해석된다.

한국인은 남에게 늘 관심이 있고 신경을 쓴다. 반면 누가 이상한 행동을 해도 일본인은 좀처럼 쳐다보지 않는다. 또 한국인은 주위를 신경 쓰고, 남이 하는 걸 항상 눈여겨보는 습관이 있다. 남이 나를 어떻게 바라볼지 늘 궁금해한다. 일본에선 계절에 따라 옷이나 스타일에 큰 변화가 없다. 반면 한국인은 늘 유행에 올라타고, 시즌이 되면 비슷비슷한 옷과 모양새를 갖추고 외출에 나선다. 유행 따라 입고 또 유행 따라 먹는다. 옷차림과 외모, 타인의 시선을 의식하는 것은 결국 한국인의 독특한 '집단주의' 문화에 뿌리가 있다고 하겠다.

일본 사람들은 공손하게 예를 표하는 게 몸에 배어서 그런지 늘 친절하고 웃는 모습으로 비친다. 그렇다 보니 처음에는 다가가기 쉽지만, 정작 더 가까워지고 친해지는 건 어렵다는 느낌이 들 때가 있다. 반면 한국 사람들은 무뚝뚝하고 불친절하게 느껴지지만 관계의 물꼬를 트고 나면 이후는 다가가기가 더 쉽다. 무뚝뚝해도 챙겨주고, 또 편안한 관계로 나아가는 길이 상대적으로 넓게 열려 있는 것이다.

이기고도 미안하다, 치워주면서 욕한다

「데블스 플랜」이라는 넷플릭스 리얼리티 쇼가 있다. 변호사, 의사, 프로게이머, 과학 유튜버 등 다양한 직업을 가진 12인이 합숙하며 각종 게임을 통해 최후의 1인을 가리는 게임 예능이다. 각 게임에서 승자와 패자가 갈릴 때마다 출연자들의 행동에는 모종의 공통점이 있었다. 승리에 으쓱해지는 모습 대신, 상대에게 미안해하고 어쩔 줄 몰라 하는 모습을 보이는 것이다. 살벌한 경쟁에서 이겼어도 혼자 의기양양하지 않는다.

우연한 기회에 이 프로그램을 캐나다와 독일에서 유학 온 학생들과 같이 보게 되었는데, 그들은 이 태도에 전혀 공감하지 않았다. 과도하게 겸손하다며, 자신들 나라에선 그렇지 않고, 너무 남을 의식한 행동으로 보인다고 했다. 한마디로 자연스럽지 않다는 것이다. 맞는 말이다. 세계 어느 나라에서도 이기고도 미안해하는 모습은 찾아보기 어렵다.

우리만 가지는 독특한 행동은 또 하나 있다. 도로에 무언가 쏟아지는 사고가 나면 모두 일제히 행동한다. 술이나 음료 박스가 엎어지면, 누가 먼저 할 것 없이 다 나와서 치우고 다시 아무 일 없다는 듯이 길을 간다. 물론 운전하면서 엄청 욕을 해댄다. 반면 서구 사회에서는 이런 일이 생겨도 일제히 나서는 경우가 거의 없다. 물론 그들은 욕도 하지 않는다. 누군가 치워줄 때까지 기다릴 뿐이다.

우리는 이기고도 미안하다고 말하고, 누군가 곤경에 빠지면 욕을 할지언정 돕는 심성을 지녔다. 우리만이 가진 이 공동체 의식은 세대를 넘어 우리를 규정하는 문화적 바탕이다. 그것이 상대방과 경쟁해야 하는 게임이나 경기라 할지라도 결국은 공동체 안에서 이뤄진다는 걸 누구보다 잘 알고 있다.

이 바탕을 지닌 사람들은 그 어디에 있든, 상대가 누구이든 개의치 않고 이 심성을 발휘한다. 예를 들어 토트넘에서 맹활약하는 손흥민 선수에게서 그런 모습을 많이 발견하게 된다. 폭풍 질주해서 슈팅할 때에 같은 한국인으로서 느끼는 뿌듯함은 말할 것도 없다. 그래도 그가 역시 한국인이라는 느낌을 받는 순간은 패배한 상대 팀 선수를 안아주는 모습을 볼 때이다. 상대를 포용하는 우리만의 정서에 뿌리를 두고 행동하는 것 같아 뿌듯하고 자랑스럽다.

관계에는 신뢰가 중요하다

미국 교수들이 살아가는 방식이 있다. 빈번한 이직이다. 학교에 정착하자마자 곧장 이직을 꿈꾸는 경우가 많다. 또 일부는 타 대학의 오퍼를 지렛대 삼아 현 대학으로부터 승진과 임금 인상, 파격적 연구비 등을 약속받는다. 이에 비해 한국 교수들은 좀 다르다. 최근 이직하는 추세가 있는 것은 사실이지만 이른바 '카운터 오퍼' 같은 건 아직도 매우 희귀하다. 학교도 동료 교수들도 떠나는 교수를 다시 잡으려는 생각을 별로 하지 않는다.

한국 사회에서는 누군가 떠날 제스처를 취하면 그 사람의 가치를 새삼 되새겨 보기보다는, 더 이상 신뢰할 수 없는 사람, 혹은 우리 사람이 아니라는 생각을 먼저 한다. 신뢰를 중시하는 울타리 문화가 퍼져 있기 때문이다. 얼마나 많은 능력을 가졌는지는 중요치 않다. 신뢰라는 것은 믿어주고 도와주고 또 교류하고 소통하는 순간에 쌓인다. 빈번하게 이직하는 젊은 세대를 기성세대들이 미덥지 않아 하는 것도 이 때문이다. 아직까지 우리 문화에서는 떠날 사람이라는 인식이 생기면 붙잡아야 한다는 생각보다, '안 떠나고 오래 일할 만한 사람'을 먼저 떠올린다. 스스로에게 질문해 보라, '떠나려는 사람을 당신은 굳이 잡고 싶은가?'

이러한 우리만의 맥락이 있기에 '무조건 기회가 되면 회사를 옮겨라, 이럴 때 사람들이 네 존재를 더 인정한다'는 식의 조언은 통하지도 않는다. 조직을 떠나려는 이유 역시 '신뢰가 없어서'

이다.

문제 제기를 아예 안 하거나, 요즘 유행하는 '조용한 이직(Quiet Quitting)'은 신뢰가 바닥일 때 나타나는 현상이다. 조직을 떠나지는 않지만 맡겨진 일만 수동적으로 하거나 월급만 받으면 된다는 식이다. 블라인드나 회사 게시판에 불만의 글을 남기는 것도 그나마 회사나 조직에 대한 최소한의 믿음과 기대가 남아 있을 때이다.

젊은 세대는 자신이 어떤 말을 했을 때, 사람들이 잘 이해해줄지 혹시 불편해하진 않을지 걱정부터 한다. 어디까지 이야기하는 게 적절할까 끊임없이 고민한다. 관계에 대한 확신과 신뢰가 없어서이다. 반면, '상대가 내 사람이다, 터놓고 대화할 수 있다'라고 생각하면 과감하게 경계심을 허물고 끈끈하게 관계를 만들어 나간다. 심하게는 의지하려고 든다.

각자도생의 시대이므로 각자가 책임지는 삶을 살라는 메시지가 넘쳐난다. 각자도생은 대화와 소통의 기회와 의지가 부족하면 나타나는 상황 논리에 불과하다. 결코 필연적이지 않다. 젊은 세대는 또래나 공통점이 있는 사람들 하고만 대화할 수 있고 또 그래야 한다고 믿고 있는 것 같다. 존댓말로 선을 긋고, 경계를 강화한다. 관계에 확신이 없고 신뢰가 없는 상태에서 택할 수밖에 없는 불가피한 선택으로 보인다. 물론 이 역시 서로에 대한 존중을 표현하는 하나의 방식이다. 하지만 이 방식이 가장 최선인지에 대해서는 고민이 필요하다.

특히 기성세대와 관계를 맺는 것은 이들에게는 무척 어렵고 피하고 싶은 일 가운데 하나이다. 조직의 리더에게 인정받고 싶은 마음은 크지만 리더의 아랫사람이 되는 건 싫다. 동등하게 일하고, 자신의 영역은 침범하지 않는 선에서 각자가 알아서 잘하면 된다고 생각한다.

기성세대는 이런 생각에 아직 발을 못 맞추고 있다. 상대가 누구이든 나와 동등한 주체로 여기고 진정성 있게 알아가려는 노력을 기울여야 하는데, 그게 정말 잘 안 된다. 젊은 세대에서는 반(反)나이주의가 성행하지만 기성세대는 나이가 만드는 질서로부터 좀처럼 벗어나지 못하고 있다.

우린 서로 세대 간 대척점에 서 있는 것일까? 아니, 그건 소통의 부재가 부른 일시적 소강상태일 뿐이다. 소통을 하기 시작하면 미처 알지 못했던 것들이 보이기 시작한다. 기성세대는 새로운 감각을 갖춘 후배들로부터, 젊은 세대는 많은 경험을 갖춘 인생 선배들로부터 배울 것들이 생긴다. 신뢰에 바탕을 둔 건전한 공동체, 개인들이 협력하는 태도로 만드는 미래 사회는 결코 암울하기만 한 것은 아닐 것이다.

각자도생은 대화와 소통의 기회와 의지가 부족하면 나타나는 상황 논리에 불과하다.
결코 필연적이지 않다.

배우려는 본능이
우리를 나아가게 한다 — 5

폭력이 난무하던 과거 교실

"지난 월례고사보다 5점이 떨어졌네? 다섯 대 맞자."

중학교 체육 선생님의 체벌은 무시무시했다. 체벌을 기다리는 긴 줄 속에서 오들오들 떨다, 우람한 체격에서 뿜어 나오는 풀스윙에 가격당하면 반 혼절 상태가 된다. 파랑 빨강이 다채롭게 뒤섞인 멍자국이 허벅지와 엉덩이에 선명히 남았다. '불시험' 때문에 전체 평균이 떨어지게 되면 사실상 60명이 넘는 반 학생 대부분이 맞았다.

바닥 청소에 쓰는 대걸레의 봉만 빼서 휘두르는 건 일상이었다. 단단하게 만들기 위해 물에 담궜다는 소문이 돌았던 그 봉은

체육 교사 전용 막대기였다. 담임도 아니었는데, 떨어진 점수 당한 대씩 때리겠다고 선언하고 충실히 이행한 체육 교사의 오지랖은 아직도 이해가 안 가는 대목이다.

초등학교 때는 아무래도 너무 어리고 유약하다 보니, 신체에 직접 위해를 가하는 방식보다는 간접 체벌이 빈번했다. 책상 위에 올라가서 무릎 꿇고 손드는 일이 일쑤였다. 집단 벌서기는 교사가 좀 더 열 받으면 수위가 한 단계 올라간다. 걸상이라고 불렀던 자기 의자를 들고 무릎 꿇어 벌서기를 하는 거다. 여전히 책상위다. 쓰러지고 무너지는 아이들이 나오면 즉각 고성과 명령이 따라온다. 어떻게 열 살 남짓한 아이들에게 이런 가혹한 벌을 내렸을까? 그것도 걸핏하면!

중고등학교 때는 기상천외한 체벌과 간접체벌이 일상처럼 벌어졌다. 돌이켜 보면 매일 매일이 폭력이었다. 딱딱한 자를 90도로 세워 손등을 때리면 뼛속 마디마디가 저려왔다. 주로 체벌은 남성 교사의 몫이었지만, 몽둥이를 허리춤에 차고 다녔던 젊은 여교사도 있었고, 간접체벌의 온갖 기법을 꽤 뚫고 있었던 중년 여교사도 있었다.

이런 폭력적이고 반인권적 체벌은 주로 집단적으로 이뤄졌다. 혼자 매 맞고 벌 받는 게 아니라, 반에서 누구 한 명이 잘못한 게 있으면 반 전체가 단체 기합을 받았다. 왜 한두 학생의 일탈을 학급 전체에게 책임을 물었을까? 왜 우리는 영문도 모른 채 그 책임을 나눠져야 했을까?

지금의 기준으로는 모조리 아동학대이지만, 당시에는 이런 폭력들이 당연한 것처럼 여겨졌다. 인권이라는 말조차 생소한 시절이었다. 호랑이 부모와 교사, 상관들이 매로써 처벌을 일삼았고, 그렇게 사회는 유지됐다. '사랑의 매'라느니 '군사부일체'라느니 폭력을 정당화하는 논리들이 난무했다.

학창시절을 폄훼하거나 싸잡아 비난하려는 의도는 없다. 사실 아련하고 꿈같던 추억들이 켜켜이 쌓여있다. 정말 존경할 만한 좋은 선생님들도 많았고, 나와 내 친구들에게 베풀어 준 관심과 넉넉함은 지금도 생생하다. 초등학교 때 짝꿍이 누가 될지 설렜던 기억, 정성스레 종이학과 학알을 접은 뒤 유리 상자에 고이 넣어 짝사랑 여학생에게 건넸던 기억, 손꼽아 기다리던 소풍, 무리와 어울려 경쟁 속에 즐거움이 충만했던 운동회, 특히 마지막 순서 계주 때 목 터져라 응원했던 기억은 지금의 나를 있게 만든 원동력이 아니었나 싶다.

"얼굴은 무서워도, 마음은 따뜻하여 언제나 우리들은 선생님이 좋아요."

기성세대의 초등학교와 중학교 시절을 책임졌던 MBC 드라마 「호랑이 선생님」의 주제가 가사이다. 제목 그대로 호랑이라는 별명을 가진 덩치 좋은 담임선생님이 등장해서 학생들과 '티키타카' 하는 원조 어린이 드라마이다. 대한민국 최초로 학교를 배경으로 한 교육현장 드라마라는 평가도 있다.

이 드라마는 초등학교 고학년 아이들의 고민과 꿈, 갈등, 좌충우돌을 담고 있는데, 여기엔 항상 호랑이 선생님이 소환된다. 조언자이자 중재자, 또는 이야기를 들어주는 어른으로 등장한다. 당시 최고 가수 조용필을 만나기 위해 그의 아파트에서 밤새 기다리다 부모 속을 썩이는 여학생 일화, 수업 중에 「나는 언제 어른이 되나요」라는 노래를 부르자 면도 연습을 하고, 브래지어를 몸에 대보는 아이들이 교차 되는 장면이 기억 난다.

당시로서는 민감한 소재이던 십대의 성을 다룬 일화나 유전공학 기술을 훔쳐 자신에게 주사한 친구가 파란 괴물로 변하는 SF식 설정 등은 어린이들이 열광하기에 충분했다. 당시 이 드라마가 초통령 드라마로 인기를 구가하던 배경에는 아이들의 인성과 가치관 형성에 막강한 영향력을 행사하던 호랑이 선생의 이미지가 깔려 있다. 지금 현실에서는 어림도 없다. 교사의 멱살을 잡거나 몰카를 찍어대는 아이들은 더 이상 뉴스거리도 아니다. 더 상상하지 못할 일들이 교단에서 벌어지다보니 교사는 인기직업 순위에서 한참 뒤떨어지고 말았다.

물론 「호랑이 선생님」이 다룬 교사의 이미지도 당시 현실과는 많은 괴리가 있었다. 폭력적이고 억압적인 교사들이 더 많았기 때문에 그런 이상적인 교사상을 그린 드라마가 인기를 얻었던 것인지도 모른다. 기성세대가 기억하는 교사는 존경의 대상이면서 동시에 두려움과 공포의 대상이기도 했다. 어쩌면 권위주의가 판

생 (生) 존 (zone) 십 (ship)

을 치던 당시 환경이 교사에게 평화와 폭력의 이중성을 심은 건지도 모른다.

당시 선생님이라는 존재는 무섭지만, 우러러보고 존경하는 대상이었다. 어려울 때 의지하고 용기를 받아 다시 일어설 수 있도록 힘을 주는 단단한 존재였다. 학교에서 아이들을 가르치고 훈육하는 틈틈이 다이얼 전화기를 분주히 돌려 학부모와 소통하는 세련된 기술과 지도력을 갖춘 사회의 리더였다. 스승의 마음은 어버이 마음이라고 생각했으니, 그 사회적 지위는 더 설명할 필요가 없다. 그러면서도 스승이 가진 위압감 또한 가슴 한켠에 남아 있어서 기성세대에게 선생님은 늘 이중적인 느낌으로 기억될 수밖에 없다.

요즘에는 교실 안에서 교사와 학생의 티키타카를 그린 드라마는 더 이상 없는 것 같다. JTBC 드라마 「스카이캐슬」에서 그려지는 아이들과 선생이 함께하는 교육 현장은 그냥 배경일 뿐 사실상 드라마의 중심인물은 안하무인에 탐욕에 가득 찬 부모들이다. 넷플릭스 드라마 「더글로리」도 마찬가지다. 학교폭력의 가해자와 피해자가 시간이 지나 사적 보복의 실행자와 대상자로 만난 것을 그린 드라마이다. 얼핏 보기엔 교사와 학부모의 대결 구도 같지만, 사실상 주인공은 학교폭력 가해자와 피해자인 학생들이다.

주도권과 주체성을 가진 학생들에게 교사의 권위는 이미 밀려났다. 자유가 충만해지자 일부는 남용되고, 교사와 학생 간이 아니라 학생과 학생이 서로의 인권을 짓밟는 일이 더 큰 사회 문제로 부각된다.

교사의 설 자리는 어디인지 다시 한 번 생각하게 된다. 과거 교실에서 난무했던 교사의 폭력이 사라지고, 폭력으로 유지됐던 교사의 권위가 땅에 떨어지자 우리 아이들에게 서로를 향한 폭력이 남은 게 아닐까. 교사의 권위가 처음부터 폭력이 아닌 품격과 지혜로 세워졌다면, 지금의 교실은 좀 더 달라졌을 것이다. 더불어 기성세대를 이해하려는 태도 또한 훨씬 더 오픈되었을 것이다.

헬리콥터 부모의 극성과 교권의 추락

과거 우리 사회가 성장을 위해 인권을 희생했던 것처럼, 과거의 교권은 학생들의 인격 함양이라는 명분을 틀어쥐고 폭력과 억압을 정당화했다. 30년이 흐른 지금 우리에게 선생님은 어떤 의미일까? 학교 현장에서 인권 유린을 뿌리 뽑은 영웅들이기도 하지만, 학생과 부모의 발언권에 밀려, 최소한의 권위와 지도력마저 상실한 것은 아닐까.

2023년 서초구 서이초등학교에서 벌어진 교사의 극단적 선택은 젊은 교사가 가진 권한의 단면을 그대로 보여줬다. 학생 신분에서 곧장 교육자의 지위로 이행한 사회초년생 교사들이 얼마나 취약한 환경에 놓여 있는지 이 사건을 통해 생생하게 드러났다.

날로 확대되는 부모와 학생의 권한과 발언으로부터 이들을 보호해 줄 수 있는 시스템은 아무것도 없었다.

출생 자녀가 급감하고 외동이 많아지면서 앞뒤 물불 안 가리는 부모도 갈수록 늘고 있다. 반면에 부모의 애정 과잉이 품고 있는 잠재적 리스크에 대항할 수 있는 교사들의 권한은 크게 퇴보했다. 자녀를 감싸는 데에만 급급한 헬리콥터 부모의 극성, 이들의 과도한 민원에 취약한 젊은 교사, 교권을 지켜주지 못한 우리 사회 전체에 그 책임이 있다.

추락한 교권에 더해, 나이와 경력을 중심으로 계층화된 교육 시스템의 현실 속에서 위계와 압박에 취약한 젊은 교원들이 냉혹한 현실로 내몰린 것이다. 20~30년 전 권위의 상징이었던 교사의 이미지가 현재에도 그대로 덧입혀지면서, 사회초년생 교사들이 그 피해를 온전히 감당하고 있다. 무엇보다 초등학교 교사직의 절대다수를 점하는 젊은 여성들에게 주어진 압박은 상상을 초월한다.

젊은 교사들은 직장인으로서 상사들의 갑질과 괴롭힘을 감당하는 동시에, 다른 한편으로는 경제력과 학력, 네트워크를 겸비한 학부모들의 과도한 민원으로부터 스스로를 지켜내야 하는 엄중한 상황에 놓여있다. 고학력 부모가 밀집한 강남, 서초, 신도시는 이미 젊은 교사들이 근무를 기피하는 곳으로 악명이 높다.

학생인권조례의 두 얼굴

2010년 10월 경기도 교육청이 처음으로 공포한 '학생인권조례'
는 학생의 존엄과 가치를 정규 교육과정에 실현하려는 노력으로
도입됐다. 순기능과 역기능에 관한 오랜 정치적 논쟁이 있지만,
크게 보아 이 제도가 바꾼 교육 현장의 변화는 결코 작다고 할 수
없다.

호랑이 선생님이라는 별칭으로 오랜 기간 정당화되어 온 직간
접 체벌을 인권의 이름으로 단죄하면서 존엄한 존재로 인정받지
못한 아동, 학생들의 권리를 곧추세우는 데에 큰 기여를 했다. 어린
학생들을 체벌과 억압적 관행으로부터 보호하면서, 스스로 자율적
인 주체로 인지하고 행동할 수 있도록 사회적 분위기를 이끌었다.

지난 10여 년간 아동 인권에 대한 인식이 확산되고 당연한 규
범으로 뿌리내리는 동안, 학생들은 자율과 선택이라는 귀중한 선
물을 받았다. 학생들은 두발 규제와 교복으로 상징되는 구시대의
유물에서 벗어나, 두발 자유와 체육복과 생활복이라는 대체재를
손에 넣었다. 선도부를 없애야 한다는 여론이 일면서, 선도부가
정말 거짓말처럼 사라졌다. 압수되고 벌점 받던 휴대폰은 고스란
히 교실 안에, 학생의 두 손에 쥐어졌다.

"청바지 입고서 회사에 가면 깔끔하기만 하면 괜찮을 텐데,
여름 교복이 반바지라면 깔끔하고 시원해 괜찮을 텐데"

1997년 DJ DOC의 노래 「DOC와 춤을」의 한 구절인데, 25년 가까이 지난 지금 청바지 출근과 여름 교복 등교는 당연한 일상이 되었다. 학교와 사회의 경직된 문화를 꼬집던 대중가요 내용이 현실로 되기까지 수십 년의 시간이 걸렸다. 규율에 익숙했던 학생들은 개성과 선택의 의미를 깨닫게 되었다. 그렇게 학생인권조례는 역사적 사명을 다했다.

자율과 권리를 처음으로 경험한 90년대생들이 이제 번듯한 사회인이 되어 우리 사회와 기업을 바꿔 나가고 있다. 집단주의와 상명하복 문화에 젖어 있던 기업들은 개인의 노동인권과, 워라밸, 그리고 수평적 소통을 중시하는 방향으로 변모하고 있다. 학생인권조례의 혜택을 받은 밀레니얼과 Z세대의 인권 DNA가 이런 변화의 촉매 역할을 하고 있다.

여기에 디지털 전환 시대에 최적화된 이들은 기존의 위계적 시스템 대신 유연하고 수평지향적인 새로운 시스템을 사회 곳곳에 건설하고 있다. 기후변화로 신음하는 지구환경 문제에도 민감하게 대응하며, 공존사회로 나아가기 위해서는 동물권도 보호되어야 한다고 생각한다. 반려 동물 천만 시대에 이미 가족의 일원이 된 반려 동물들의 권리가 보장되는 것은 당연하다는 주장이다.

외국인 학생들과 우리 교실 문화의 변화에 대해 이야기할 때면, 짐짓 놀라는 표정을 왕왕 보게 된다. 이렇게 많이 변한 건 조금 이례적이라는 반응이다. 일본에서 온 학생은 일본 학교들이 여전히 학생들 치마 길이를 재고, 두발 단속을 한다고 말한다. 머리는 단발이거나 양 갈래만 허용되며, 치마 길이 규정도 매우 엄격하다는 것이다.

미국에서 온 학생은 미국의 경우 여전히 제한된 조건에서 간접 체벌이 허용되고 있으며, 교사의 우선순위가 학생의 권리 보호뿐만 아니라, 교육 환경 조성과 교사의 권위에도 골고루 맞춰져 있다고 전한다.

교권이 추락하는 최근의 현상을 놓고 단순히 학생 인권에 대한 과도한 강조 때문이라느니, 학생인권조례가 문제라는 식의 주장은 적절치 않다. 인권을 제로섬 게임처럼 바라보는, 침해하는 주체와 침해당하는 주체로 나눠 이분법적으로 바라보는 시각이 문제이다. 학생 인권을 충분히 존중하되, 교사들의 권리 보호에 혹시 빈틈은 없는지, 방어 능력이 취약한 젊은 교사에 대한 방어권은 어떻게 보장할 것인지 좀 더 균형 잡힌 시각과 대안이 필요하다.

정당한 교육 지도가 아동학대로 왜곡돼 소송의 대상이 되거나, 민원 관계에 있는 학생과의 분리 조치조차 제대로 이뤄지지 않는 현장의 실태를 해결하는 가이드라인이 필요하다. 무책임한 학생과 부모로 인해 교사의 기본적인 존엄성이 보호되지 않는 현실은 진정한 의미의 인권과는 거리가 멀다. 학교라는 하나의 직장에서 교육 근로자의 인권이 보장되고 가르칠 의욕이 꺾이지 않도록 교육 현장을 점검해야 한다.

교사뿐 아니라 학생과 학부모에게 합당한 책임을 요구하는 학생인권조례로 거듭날 필요가 있다. 내 자식이 귀한 만큼, 돌보고 교육하는 교사도 고귀한 인격과 존엄을 갖는다는 당연한 사실을 기억해야 한다. 과도한 항의와 민원이 과거 학교의 폭력적이고 억압적인 관행을 부활시키는 출발점이 될 수 있다는 점을 학부모들이 깨달아야 한다. 부모의 양육권은 아이의 권리, 교사의 인권과 조화를 이룰 때 비로소 그 의미가 살아나는 것이다.

영어를 가르치는 기간제 젊은 교사와 대화할 기회가 있었다. 최근의 학교 분위기는 어떻게 보냐는 질문에, 이 젊은 교사는 이렇게 말했다.

"PPT로 수업하는데 아이들이 사진을 자유롭게 찍어요. 문제는 제 모습이 그대로 찍힌다는 거지요. 놀라서 선생님이 나오도록 하면 안 된다고 말을 해도, 애들은 공감을 못해요."

곧장 선생님들이 불편하고 힘들 수 있겠다는 생각이 들었다. 만약 내 강의시간에 학생들이 이렇게 무분별한 행동을 한다면 나는 정말 용납하지 못할 것 같다. 기술이 수업 목적으로 활용되면서 다양한 기술 윤리 문제가 발생하고 있음에도, 학생들은 자신들의 편익만 생각하지 선생님의 존엄성은 안중에 없다. 타인의 권리를 존중하는 것이 진정한 교육이 출발점이라는 사실을 어린 학생들이 꼭 알았으면 한다.

Chapter 3

생(生)존(zone)십(ship)의
시대

세대 논쟁을 유발하는 장벽들

실버존, 키즈존, 커플존 …… 어디를 가든 공간에 보이지 않는 칸막이가 있는 사회. 멤버십, 파트너십, 오너십, 프렌드십 …… 모종의 관계와 마인드세팅을 강요하는 사회. 그래서 이번 생은 폭망이거나 갓생을 살겠다고 다짐하는 청춘들까지. 우리 사회는 세대를 막론하고 각자의 혼란스러운 '생존십'의 시대를 살아내는 중이다. 세상은 새로운 세대의 출현에 대해 늘 기대감과 두려움의 감정을 동시에 갖는다. 말 한마디에 주목하고, 제스처 하나에 촉각을 곤두세운다. 기성세대는 사실 두려워한다. '이들이 만들어 내는 변화에 잘 적응할 수 있을까?' 저항하고 새로움을 불러오기에 젊은 세대는 늘 '버릇없는 놈'들이자 '배은망덕한 것'의 대명사가 된다. 그리고 아주 빠른 시간 내에 만들어진 새로운 사회질서는 오랫동안 당연시 여겨왔던 것들과 부딪혀 서로를 등지게 만든다. 우리는 지금 충분히 익숙해지고 공감할 수 있는 기회를 가지지 못한 대가를 치르는 중이다.

꼰대의 세계

우리 사회와 정치, 또 기업을 이끄는 리더들은 대체로 60년대에 태어나 80년대에 대학을 다닌 이들이다. 이들이 30대의 젊은 나이에 두각을 나타내기 시작하자, 곧장 386이라는 이름이 붙었다. 당시 최고 컴퓨터 사양을 빗댄 별칭이었다. 40대가 되니 더 고급 사양인 486이라는 이름이 붙었고, 50대가 되었을 땐 그냥 86세대라 부르기 시작했다. 별칭이 이렇게 많은 세대가 또 있을까?

　연 출생 인구가 80만 명을 쉽게 넘겼으니, 베이비부머란 표현이 자연스럽게 따라 붙었다. 기성세대의 가장 꼭짓점에 있는 베이비부머 세대, 이들에 대한 우리 사회의 평가는 어떨까?

　민주화 세대, 즉 민주주의를 안착시킨 주인공이라는 존경의 시선이 있다. 독재에 치열히 저항하면서 인간다운 대접을 받는 세상을 만드는 데 누구보다 헌신했다. 1979년 12월 12일 수도 서울에서 일어난 신군부의 군사 반란을 다룬 영화「서울의 봄」은 정권을 탈취하려는 보안사령관 전두광에 맞서 서울을 목숨 걸고 지키려는 수도경비사령관 이태신의 이야기를 다룬다.「서울의 봄」이 1,300만 관객을 돌파한 데에는 2030 젊은 세대의 열광적인 지지가 있었다. 젊은 세대는 관람에 동참함으로써 민주주의가 풍전등화 같던 그 시기를 의연히 지켜낸 기성세대에게 공감을 표했다.

하지만 민주화 경력 하나로 30년 이상을 우려먹는다는, 이제는 세대교체라는 진실의 시간이 도래했다는 시각도 만만치 않다. 독재에 싸워 이겼듯 '하면 된다'는 신념에 의지해, 아랫세대를 열정과 패기가 부족한 세대로 몰아간 게 아니냐는 강한 의구심도 생겨났다. 열정을 쥐어짜는 데 일가견이 있다 보니, 이들을 '영혼 탈곡기'로 묘사하는「열정 같은 소리 하고 있네」라는 영화도 나왔다.

이들은 경제성장률이 9.7%였던 80년대를 살았으니 당연히 취업이 쉬웠다. 학과 사무실에 쌓인 입사원서 중 아무거나 골라갔다는 말이 괜히 나온 게 아니다. 연애, 결혼, 출산은 자연스러운 통과의례로 여겼고, 자녀 둘쯤은 낳아 키우면서 부지런히 월급 모아 집 사는 것은 정해진 수순이었다. 그 무엇도 지금처럼 어렵지 않았다.

비교적 순조롭게 내 집 마련을 한 데는 '주택 200만호 건설' 같은 정책이 한몫했다. 요즘 세대의 눈으로 보면 외계 행성 이야기이다. '3루에서 태어났으면서 3루타 쳤다고 착각한다'는 비아냥이 나온다. 생존 여건이 상대적으로 풍성했다는 사실을 까맣게 잊는 '프로망각러'라는 소리를 듣는다.

베이비부머 세대가 모두가 그랬던 건 아니다. 좋은 직장 다니고 내 집 마련에 성공하지 못한 이들도 많다. 학생운동 하느라 취업조차 제대로 못 한 사람들도 적지 않다. 2022년 50대 가구의 주택소유율을 보면 64.2%로, 36%에 달하는 50대 가구가 주택을 소유하지 못한 것으로 나타난다.[41]

1997년 IMF 위기와 2008년 금융위기를 거치며 실직과 고용 불안에 고스란히 노출되는 비운도 겪었다. 그럼에도 불구하고, 장년층이 겪어야 했던 시련에 젊은 층이 쉽게 공감할 수 있는 건 아니다. 어쨌든 경제성장이 가팔랐고, 모두가 먹을 수 있는 파이의 크기가 어느 때보다 컸던 시절을 산, 지독히도 운 좋은 세대이기 때문이다.

한국의 베이비부머 세대가 글로벌 베이비부머들과 다른 점은 '나는 ~'에 대한 고민보다, '민족은 ~' '국가는 ~'에 대한 고민이 더 많았다는 것이다. 자신의 안위와 영달을 앞세우는 삶은 결코 훌륭한 삶이 아니라는 자기 확신이 있었다. 최루탄과 함성이 난무하는 거리에서 민족과 국가, 평등에 대해 고민하는 삶이 숭고

하다고 믿었다. 세상을 바꾸기 위해 치열하게 싸웠고, 결국 대통령 직선제를 얻어내고, 노동 3권도 이뤘다. 존엄한 삶에 대한 기준을 스스로 세운 세대라 할 수 있다.

1,300만을 넘긴 「서울의 봄」에 앞서, 광주 민주화 항쟁을 다룬 「택시운전사」에는 1,200만 명, 박종철 고문치사 사건을 다룬 영화 「1987」에는 700만 명이 넘는 관객이 몰렸다. 이만하면 선배 세대의 투쟁과 성취에 후배 세대가 존경심을 표한 것으로 볼 수 있지 않을까? 그런데 왜 장년층에게 고집불통 꼰대란 오명이 붙었을까?

영국 주간지 「이코노미스트」는 한국의 장년층(Old Person)에 대한 부정적 편견을 '꼰대(KKONDAE) 문화'에서 찾았다. 그러면서 꼰대에 대한 정의를 다음과 같이 제시했다.[42]

'주니어들의 무조건적인 복종을 기대하는 사람들'
'비판하길 좋아하나 자신의 실수는 인정하지 않는 사람들'
'자신의 권위에 도전하는 자에게 물 먹이는 사람들'

자신이 꼰대인지 아닌지를 확인하려면, 여기에 해당사항이 있는지 냉철하게 따져보길 바란다. 옳다고 생각하는 것이 있다면 결코 타협하지 않는 태도, 하나에 꽂히면 수단 방법 가리지 않는 행태, 그러면서도 머릿속에는 전통적인 가치와 사고방식이 가득 차 있는 모습, 베이비부머 세대에게 씌워진 모순적 이미지이다.

노동자의 권리를 외치며 집회에서의 폭력은 어쩔 수 없다고 정당화하는 일부 베이비부머 세대의 일그러진 모습은 안타까움을 자아낸다. 청년들에게는 창의성과 혁신을 요구하면서 정작 본인들은 엑셀 함수조차 제대로 다뤄본 적이 없고, 배울 의지도 없는 경우가 허다하다. 집에 돌아가선 자식 입장은 아랑곳하지 않고 다그치기까지 하니, 이런 영락없는 '꼰대'세대를 마주하며, 청년들 입장에선 이런 말이 절로 튀어나온다.

"대체 왜 저래?"

꼰대들은 억울하고 섭섭하다. 옳은 것을 옳다고 하고, 불합리한 것을 불합리하다고 하지 않았으면 과연 우리나라가 여기까지 올 수 있었겠냐는 것이다. 기름 한 방울 나지 않는 나라에서 투지와 집념으로 일한 덕에 선진국 문턱까지 왔는데, 우릴 싸잡아 비난한다며 되레 젊은 세대에게 화살을 돌린다. 자신을 돌아보고 적극적으로 설계할 시간은 턱 없이 부족했고, 우리 사회가 더 나아지게 하는 게 책무라 생각하고 그 책임감에 억눌려 살았을 뿐이라고 항변한다. 혼란의 도가니 속에서도 자식을 낳아 키우고, 부모 봉양하느라 허리가 휠 지경인데 왜 젊은 세대의 시선은 이토록 차가운 것인지 도무지 납득할 수 없다.

젊은 세대 앞에 베이비부머들은 거침없이 되묻는다.

"너희는 애 키우면서, 부모 모셔 봤어?!"

부모에게 효도하는 마지막 세대이자 자식에게 버림받는 첫 세대라고 자조 섞인 한탄만 하는 게 아니다. 직장에서는 '하면 된다'를 외치며 군림하던 상사에게 일을 배웠고, 또 청춘을 바쳐 일했지만, 정작 리더 자리에 서니 '되면 한다'는 부하직원들의 반항을 견뎌야 하는 처지가 되었다. 허탈감을 호소하는 베이비부머가 적지 않다.

젊은 세대의 입장은 또 다르다. 저성장이 길어지고 경쟁이 심화하니, '시절을 잘못 만난' 젊은 세대의 입장에서는 기성세대의 일거수일투족이 못마땅할 수밖에 없다. '상대적 박탈감'이라고 불러야 할까? 자산, 가족, 사람 관계 모든 면에서 뒤처졌다는 생각, 그 차이가 더 벌어질 거라는 불안감 등이 가슴을 짓누른다. '수면제를 먹어야 잔다'고 응답한 20대가 4년 새 34%나 급증했다는 보도도 있다.[43] 실제 밀레니얼이 부모보다 가난한 최초의 세대라는 평가도 있는데, 이런 점들이 기성세대에 대한 반발심을 키우고 강화하는 구조적 배경이 되기도 한다.

독재와 권위주의의 암울한 현실 속에서 민주주의를 일구고 책임지는 삶을 살려 했던 베이비부머 세대의 '리즈시절'은 어디로 갔을까. 리즈시절은 외모의 전성기뿐만 아니라 사고의 전성기까지 포함된다. 젊은 세대와 발을 맞추고 같은 사회 구성원으로 제 역할을 다하는 길은 '회상'하는 라떼 문화에 있지 않다. 과도한 자기 합리화는 세대 간 장벽을 더 두껍게 쌓을 뿐이다.

꼰대 소리가 싫다면 젊은 세대의 생각에 귀를 기울여야 할 것이다. 젊은 세대는 왜 기성세대와 스스로 다르다고 생각하는지 그 생각에 귀를 기울이고 적극적으로 소통하려는 의지를 가질 때 꼰대를 벗어날 수 있다. 답은 이미 나와 있다. '하면 된다'와 '되면 한다'의 차이를 조율할 줄 아는 힘을 젊은 세대에게 발휘하라고 할 텐가. 이 힘은 기성세대에게 있고, 그것을 쓸 줄 알아야 진정한 기성세대로서의 가치가 생길 것이다.

최초의 '인만추' X세대

90년대 초반, '오렌지족'이라는 말이 인기를 끌었다. 힙한 젊은이들이 자가용 승용차를 몰고 다니면서, '야 타~'라고 외친다는 말도 있었고, 여성에게 오렌지를 내밀고 구애한다는 루머도 있었다. 사람들은 이들이 어떤 '종족'인지 궁금해했고, '서식지'가 어딘지 찾아내려 했다.

신세대의 대표 주자로 느껴지던 이들의 서식지는 바로 압구정동. 1993년「바람 부는 날이면 압구정동에 가야한다」는 영화가 개봉할 정도로 압구정은 핫한 젊음의 거리였다. 지금도 압구정 로데오 거리가 젊은 층에게 큰 인기를 끌고 있지만, 30년 전에도 압구정동은 젊음의 바이브를 느끼는 데 최적인 곳으로 통했다.

오렌지족이라는 별칭으로 당시 세상의 주목을 한몸에 받았던 사람들, 바로 X세대이다. 현대사의 첫 '개성세대'로 등극한 한 시대의 청춘, 이들의 말과 행동이 최근 큰 주목을 받고 있다.

"저희는 남의 시선 따위는 전혀 신경 쓰지 않그든요."
"이게 반항하는 청춘들을 상징하는 머리 스타일이그든요."

SNL 「MZ오피스」에 이어 화제를 몰고 온 백투더퓨처 「X세대」의 명대사이다. 얼마나 생생한지 90년대로 돌아가 그 시대 사람들을 삼켜버릴 것만 같은 연기가 압권이다. 남의 시선 따윈 신경 쓰지 않고, 나만의 개성을 추구하는 새로운 세대, 이 세대의 말끝에는 항상 '~거든요(그든요)'가 달렸다. '철부지 시절'을 그리워하는, 40대와 50대 초반 분들, 과거를 회상하는 재미가 쏠쏠할 것 같다. 또 여기에 Z세대 젊은 층도 깔깔대며 환호한다.

당시 X세대는 대한민국 패션과 트렌드를 상징하는 아이콘이었다. BTS급 인기를 구가했던 서태지와 아이들, 이들의 히트곡 「난 알아요」에 심취해 힙합 문화를 앞세우고 찢어진 청바지에 열광하던 신세대였다.

새로운 라이프스타일을 구현하는 세대가 나타날 때마다 ○○세대라고 규정하는 표현도 이들로부터 시작되었다. Z세대의 출발점이라 봐도 무방하다. 얼마나 괴상하고 의문투성이였던지 엑스레이(X-ray)라는 방사선 명칭에 빗대어, X세대라는 이름이 붙

여겼다.

　나도 사실 X세대 중 한 명이다. 연애할 때 열심히 백 원짜리 동전을 바꿔 공중전화 부스에서 하염없이 시간을 보냈던 기억이 있고, 대학원에 다닐 땐 '삐삐'라는 무선 호출기를 허리춤에 달고 살았다. 당시 내 여가 시간을 책임졌던 건 바로 천리안과 하이텔, 무선 통신 채팅에 빠져 밤을 지새우곤 했다.

　당시는 랜선이 없었고 전화선을 연결해 인터넷을 썼는데, 그러다 보니 전화를 못 쓴다며 호통치던 엄마와 누나의 화난 얼굴이 기억난다. 그 야단법석이 대수롭지 않았던 것은 전적으로 대화를 나누던 익명의 여성들 때문이었을 것이다.

　어쩌면 X세대가 요즘 유행어인 '인만추(인위적인 만남 추구)'를 처음으로 실천한 세대가 아니었나 싶다. 무선 통신 채팅을 소재로 삼은 「접속」이라는 영화를 보며 기술 변화와 로맨스를 동시에 느끼기도 했다. 인공지능과 챗GPT 시대인 현재 기술에 감히 비교할 수 없지만, 디지털 세상 초입 어디쯤은 분명했던 것 같다.

　X세대는 숨 막힐 듯 억압적이었던 80년대에 대학을 다닌 세대와는 달리, 민주적인 분위기 속에서 자유와 개성을 추구했다. 민족과 국가에 관한 관심이 줄어들고, 자기 자신에 대한 관심으로 그 문을 열었다. 남성도 퍼머나 기초화장을 할 수 있다는 인식이 생겼고, 대학에서는 여성학이라는 과목을 개설하는 붐이 일었다. 남녀평등에 입각한 일종의 문화 변혁이 X세대를 흔들기 시작했다. 그들은 변화를 중시했고, 세상의 기대와 우려를 동시에 받았

던 '별종' 세대였다.

요즘 세대는 X세대를 어떻게 바라볼까? 밀레니얼에게는 관리자이면서, Z세대에게는 리더이자 또 부모 세대인 X세대를 쿨한 어른으로 여길까? 그렇지는 않은 것 같다. 그 이유는 X세대의 모순적 특징 때문이다. 자유와 개성을 강조한 첫 세대이지만, 그들이 몸 담았던 직장과 조직은 여전히 권위적이고 위계가 강조되는 공간이었다. 정치권에서는 여전히 86세대의 영향력이 절대적이었고, 이들이 형성해 온 이념과 가치의 그늘 아래서 자신들만의 가치를 부각시켜 정치 아젠다로 만드는 데에는 성공하지 못했다. 외모나 말투, 문화적 취향은 윗세대와 다를지 몰라도 정치적 태도나 직장에서의 성향으로 보자면 베이비부머 세대와 큰 차이를 보이지 않는다. 따라서 이후 세대인 밀레니얼과는 적지 않은 가치관 차이를 보인다.

2024년 22대 총선에서는 워낙 '정권심판론'이 강했던 터라, 모든 세대가 야당인 민주당에 표를 몰아줬다. 하지만, 2021년 4월 보궐선거에선 상황이 달랐다. MZ세대는 당시 서울시 오세훈 후보를 비롯한 보수 정당 후보들에게 50% 이상의 몰표를 줬다. '젊음은 진보'라는 통념을 깬 것이다. 전략적인 '우향우'를 선택한 건데, 기자들이 앞 다퉈 그 배경을 물어왔다.

"교수님, 청년들은 늘 진보적이지 않았나요? 이 친구들이 왜 이런 걸까요?"

"코로나를 거치며 부동산 가격 폭등에 좌절한 세대가 전략적인 선택을 한 것으로 보입니다."

두 달여가 지나 한국 헌정사 최초의 30대 당 대표가 나왔다. 이준석 전 국민의 힘 당 대표이다. 밀레니얼을 필두로 젊은 세력이 뭉치자, 사람들은 놀라움을 금치 못했다. 이윽고 언론은 '586에 도전하는 MZ, 대선판 흔든다' 같은 헤드라인을 뽑기 시작했다[44]. 바야흐로 밀레니얼이 정치의 전면에 섰다. 그리고 2024년 24대 총선, 밀레니얼의 새로운 정치적 에너지와 아젠다를 경기 동탄에서 쏟아냈고, 선거 기간 내내 지속됐던 열위를 뒤집고 이준석 전 대표는 결국 개혁신당이란 새로운 옷을 입고 당당히 국회에 입성했다.

이준석을 영웅으로 추앙하며 맹렬하게 돌진했던 젊은 세대의 생채기도 제법 있다. 이준석의 방식은 이대남과 이대녀가 갈리고, 또 윗세대와 아랫세대가 갈등하면서, 젠더 갈등과 세대갈등이라는 큰 그늘을 남겼다.

그래도 나는 밀레니얼과 Z세대가 부럽다. 내가 속했던 X세대는 전략적 투표를 해본 적도, 우리만의 정치 영웅을 추대한 적도 없다. 우리 세대는 '그저 그랬다'. 어쩌면 긴 세대이면서 투명 인간 정체성에 안도한 게 아닐까. 이런 측면에서 요즘 젊은 세대에서 유행하고 있는 '조용한 퇴사'의 원형을 X세대가 제공했다는 생각도 든다. Z세대가 갑자기 출몰한 것이라기보다, 부모인 X세대가 양육을 맡으면서 자유와 저항의 가치관을 자연스럽게 심어준 게 아닐까? X세대 자신은 그렇게 하지 못했지만, 자식 세대에게 집단주의적 압박 속에서 개인을 희생하지 말라고, 개인으로서의 존재감을 발휘할 방법을 찾으라고 독려하고 지원해 준 게 아닐까? 이런 점에서 X세대는 집단의 가치와 개인의 가치를 조화시키는 협력개인을 탄생시킨 그 장본인들임에 틀림없다.

우리 세대를 위한 변명을 한마디 하자면, 우리는 우리의 의지와는 상관없이 존재감을 키워주고 폭발시킬 수 있는 시대적 흐름을 타지 못했던 것 같다. 베이비부머가 '민주화'라는 흐름을 통해 결속하고, MZ세대가 '디지털 전환'이라는 흐름에 올라타 동질감을 과시하는 데 반해, X세대는 기술, 문화, 정치적으로 자신들만의 정체성을 견고하게 만든 어떤 거대한 흐름을 경험하지 못했다. 이 점에서 다른 세대와 분명한 차이가 있다. 디지털 초입을 경험한 X세대이지만, 스스로를 진지하게 디지털 세대의 일원이라고 생각하지 않는다. 온라인와 오프라인을 유일하게 경험한 세대, 아날로그적 사고로 디지털 기술을 쓰는 세대라 할 수 있다. 스티브 잡스가 아이폰을 들고 나와 아이패드, 전화기, 인터넷, 이 세 가지 기능을 통합한 하나의 장치로 소개한 것이 2007년이다. 30대를 훌쩍 넘겨 만난 스마트폰에 적응하는 데에도 적지 않은 시간이 걸렸다. 분명, 포노 사피엔스의 선두주자는 아니다.

X세대들의 학창 시절에는 인권이 없었다. 학생인권조례라는

건 들어본 적도, 인권을 보호받을 자격이 있다고 생각해 본 적도 없다. 그런 면에서 인권이라는 시대적 흐름도 X세대를 비껴갔다. 정말이지 무늬만 개성세대였던 셈이다. 생각이 이렇게 미치니 요즘 세대의 일성에 공감이 갔다.

"우리 부장님, 개성이라고는 1도 없는 꼰대."

신의 영역을 넘보는 밀레니얼

청년세대 사이에서는 '젊은 꼰대'라는 말이 심심치 않게 오간다. 젊은 꼰대라니 앞뒤가 안 맞는 듯싶지만, 나이만 젊고 사고나 행동은 꼰대 같을 때에 쓰이는 말이다. 밀레니얼의 시작점을 1980년생이나, 1985년생으로 잡는 분류 기준을 알게 되면 어느 정도 수긍이 간다. 2024년 기준 1980년생이면 44세, 1985년생이면 38세이다. MZ라는 어이없는 기준에서 보면, 막내는 Z세대 끝에 대롱대롱 걸려 있는 2009년생, 2024년 기준 중학교 3학년이다. 최연소 Z세대 입장에서 보자면 밀레니얼은 절대 한 세대로 묶일 수 없는 삼촌뻘이다.

20대 중반 사회초년생에게 밀레니얼은 삼촌은 아니라도 까마득한 선배임은 분명하다. 디지털에 꽤 익숙한 사람들이긴 한데, 뭔가 꽉 막혀 있는 느낌도 든다. 궁금한 거 있으면 다 물어보라면서, 막상 질문하면 쓸데없는 걸 묻는다는 표정을 숨기지 않는다. Z에게 M은 젊은 꼰대가 되기에 충분하다.

나는 밀레니얼에 늘 애틋한 감정이 있다. 운 좋게도 2008년 금융위기 바로 다음 해인 2009년에 교수가 되었는데, 이때 처음 가르친 제자가 이들이었다. 당시 1학년은 90년생, 4학년은 87년생으로 이 언저리에 있었던 학생들이 내 수업을 듣기 시작했다. 늦깎이 대학원생의 경우 나와 나이 차이도 별로 없는 30대 초중반이었다. 당시 내 수업을 들었던 많은 청년들이 이제 사회 곳곳으로 진출해 우리 경제를 지탱하고 있다. 솔직히 누가 내 제자들을 '젊꼰'이라 부르면 기분이 썩 좋진 않을 것 같다.

'갓생'이라는 말이 지난 몇 년간 큰 유행을 했다. 신(갓·God)과 인생(人生)이 합쳐진 신조어다. 신 정도는 되어야 살 법한 삶을 의미한다. 말 그대로 '빡세게' 24시간을 촘촘히 나눠 철두철미하게 자기 관리하는 삶을 말한다. 새벽같이 기상해 건강 스무디를 만들어 먹고 운동으로 하루를 시작하거나, 고학점을 유지하면서 대외활동도 하고 재테크까지 잘하는 친구들을 갓생으로 부르기도 한다.

코로나19가 갓생을 부추긴 면이 있다. 등교 없는 온라인 수업으로 시간을 아낀 대학생들이 인턴 생활을 병행하거나, 대학 입시 반수에 나서면서 마치 신의 경지에 오른 듯 부지런하고 효율적인 삶을 살게 된 것이다.

사실 기성세대도 갓생 비슷한 삶을 살긴 했다. 나만 해도 대학 시절 시험 때마다 새벽부터 도서관에 줄 서서 눈 비비고 공부했던 기억이 생생하다. 고시 준비하는 선배들은 절에 들어가 세속의 유혹을 다 뿌리치고 부처님이 기특해할 만한 절제된 삶을 살았다. 운동권 세대 역시 사회과학 스터디를 하고, 데모하고, 학점 관리하고, 취업 준비도 하는 전력투구의 삶을 살았다.

그럼에도 분명 갓생의 효시는 밀레니얼이다. 이들이 최초의 자기계발 세대이기 때문이다. 기성세대는 새마을 운동 같은 '지역개발'엔 익숙하지만, 자기 자신을 '계발'의 대상으로 삼는 덴 익숙지 않았다. X세대 역시 취업 준비, 진로 탐색, 취미생활 같은 말은 익숙하지만, '자기계발'이라는 말은 생소하다. 밀레니얼은 사회 진출 경로가 점점 좁아지는 현실에서 어떻게든 생존해 보려고 목숨 걸듯 자기계발에 나섰다.

자기계발 하면 떠오르는 게 스펙이다. 학벌, 학점, 토익, 어학연수, 자격증 등을 '5대 스펙'이라 불렀다. 봉사, 인턴, 수상경력을 더하면 8대 스펙이 된다. 여기에 성형수술과 인성을 추가하면 10대 스펙이라고 한다. 요즘은 직무 경험이 중요하고 실제로 경력직이나 이른바 '중고신입(경력 3년 이하 신입)'이 많아지다 보니 직무 경험을 스펙에 추가하기도 한다.

기억을 돌이켜 보면 나의 대학 시절, 어학연수를 떠나는 친구와 선배들이 여럿 있었다. 수천만 원 들여 미국이나 영국에 다녀왔다는 이야기를 들으면 부럽단 생각만 했지 스펙이라는 말은 아예 쓰이지도 않았다.

밀레니얼이 자기계발과 스펙 쌓기를 통해 신의 영역에 도전장을 내밀었다면, Z세대는 관리의 차원을 육체와 취향과 삶의 순간으로 화끈하게 확장했다. 이제는 일분일초를 쪼개어 관리하고 커리어뿐 아니라, 부지런히 인스타그램에 자신을 전시하고, 운동과 같은 모든 분야에서 철두철미한 삶을 사는 게 규범이 되었다. PT 코치도 많아지고, 건강관리 앱도 잘 작동하니 진정한 의미의 갓생을 살 수 있는 조건은 어느 정도 갖춰진 셈이다. 연애 역시 '갓연애'를 한다!

감히 신이 사는 생활을 모방하는 청년들도 있지만, 신 따위는 믿지 않는다며 전혀 다른 삶을 사는 이들도 있다. 냉혹한 현실 앞에서 미래를 기대하거나 어쨌든 버텨보는 전략을 폐기하고 하나씩 둘씩 포기하는 전략을 쓰는 친구들이다. '노오력하는 갓생'과는 정반대 지점에 서 있다.

자의든 타의든 연애, 결혼, 출산 세 가지를 포기한다는 '삼포세대'는 물론이고, 연이어 아파트 장만을 포기하는 '사포세대'가 출현했다. 직장까지 포기한 '오포'에 이어 인간관계를 포기하는 '육포', 취미생활까지 포기하면 '칠포'가 된다. 하나씩 포기하는 것들이 지속적으로 늘어가다 보니 'N포 세대'라고 자조 섞인 타이틀이 만들어졌다. 이제 'N포 세대'는 밀레니얼을 상징하는 하나의 풍자적 표현이 되었다.

『하마터면 열심히 살 뻔했다』라는 책이 있다. 노력이 노력한 자를 배신한다는 강한 의심에서 출발하는 책이다. 열심히 해도 삶은 나아지지 않고 승패에만 연연하는 자신을 보니, 세상이 요구하는 것과는 전혀 다르게, 삐딱하게 살고 싶다는 욕구가 고개를 든다.[45]

베이비부머 세대의 정신세계는 '하면 된다'였지만, 해도 안 되고 안 해도 되는 경우를 워낙 많이 봐온지라 밀레니얼은 기성세대의 신념을 믿지 않는다. 코인으로 떼돈 벌어 화끈하게 직장 때려치우고 '파이어'를 외치는 자들이 왜 이렇게 부러운지, 부러우면 지는 거라고 했는데, 그냥 열패감만 가지는 청년들이 많다.

불신과 반발감, 열패감이 쌓이면 밀레니얼의 대명사인 '자기계발'의 토대가 한 번에 뒤흔들릴 수 있다. 노력이 '노오력'이 되고, 안간힘에 사력을 다해보지만 노력에 대한 보상이 돌아오지 않으면, 붙잡고 있는 걸 한 번에 놓고 싶다는 충동에 빠지게 된다. 경제성장률 7%에서 10%를 오가던 시절에는 최소한 이런 고민은 없었다. 이래서 세대 간의 경험이 불공정하다는 생각이 커지는 것이다.

밀레니얼이 결국 번아웃에 직면하게 된 원인도 여기에서 찾을 수 있다. 자기 노력에 대한 보상이 따르고, 세상이 공정하다고 여기면 정신적 탈진에 빠질 이유가 없다. 일에 치여서 살다가 불현듯 고개를 들어보니 도무지 버텨내고 승리할 방법이 없다는 패배감이 든다.

이렇게 한쪽에서는 갓생을 추구하고, 다른 한쪽에서는 번아웃에 빠져있는 밀레니얼에게 '젊꼰'이라는 표현은 정말 어울리지 않는 것 같다.

신입사원으로 사회초년생으로 밀레니얼 선배들과 대면하는 Z세대 청년들은 선배 세대에게 공감과 지지를 먼저 보낼 수 있을 것 같다. 가장 유사한 환경과 가치관을 가지고 있기 때문이다. 디지털 세대라는 공통점, 실력주의를 추앙하는 태도, 인권 개념 기본 탑재, 수평적 연대 추구 여러 가지 면에서 Z세대와 밀레니얼은 닮았다. MZ라는 표현이 완전히 틀린 표현은 아니다. 두 세대를 무리하게 묶는 한계는 분명히 있지만.

이런 공통점을 더 발견해내고 서로 간의 편견이 담장으로 굳어지지 않도록 상호 간에 소통과 이해를 지속해야 한다. 여전히 유연성이 결여되어 있고, 위계적으로 계층화 되어있는 조직을 좀 더 평평하고 투명한 곳으로 만들 수 있도록 공통의 노력을 기울였으면 한다.

밀레니얼들이 직장에서 어떤 문화를 만들어가고 또 리드해 갈지 아직은 알기 어렵다. 이들이 외계인처럼 겉돌지 않으려면 기성세대의 역할이 중요하다. 창의적 에너지를 소진시키지 않고, 조직에서 좀 더 중요한 역할을 맡고 또 조직에 활력을 불어넣을 수 있도록 격려하고 이끌어야 한다.

이들을 단순히 중간 관리자라는 시각이 아니라, 조직의 연결자(Glue Person)라는 관점에서 바라볼 필요가 있다. 알파고의 아버지

데미스 하사비스(Demis Hassabis)는 딥마인드를 설립하여, 통합적 방식으로 인공지능을 고도화한 것으로 유명하다. 그는 인공지능 연구와 개발에 있어서 컴퓨터 과학, 신경과학, 심리학, 철학 등 여러 분야의 지식을 통합하는 것이 가장 핵심이라고 봤고, 이를 실천함으로서 인공지능 분야를 선도할 수 있었다. 그리고 자신을 '연결자'로 불렀다.[46] 밀레니얼을 세대와 세대, 지식과 지식, 분야와 분야를 연결하는 연결자로 바라보고 지원함으로써 조직의 공존과 혁신을 꾀할 수 있을 것이다.

청춘의 푸르름이 정점일 때

나는 신입사원들을 대상으로 강의를 하게 되면, 유독 이들을 빤히 바라보는 버릇이 있다. 그러다 보면 이들이 슬로우모션처럼 내 눈앞에서 움직일 때가 있다. 그만큼 이들에 대한 애정이 크기 때문일 것이다. 얼마 전까지만 해도 내 수업에 들어와 있었을 청춘들. 학교 강의실에선 마냥 학생 같았는데 사회에서 마주치면 빈틈이라곤 찾기 힘든 원숙한 직장인이다.

대체로 신입사원 강의에는 리더 대상에 비해 남녀 사원이 고르게 섞여 있다. 각자가 밝게 빛나고 총기가 가득하다. 남녀 청춘들이 함께 어우러져 있어서인지 더욱 광채가 난다. 여기 있는 사회 초년생들은 세상에서 벌어지는 남녀 간의 해묵은 갈등이나 젠더 신경전 따윈 대수롭지 않게 여겼으면 좋겠다. 젠더 갈등의 피해자는 결국 자기 자신들이기 때문이다.

지난 20년간 20대 여성의 경제활동 참여는 꾸준히 증가했다. 2022년에 20대 남자 73.9%에서 20대 여자 78.2%로 역전됐다. 최소한 신입사원 강의실에서는 이 비율이 몸으로 느껴지길 기대한다. 또 10년 뒤에는 리더 강의에서도 남녀가 함께 섞여 균형을 이룬 모습을 상상해 본다. 안타깝지만 지금은 중년 남성 일색이다.

베이비부머든, X세대든, 밀레니얼이든, 아니 더 과감히 과거로 돌아가서 6070 산업화 세대든, 누구나 청춘의 푸르름이 정점에 달했을 때에는 미친 존재감을 과시했다. 누구 못지않게 인정받고 싶어 했고, 이 인정 욕구는 베이비부머나 X세대 역시 밀레니얼에 뒤지지 않는다. 인정받고자 하는 욕구는 누구에게나 어린 시절부터 자연스럽게 형성된다. 나 역시, 어린 시절 표창장을 받으면 꿈결같이 행복했던 기분이 아직도 아련히 남아 있다. 빨리 엄마에게 보여주고 싶은, 칭찬받고 인정받고 싶은 마음에, 한걸음에 집으로 달려온 기억이 꽤 선명하게 남아 있다.

그렇게 인정을 갈구했던 각 시대의 주인공들이 지금은 세대라는 이름의 편견과 선입견을 깊숙이 뒤집어쓰고 살아간다. 어떤 사회든 세대 간의 오해와 갈등은 자연스럽게 터져 나오기 마련이지만 우리나라의 세대 대립은 유독 더욱 첨예하게 느껴진다. 아주 빠른 시간 내에 새로운 사회질서가 만들어졌기 때문이다. 오랫동안 당연시 여겨왔던 위계질서에 기술적 문화적으로 새로운 질서가 부딪치면서 서로에게 충분히 익숙해지고 공감할 수 있는 기회를 가지지 못했다.

세대를 불문하고 청춘들에게 기존의 관습과 제도는 너무나 낡게 느껴진다. 새로운 문명의 기준을 세우고자 안간힘을 쓰는 이유이다. 산업화 세대는 경제성장을, 86세대는 가치로써 민주주의를, X세대는 개인 내면에 꽁꽁 묶여 있던 개성이라는 실타래를 과감히 풀었다. 밀레니얼은 디지털 문명을 새로운 삶의 표준으로 선포했다. 각자의 시대에 난공불락처럼 느껴졌던 기존의 관습에 저항하면서, 시위대를 결성하거나, 촛불을 들거나, 리시버를 꽂고 힙합을 흥얼거렸다.

세상은 새로운 세대의 출현에 대해 늘 기대감과 두려움의 감정을 동시에 갖는다. 말 한마디에 주목하고, 제스처 하나에 촉각을 곤두세운다. 기성세대는 사실 두려워한다. '이들이 만들어 내는 변화에 잘 적응할 수 있을까?' 저항하고 새로움을 불러오기에 젊은 세대는 늘 '버릇없는 놈'들이자 '배은망덕한 것'의 대명사가 된다. 동시에 윗세대는 아랫세대를 안쓰러워하고 또 공감하기도 한다. 그들의 거울에 나의 모습을 비춰 보면서 말이다. 결국 우리는 다른 듯 비슷한 삶을 산다. 그러므로 우리는 할 수 있다. 세대 공감.

젊은 세대,
진실과 편견 ——— 2

MZ 언어는 왜 유별난가

소통의 원초적 수단은 언어다. 따라서 언어에 장벽이 생기면 소통은 마비된다. 새로운 세대는 늘 자신들만의 용어를 만들어 스스로 구별 짓기를 시도한다. 이를 이해 못 하는 기성세대는 소통의 벽을 느낄 수밖에 없다. 우리 때는 '삽질한다'는 말을 많이 썼다. 요즘 쓰는 '뻘짓'한다는 말과 비슷한 의미이다. '킹왕짱'이라는 말도 꽤 썼다. 상대를 우쭐하게 만들고 싶을 때 썼다. 똥폼 잡는다는 의미로 '가오'라는 말도, '엔빵'이라는 말도 친구들과 밥 먹으러 갈 때 많이 썼다.

　MZ의 용어는 어떨까? '팸'은 부모나 가족은 아니지만 마음을 터놓고 신뢰할 수 있는 지근거리의 관계를 의미한다. 가족을 의미하는 영어 첫 음절 '팸'을 써서 진솔한 나의 모습을 그대로 보여줄 수 있는 관계를 일컫는다. 팸끼리는 서로만 통하는 용어들을 써서 유대감을 키워 나간다. 친밀한 또래 집단을 가리키는 또 다른 용어로 '스쿼드(squad)' '트라이브(tribe)' '크루(crew)' '십스(sips)' 등이 쓰인다.[47]

내 수업을 듣고 있는 외국인 학생들에게 고국에서 자신들끼리만 은밀히 사용하는 용어가 있는지 물었다. 미국에서 온 친구는 단연 '댓츠 구찌(That's gucci)'를 꼽았다. '정말 멋지다!'라는 뜻인데, 이걸 약간 응용하면 '유 아 구찌(You are gucci, 넌 최고야)', '잇츠 올 구찌(It's all gucci, 모든 게 완벽해)' 이런 식으로 쓴다고 한다. 캐나다에서는 촌스럽다는 의미로 '추기(cheugy)', 맛난 음식을 봤을 때 '부신(bussin)'을 많이 사용하는 것 같았다. 덴마크에서 온 친구는 '시츄에이션십(situationship)'을 꼽았는데, 깊게 얽매이지 않는 로맨틱한 관계를 뜻한다고 했다. 글로벌 Z세대와 수업하는 재미가 참 쏠쏠하다. K컬처에 감사하다고 해야 할지, 최근엔 미주와 유럽 친구들이 내 수업을 많이 듣는다. 외국의 Z세대도 자신들만의 다양한 신조어를 쓰고 있다는 점이 신기했다.

기업에서 MZ 강의를 할 때면, 으레 청중에게 던지는 질문이 있다. 젊은 세대에 대한 이해 수준을 알아보기 위한 건데, 다음의 아홉 가지 MZ의 언어 중 몇 개를 알고 있는지를 묻는다.

빚투, 영끌, 플렉스, 짠테크, 무지출챌린지, 가실비, 오운완, 디깅,

알잘딱깔센

몇 개를 알고 있으며 막힘없이 다 설명할 수 있는가? 빚내서 투자하는 '빚투', 명품 구입 등 돈을 쓰며 과시하는 소비 형태를 뜻하는 '플렉스' 또 돈이나 물건을 영혼까지 끌어 모으는 것을 뜻하는 '영끌' 정도야 알 터이다. 여기에 '갓생' '짠테크'도 알지만, 나머지는 도무지 모르겠다고 답한다면 MZ에 대한 이해도는 어느 정도 수준일까?

너무 실망 마시길. 대략 평균 수준이라고 보면 된다. 리더를 대상으로 하는 강의에서 절반 이상을 알고 있다고 손을 올리는 참여자는 그리 많지 않다. '무지출챌린지'는 오늘 한 푼도 쓰지 않았다는 것을 SNS에 올리는 것을, '가실비'는 가격 대비 실제 사용 가치를 따지는 것을 말한다. '오운완'은 오늘 운동 완료를 줄인 말이고, 광산 채굴하듯 한 분야에 깊게 들어가는 것을 '디깅'이라고 한다. '알잘딱깔센'은? 입에 잘 붙지도 않는 이 표현은, '알아서 잘 딱 깔끔하고 센스있게'를 뜻한다고 한다.

이런 표현들은 요즘 세대가 다양한 신조어를 통해 자신들만의 소통 방식을 만들고 있음을 보여준다. 서로 간의 공통점을 확인하고 정보를 교환함은 물론, 유대감을 형성해 나간다. 온라인 공간이 만들어지고 확장되면서 자기표현의 기회가 비약적으로 커진 것이 계기가 됐다. 천리안을 사용한 무선통신 세대는 '방가방가' 하면서 채팅방에 참여했다. 요즘 이런 말을 썼다가는 딱 '꼰대

각'이다. '즐감' '깜놀'은 '아재 용어'가 돼버렸다.

곰곰이 생각해 보면, 줄임말을 사용하는 젊은 세대가 등장하면서 MZ라는 표현도 나오고, 기성세대는 이들을 별종 집단으로 여기게 된 것 같다. 수년 전 '아아'(아이스 아메리카노)라는 말이 나왔을 때 기성세대는 어리둥절해했고, 그 모습에 희열을 느낀 듯 젊은 세대는 더욱 줄임말을 많이 만들어냈다. '갑툭튀'(갑자기 툭 튀어나옴)' '어쩔티비'(어쩌라고)' '킹받네'(매우 열받음)' '꾸안꾸'(꾸민 듯 안꾸민 듯)' '갑분싸'(갑자기 분위기 싸해짐)' 등등 끝도 없이 줄임말이 태어난다. 마치 '우리 세계에 들어오지 말라'는 듯이 아재들이 적응할 만하면 신조어가 계속 만들어진다.

언어는 소통의 산물이다. 주로 산맥이나 강을 따라 지역이 나눠지고 사투리도 나눠진다. 산맥이나 강이 있으면 왕래하기가 쉽지 않기 때문에 각자의 언어습관이 굳어진다. 지리산 화개장터를 가운데에 두고 구례 방향은 전라도 사투리, 하동 방향은 경상도 사투리가 들리는 것도 이 때문이다. 지리산을 넘나들기 어려웠기 때문에 자연스럽게 언어 경계선도 생겨 각자의 사투리가 된 것이다.

MZ의 언어가 유별난 것은 이런 언어의 발달 속성을 보이는 것과 같다. 기성세대는 모르게 자신들만 아는 언어로써 심리적 장벽과 문화경계를 만든다. 이에 언론과 기성세대는 싸잡아 걱정한다. 줄여도 너무 줄여서 걱정이라고. 하지만 큰 문제는 아니다. 공적인 자리에서 그런 언어를 쓰는 사람은 없으니. 취향과 사생활을 존중하는 세대의 특징 정도로 여기면 될 터이다. 이를 따라가기 위해 애를 쓸 필요도 걱정하고 지탄할 필요도 없다. 내가 더 이상 '방가방가'를 쓰지 않듯, MZ들도 언젠가는 '알잘딱깔센'을 쓰지 않을 것이다.

상반된 철학의 공존

모든 세대와 공동체가 그렇듯 MZ세대 역시 결코 동질적이지 않다. 오마카세, 호캉스, 해외여행, 골프 등 소비와 과시를 즐기는 청춘이 있는가 하면, 소확행에 만족하며 성실하게 하루하루를 사는 청춘도 많다. 말하자면 요즘 세대에는 욜로와 갓생이 공존한다.

욜로는 '인생은 한 번뿐! You Only Live Once'이라며 현재의 만족을 위해 소비와 과시를 즐기는 유형이다. 자기만족이 중요하고, 즐기는 것도 때가 있다는 생각에 '꽂히면 지르는' 유형이다. MZ세대의 52%가 욜로 소비에 긍정적이라는 조사 결과도 있다.[48]

반면 갓생은 '내 삶에 진심이야'라고 스스로에게 되새기며, 하루하루 계획을 세워 최선을 다해 살아가는 유형이다. 한마디로 정신적 육체적 에너지를 쥐어짜서 신의 경지에 올라보겠다고 작심하고 덤비는 스타일이다. 매일 자기만의 루틴이 있다고 답한 MZ가 77%나 된다는 조사가 있다. 갓생을 살고자 하는 젊은이가 태반을 넘는다는 말이다.[49] 독서, 운동, 요리로 하루를 시작하고 계획대로 해낼 때마다 뿌듯함과 만족감을 느끼는 유형이다.

조기 은퇴를 꿈꾸는 '파이어 족'과 롱런을 원하는 '정년추구형'의 공존도 같은 논리이다. 경제적 자립을 달성해 조기 은퇴를 꿈꾸는 젊은 층도 많지만, 직장에서 정년까지 일하고 은퇴 후 연금 생활을 계획하는 쪽이 훨씬 많다.

파이어족은 부동산, 주식, 코인 투자로 경제적 자립을 달성하고, 내친김에 40세 초반에 조기 은퇴하면 좋겠다는 바람을 갖고 있다. MZ세대 41%가 '파이어족을 준비 중'이라고 답했다고 하니, 요즘 세대가 갖고 있는 노동 윤리의 일단이 엿보이는 대목이다.[50] 좋게 말하면 승부 근성에 자본주의의 본질을 잘 꿰뚫고 있는 현명함을 갖춘 것이다. 말하자면 '바짝 벌고 오래 놀자'는 건데, '개 같이 벌어 정승같이 쓰자'는 기성세대의 사고방식과 닮은 것도 같지만, 뭔가 똑똑한 베짱이 유형 같다는 생각도 든다.

정년추구형의 마음 한구석에는 늘 대출금 상환, 월세, 생활비 걱정이 가득하다. 파이어족이라고 이런 현실적 고민이 없는 것은 아니겠지만, 정년추구형은 현실적이고 계획적이어서 직장에서 정년까지 스트레이트로 막힘없이 갈 수 있기를 갈망하는 스타일이다. 은퇴 희망 나이를 조사했더니 M세대가 57.1세, Z세대가 55.3세였다는 조사도 있다.[51]

정년추구형의 마라톤 레이스에서 걸림돌이 되는 게 있다. 바로 임원이다. 더 정확하게 말하자면 임원이 되는 것이다. 임원이 되어 1년을 하루살이처럼 사느니 그냥 롱런해서 정년까지 잘 마치겠다는 게 솔직한 MZ의 심정이다. '임포자(임원 포기자)', '승포자(승진 포기자)'가 넘쳐나는 배경이다. 그럼 대체 앞으로 임원은 누가 될까? 임원이 쓸모는 있긴 할 건가. 빅데이터 전문가 송길영은 최근 '부장 종말 시대'를 공언했다. 전문적 역할과 분명한 포트폴리오 없이 인력 관리에 치중하는 직책은 AI가 주도하는 미래의 노동시장에서 설 자리를 잃게 된다는 예측이다. 부장이 없어진다면, 더 큰 관리의 중책을 지는 '임원'도 사라지는 미래 사회가 당도하지 않을까? 전문 역량을 가지고 업무를 진두지휘하는 팀장이 훨씬 늘어나고, 전통적인 임원 직책은 줄어드는 구조 변화를 어렵지 않게 예상해 볼 수 있다.

경계를 가르고 단편적인 것을 일반화

MZ는 이처럼 다양성 집단들이 함께 섞여 있는 세대지만, 이들을 바라보는 우리의 시각은 획일적이고 단편적이다. MZ세대는 이해타산적인 이기주의자다, 조직 부적응자다, 책임은 회피하면서 불만만 많다 등등의 편향된 시각들이 널리 퍼져 있다. 이 주장의 논리를 따져 들어가 보면 기성세대는 공동체 지향적이거나 가치 지향적이며, 또 조직을 우선시하는 사람들로써 우리 사회의 중심을 차지할 자격이 있는 존재라는 결론이 도출된다. 과연 누가 이런 논리 구조를 만들고 확산시켰을까?

　이어폰 끼고 일하는 MZ세대, MZ세대 오마카세 순례, 인맥 다이어트에 빠진 MZ들, MZ세대의 새로운 취미 골프, MZ세대 전화 예절 논란 등 아주 단편적이고 고정관념투성이인 카피들이 언론과 인터넷에 넘쳐난다. '기성세대는 이해할 수 없는 특이한 집단', '조직에 소속감이 없는 개인주의자', '기존의 질서에 상충하는 논쟁 다반사' 등등 기성세대 직장인들과 리더가 MZ 하면 떠올리는 직관적인 이미지들이다. 독특한 애들이다, 해석 불가다, 부글부글 불만만 많다, 손해는 절대 못 참는다, 늘 겉돈다, 언제나 이직 준비 중이다 등 단편적 평가가 차고 넘친다. 사정이 이러하다 보니 한국언론진흥재단은 '언론이 MZ에 대한 고정관념을 활용하여 세대 분리 역할을 주도'했다고 평가했다.[52]

　MZ라는 용어는 누가 언제부터 사용했을까? 소비자 연구기관인 대학내일 20대 연구소가 2018년에 처음으로 사용했다고 알려져 있다. 마케팅이라는 목적으로 전 세계에서 거의 유일한 MZ라는 말이 만들어진 거다. 이 기관은 4년이 지난 2022년 해당 용어 사용을 공식 철회했다. 부작용을 감지했기 때문이다. '기성세대 대비 특징을 두드러지게 만들려는 의도로 통칭했을 뿐 하나로 통합하려는 의도가 아니었다'는 해명을 내놨다. 대안으로는 밀레니얼을 둘로 나눠 전기 밀레니얼(1981~1988 출생)과 후기 밀레니얼(1989~1995 출생)로 나누고, 여기에 Z세대(1996-2004 출생)를 함께 사용하는 방안을 제시했다.

최근 MZ세대론이 젊은 세대의 고충과 문제에 대한 본질을 이해하고 문제를 해결하는 데 오히려 장애물이 되고 있다는 인식이 커지고 있다. 그도 그럴 것이 정작 당사자들은 MZ라는 용어에 공감하지 않는다. 툭하면 MZ세대 이러쿵저러쿵 말만 많지만 사실은 알맹이가 없는 터에 정작 당사자들은 '저게 뭐지'라며 시큰둥한 반응이다. 청년들에게 MZ라는 꼬리표만 붙일 뿐 정말 절실한 주거문제, 공정성, 계층세습과 소득불평등은 뒷짐지고 있다는 것이다. 언론에서 말하는 MZ세대 특성에 동의하냐는 질문에 '아니오'라고 답한 비율이 52.2%라는 조사 결과도 있다.[53]

흥미롭게도 그간 알려진 MZ세대의 특성과 상반된 연구 결과가 나오고 있다. 대표적인 것이 MZ 문해력과 관련된 연구이다.

"제대로 된 사과도 아니고 무슨 심심한 사과?" "심심한 사과라니 난 하나도 안 심심하다"

한 웹툰 작가의 사과문에 달린 댓글이었는데, 심심한 사과를 '지루하고 재미가 없는 사과'로 이해한 누리꾼의 댓글이 논쟁을 불렀다. 이윽고 국무회의에서 대통령까지 나서 문해력 향상을 강조하며 논쟁은 일파만파 커졌다.

반전은 우리나라 MZ세대의 문해력이 결코 기성세대보다 낮지 않으며 오히려 반대라는 것이었다. 교육부와 국가평생진흥원이 진행한 18세 이상 1만 429명을 대상으로 한 문해력 조사에 따르면 20대의 95.3%가 가장 높은 수준 4로 평가되어 전체 국민 연령대 가운데 가장 높은 문해력 수준을 보여주었다. 50대는 82.4%, 40대는 91.5%로 20대 보다 낮게 나타났다.[54]

세대별 사회성 발달에 관한 최근의 연구도 있다. '사교성' '의사소통' '대인관계' '협동성' '공감'과 같은 척도를 통해서 4,471명을 연구해 봤더니, 사회성이 가장 높은 유형에 속하는 비율이 세대 간에 큰 차이를 보여줬다. X세대가 19%, M세대가 31%에 머물렀던 반면, Z세대가 49%를 기록했다. 기존의 인식과는 달리 MZ세대에서 사회성이 높은 사람의 비중이 더욱 크게 나타난 것이다.[55]

그도 그럴 것이 내가 아는 Z세대는 협업 능력이 정말 뛰어나다. 최소한 최초의 개인주의 세대로 불리는 X세대에 비해서는 훨씬 협력에 능하다. X세대들에게는 팀플이라는 개념 자체가 없었지만, 지난 10년간 대학을 다닌 세대는 팀플에 울고 웃는 대학 시절을 보냈다. 협업 방식으로 프로젝트를 수행하고 문제를 해결하는 방식은 하버드, 스탠퍼드와 같은 해외 대학에서도 이미 자리 잡은 지 오래다.

Z세대는 승차 공유, 공유 숙박, 공유 경제 등의 개념과 생활양식을 통해 공유 감각을 자연스럽게 키웠다. 오픈 소스 소프트웨어에 워낙 익숙한지라 함께 데이터를 공개, 공유하면서 공동체 감각을 익힌다. 요즘 세간에 나오는 '핵개인'이라는 말은 그래서 엄중히 접근할 필요가 있다. 사실과 다를 뿐더러 Z세대는 오히려

그 반대 성향을 지니고 있다. 온라인에서 시간을 많이 보내기 때문에 개인주의를 강하게 지향하는 것 같지만, 실제로는 온오프라인을 넘나들며 연대를 추구하는 방식이 과거 대로를 점거해 시위에 나선 86세대의 단결력 못지않게 견고하다.

젊은 세대의 자기주장

독일 역사학자 위르겐 로일레케(Jürgen Reulecke)에 따르면 세대 정체성은 두 가지 방식으로 형성된다. 하나는 '외부호명'이고, 다른 하나는 '자기주장'이다. 외부호명은 외부에 있는 어떤 세력이 당사자들과는 상관없이 세대를 규정하는 것을 말한다. 주도권이 외부 세력에 있는 것이다. 반면, 자기주장은 세대 당사자가 스스로를 규정하는 방식이다. 당연히 주도권이 당사자인 젊은 세대에게 있다.[56]

그간 우리 사회는 '외부호명'에 치우친 세대 정의에 과도하게 의존해 왔다. 사실 해당 세대에 대해서는 크게 관심이 없고, 어떤 나름의 의도와 목적에 따라 세대를 규정하고 결론을 내리는 방식이다. 마케팅 전문가들이 마케팅이라는 분명한 목적에 따라 MZ라는 용어를 만들어 온갖 단편적 이미지를 뿌린 것이 대표적 사례이다. 또 일부는 현존하는 우리 사회의 지배적인 위계구조라든지 하는 기성세대의 가치관을 정당화하는 어떤 숨겨진 목적을 가지고 MZ세대론을 전파하는 오류를 범하기도 했다.

　이제는 젊은 세대의 '자기주장'으로 프레임을 바꿔야 할 때이다. 주도권을 당사자들에게 넘겨야 한다는 의미이다. 공통의 경험을 가진 한 세대가 스스로 집단을 형성하고 정체성을 주장하고, 그 주장에 사회 구성원들이 귀를 기울이는 방식으로 바뀌어야 한다. 이들에게 당사자가 아닌 외부 세력이 자신들을 정당화하고 합리화하는 수단으로 프레임을 짜는 오류와 위선에서 벗어나야 한다. 젊은 세대가 스스로 인식하고 주장하는 정체성에 근거해서 MZ세대를 새롭게 이해하고 소통하는 게 무엇보다 시급하다.

존(zone)이
의미하는 것 ——————— 3

노인 NO, 반려견 OK

지난 어버이날 한 온라인 커뮤니티에 카페 사진 하나가 올라왔다.

'노시니어존, 60세 이상 어르신 출입제한'

이 문구 옆에는 강아지 이미지와 함께 이렇게 적혀 있었다.

'안내견을 환영합니다'

반려동물은 들어올 수 있지만, 어르신들 입장은 불가하다는 내용에 곧장 질타가 이어졌다.

"노인이 개만도 못한 대접을 받는 세상이네."
"약자에 대한 혐오 참 씁쓸하다."

일리 있는 말이고, 공감되는 비판이다. 노시니어존이라는 이름
으로 노인의 카페 출입을 제한하는 것이 차별임은 두말할 필요도
없다. 왜 이런 글귀가 내걸렸을까? 노인들이 약한 존재이기 때문
이다. 사회의 주류에서 퇴장한 노인들은 경제적으로 취약한 존재
이자, 우리 사회의 약한 고리이다. 의식적이든 무의식적이든 이
점을 이용해 노인집단을 손쉽게 배제의 대상으로 삼은 것이다.
식당이든 카페든 늘 진상 손님은 있기 마련이다. 중년 남성들
도 예외는 아니다. 하지만 '노중년존'이라는 표현은 거의 찾기 힘
들다. 우리 사회의 주류이자, 힘 있는 사람들이 중년이기 때문일
까? 최근 한 캠핑장에서 중년 커플의 예약을 받지 않아, '노중년
존' 논쟁이 일기는 했지만, 우리는 암묵적으로 상대가 누구냐에
따라 태도를 달리한다. 눈치를 보다 누울 곳을 확인하면 곧장 발
을 길게 뻗는다. 사회적으로 취약한 집단에게는 깊은 고민이나
주저함 없이 부정적 감정을 쏟아낸다.
사실 해당 카페가 갑자기 시니어의 출입을 제한한 데에는 좀
복잡한 사정이 있다. 해당 카페에 자주 출입하는 단골이라고 자
신을 소개한 온라인 유저에 따르면, 카페에 출입하는 노인 중 일

부가 '마담이 예뻐서 커피도 맛있다'는 식의 성희롱 발언을 일삼았다고 한다. 이에 참다못한 카페 사장이 '노시니어존'으로 응수했다는 설명이다.

세상이 몇번씩 천지개벽할 수준으로 바뀌었는데, 아직까지 마담이 예쁘다느니, 여성의 외모가 뛰어나서 커피가 맛있다느니 하는 말을 내뱉는 사람이 있다는 게 참 부끄러운 일이다. 맥락상 노인이 원인을 제공했다고 볼 수 있다. 몹쓸 노인 혐오 사례이지만, '정당방위'도 배제할 수 없다.

특정 집단을 거부하는 사례가 노시니어존이 처음은 아니다. 과거 '노교수존'이라는 것도 있었다. 어른 행세하는 꼰대가 싫어 적나라하게 '교수 출입금지'를 써 붙인 해프닝이었는데, 말도 안 되는 차별적 문구는 분명하지만, 여기에도 불편한 진실이 숨어 있다. 지방의 모 대학 앞 카페 겸 술집에 출입하는 몇몇 교수들이 '나 ○○대 교수야!' 이런 식으로 소리치고 진상을 부렸다는 후문이다. 주요 고객이 대학원생이라고 소개한 술집 주인 A씨의 주장인데, 이런 말도 덧붙였다.

"대학원생들이 과도한 업무와 교수의 갑질로 스트레스받는 것을 많이 봤다. 이들이 담당 교수를 마주치는 일이 없도록 하고 싶었다." 매우 옹색하고 위험천만한 설명이다. 교수를 갑질의 주체로 일반화하고, 강한 편견을 발동해 모든 교수의 출입을 제한한 조치이기 때문이다. 출입하던 교수들이 구체적으로 어떤 무례한 행동을 했는지 정확히 알기 어렵다. 아재질, 꼰대짓 하지 말라는 뜻으로 '출입 금지'라고 써 붙였다는 해명인데, 결과적으로는 분명한 차별이다.

시니어들도 자중할 필요가 있다. 나이 들었다고 저절로 현명해지지 않는다. 사회에서 퇴장한 사람들은 주류에서 멀어질 수밖에 없기 때문에 시대에 발을 맞추고 있는지 자신의 말과 행동을 늘 살펴야 한다. 나이를 방패삼아 젊은이들을 압박하고 몰아세우진 않았는지 돌아봐야 한다. 과거의 생각과 편견에 사로잡혀 세 치 혀와 가벼운 제스처로 젊은이와 여성 등 같은 사회 구성원을 불편하게 만드는 것은 아닌지 늘 조심해야 한다. 또한 교수라면 학부생, 대학원생들이 주로 출입하는 곳에서는 그에 걸맞게 좀 더 스승이자 어른답게 처신하는 애티튜드가 필요하다.

카페나 술집에서 일하는 아르바이트생들은 대체로 대학생이나 사회초년생들인 경우가 많다. 카페 사장도 밀레니얼과 Z세대인 경우가 크게 늘어났다. 일하는 젊은 직원들이 부모나 조부뻘 되는 시니어를 상대하는 것은 결코 쉽지 않다. '1인 1주문 하세요', '목소리를 낮추세요' 이렇게 대놓고 말하기가 참 어렵다.

불편한 마음을 앞세워 깊은 고민 없이 차별적인 말과 행동에 나서는 것은 결코 윤리적으로 정당화될 수 없다. 하지만, 시니어들 역시 스스로 말과 행동, 에티켓을 점검하고 성찰하려는 태도를 갖추는 게 중요하다.

노키즈존이 의도한 것

노○○존의 출발점은 '노키즈존'이었다. 일부 식당과 카페에 아동의 출입을 제한하는 조치이다. 이 역시 아동의 안전을 고려한 조치라는 업주 측의 해명에도 불구하고, 또 다른 '약한 고리'인 아동을 대상으로 '~존'을 만들었다는 점에서 차별적이다. 또 아이를 제때 제지하지 못하거나, 매너 없이 공공장소에서 아기 기저귀를 가는 부모, 특히 엄마에 대한 지나친 책임 추궁, 그리고 편향적 태도를 담고 있어 비판적 검토가 필요하다.

외국의 경우 명시적으로 노키즈존을 운영하는 경우는 드물지만, 유사한 고민을 담은 사례들은 있다. 미국은 '성인존(Adults Only)'을 조성해 성인들만 출입할 수 있는 술집, 바 등을 운영한다. 일본과 말레이시아, 인도의 일부 항공사는 어린이, 영유아로부터 떨어진 좌석 옵션을 선보이기도 했다. 비행기에서 좌석 앞뒤 어딘가에서 들려오는 아이들 울음소리 때문에 불편했던 경험 다들 있었을 것 같다. 일부 박물관과 도서관은 최소 연령 제한을 두어 일부 아동들의 출입을 제한한다.

노키즈존이 차별인지, 아니면 영업하는 업주의 권리인지에 대해서는 여전히 논란이 계속되고 있다. 이런 상황에서 외부에서 우리를 바라보는 시각은 싸늘하다. 이 논란이 우리 사회의 경직된 역할 인식, 성별에 대한 뿌리 깊은 고정관념에서 유래하며, 결국 저출생 위기에 처해 있는 우리나라의 발목을 잡을 것이라는 시각이다.

워싱턴포스트는 한국에서 성업 중인 노키즈존이 500여 개임을 지적하면서, 사업주의 업장 통제권과 아이들이 공공장소에 출입할 기본권이 첨예하게 대립하고 있다고 소개했다. 저출생의 딜레마에 빠진 한국이 이를 지속적으로 용인할 경우, 출산과 육아에 미치는 부정적인 영향이 클 것으로 진단했다.[57]

CNN 역시 전 세계 출산율 꼴찌인 한국에서 어린아이의 업장 출입을 금지하는 노키즈존의 성행은 역설적이라고 일침을 놨다. 2017년 국가인권위원회가 노키즈존을 차별로 규정한 사례도 소개하면서, 사회적 지위에 따른 차별을 금지하는 헌법 11조, 아동에 대한 부당한 대우를 금지한 유엔협약이 이런 판단의 근거가 된다고 덧붙였다.[58]

우리 국민들의 시각은 다르다. 대체로 노키즈존을 영업 자유의 측면에서 보는 사람들이 더 많다. 애들이 문제가 아니라 개념 없이 애들을 키우는 부모가 문제라는 시각도 비등하다.

2021년 한국리서치가 수행한 조사에서는 71%의 응답자가 노키즈존을 '허용할 수 있다'고 답했고, 2023년에 유사한 내용으로 물었더니 노키즈존 찬성 공감도가 70% 내외에 달하는 것으로 나타났다. 2021년 조사에서 나타나는 흥미로운 점은 응답자들이 노키즈존에 대해선 관대하고 노중년존에 대해선 엄격한 모순된 태도를 보였다는 점이다. 가령 노키즈존이 특정 나이대를 차별하는 것이라는 응답한 비율이 44%였던데 반해, 노중년존은 68%

로 나타나 사람들의 연령에 따른 인식의 차이를 그대로 보여줬다. 2023년 조사에서는 연령, 행위, 특성에 따른 다양한 '노ㅇㅇ' 존(가령, 노스터디존, 노중년존, 노외국인존)을 허용할 수 있다는 의견이 다수로 나타나 '영업의 자유'에 우선순위를 두는 응답자의 시각이 여전함을 보여줬다. 주목할 만한 점은 노중년존을 허용할 수 있다는 비중이 57%로 나타나 노인이나 기성세대가 좀 더 남을 배려해야 한다는 비판적 시각이 과거에 비해 커졌음을 알 수 있다. 이에 더해 '노외국인'존에 대한 허용 비율이 50%에 달했는데, 다는 것인데, 외국인에 대한 배타적 태도가 여전한 것 같아 쓸쓸함을 준다.[59]

사실 업주는 어쩔 수 없다고 항변한다. 연인이 프러포즈하기 딱 좋은 핫플에서 엄마 품에 안긴 아이가 울면 난감한 일이고, 조용히 힐링하는 감성 카페에서 술에 취한 아저씨들이 떠들고 주정 부리는 것도 곤란한 일이라는 주장이다. 이런 견해에는 일정 부분 동감하는 이들이 많다.

노키즈존이 시작된 것도 업주의 난감함 때문이었다. 2012년 서울 광화문 한 서점 식당가에서 종업원과 아이가 부딪쳐 아이가 화상을 입는 일이 발생했다. 종업원의 부주의가 아니라, 아이가 아무런 제지를 받지 않고 업장을 뛰어다니는 바람에 일어난 사고였음이 밝혀졌지만, 법원은 식당에 배상을 판결했다. 이후 노키즈존은 급속도로 늘어났다. 하지만 '노키즈존'이 늘어나 우리 사회가 좀 더 상대방을 배려하는 분위기로 바뀌어 갈지, 역기능보다 순기능을 더 많이 가질지에 대해서는 논란이 있다.

당신은 소리치며 울지 않았는가?

우리는 왜 시끄러운 노인들과 아이들을 견디지 못하는 걸까? 서로가 서로를 더 배려하는 사회를 만들기 위해 '노○○존'을 운영해야 한다고 주장하는 쪽도 나름의 일리는 있다. 폐를 끼쳐선 안된다는 강력한 집단적 문화가 발동하고 있기 때문이기도 하다. 오랜 역사 동안 형성된 우리만의 정서이고 문화이다. 하지만, 위계화된 사회 속에서 각자의 역할과 본분을 과도하게 압박하는 우리의 경직된 사고방식을 돌아봐야 한다. 현재는 흔들리고 있는 규범이 되고 있지만 사회적인 우선권이 어른에게 있다는 생각, 아이들은 훈육과 통제의 대상이라는 편협한 시각이 '일그러진 우리'를 만들지 않았는지 성찰해야 한다.

생애 주기에서 어디에 와 있든, 어떤 사회적 역할을 맡든 결국서로가 의존하고 존중해야 할 동등한 사회 구성원이라는 사실을너무나 쉽게 간과한다. 집단만 난무하고 개인이 억압된다면 '협력개인'이 설 자리가 없고, 인권이 보장될 틈이 없다. '폐를 끼치면 안 된다'는 관성적 생각이 너무 과도해진 나머지 이제는 순기능보다 더 많은 역기능을 낳는 상황이 되었음을 기억해야 한다.

어떤 시간적, 사회적 역할을 점하고 있느냐를 떠나, 모든 세대의 구성원들은 서로 말과 행동을 조심하고 배려하고 존중하는 것을 기본 출발점으로 삼아야 한다. 기성세대와 젊은 세대, 어른과 아이를 떠나 서로의 입장을 배려하고, 필요한 수준의 눈치를 보며, 공생할 수 있는 사회적 분위기를 만들어야 한다. '폐를 끼치면 안 된다'는 관념에 과도하게 경도되지 않고 오히려 이것이 자발적으로 서로의 행동을 돌아보는 건전한 사회규범으로 작동한다면, 일상의 다양한 갈등을 풀어갈 수 있는 실마리로 작용할 것이다.

업주들 입장을 헤아릴 수 없는 건 아니지만, '~존'이라는 형태로 특정 집단의 출입을 막는 건 부족한 포용력과 편협한 마음가짐을 어떤 부끄러움도 없이 밖으로 꺼내 놓는 것과 같다. 이 기회를 통해 새롭게 공간에 대한 이해를 넓히면 좋을 듯하다. 사회 구성원들 간에 불필요한 갈등이 발생하지 않도록 공공에서 지원하는 방식도 필요하다. 예를 들면 기저귀 가는 시설을 지원하거나, 법적으로 아동이 쉬는 공간을 의무화하고 제공함으로써 자녀가 있는 가족들이 마음 편히 상업시설을 이용할 수 있게 적극 개선해 나가는 것이다.

지금 우리 사회에 벌어지고 있는 많은 갈등에 대해 알아보고 공부하는 것, 이 책을 읽는 것 또한 세대갈등을 좀 더 적극적으로 해결해 보기 위해서이다. 급속도로 초고령화사회로 가고 있고, 저출생으로 인한 인구절벽을 모두의 미래로 걱정해야 할 판국에 무엇보다 중요한 것은 아이 키우기 좋은 환경을 만드는 것이다.

신나게 육아할 수 있는 분위기 조성은 선택이 아니라 필연적 과제와도 같다.

　일본에서는 2023년 4월 '어린이가정청'이라는 총리 직속 부서가 출범했다. 또 '어린이 패스트트랙' 제도를 도입해서 어린이를 동반한 방문자는 공공시설에 우선 입장하도록 했다. 전 사회적으로 아이를 키우기 좋은 환경을 만들어 출산율도 높이겠다는 국가적 의지가 읽힌다.

　영국 역시 대영박물관에서 5세 미만의 아이와 보호자가 패스트트랙으로 입장할 수 있다. 싱가포르는 공항 택시 승강장에서 임산부와 아이가 있는 사람이 우선 승차하도록 제도를 만들었다. 우리나라에서는 기본소득당 용혜인 의원이 '어린이 패스트트랙' 도입을 주장하기도 했다. 어린이 동반 가족과 임신부에 대해서는 박물관, 미술관, 공원 등에 줄서지 않고 입장시키는 제도이다. 양육자를 위축시키고 눈치 보게 만드는 게 아니라, 사회가 먼저 환영하는 분위기를 만들자는 것이다. 이런 제도 하나가 사회적 분위기를 크게 바꿀 수 있다고 생각한다. 양육하는 구성원들이 존중받고, 미래세대를 배려하는 분위기가 형성될 수 있도록 사소한 부분에서부터 여건을 조성해 나가야 한다.

　자기가 번 돈 자기 맘대로 쓰겠다는 생각, 돈을 내면 다 마음대로 해도 된다는 생각이 특정 집단을 거르는 장치를 만든다. 세금을 내는 이유를 생각해야 한다. 혼자 사는 사회가 아닌 것이다. 우

우리는 모두 한때 아이였고, 또 시도 때도 없이 울었고, 시간이 흘러 언젠가는 노인이 된다.

리는 모두 한때 아이였고, 또 시도 때도 없이 울었고, 시간이 흘러 언젠가는 노인이 된다.

유독 '~존이'이 성행하는 데에는 사안을 부정적으로 인식하고 막으려는 태도가 큰 몫을 하고 있다. 공용 공간에 대한 출입을 제한하는 것도 부정적인 게 아니라 얼마든지 긍정적으로 유도할 수 있다. NO로 시작하지 않고 ONLY로 시작하는 것도 하나의 방법이다. 한국어로 하자면 '~전용' 정도의 의미가 될 것 같다. 여성 전용 라운지라면 아이를 동반하고자 할 때 미리 업장에 문의할 것이다. 남성 전용 헬스클럽이라면 커플이 출입할 수 있는지 미리 알아볼 것이고, 가족전용이라면 당연히 아이를 동반할 수 있을 것이다. 노키즈존보다는 온리성인존, 노시니어존보다는 온리중년존이라고 처음부터 썼으면 부작용이 다소 덜하지 않았을까 하는 생각이 든다. 부정적 시각은 이래저래 우리 사회에 큰 걸림돌이 되는 것만은 분명하다.

시니어 수난 시대 ——— 4

고려장 부활할까?

「70세 사망법안, 가결」은 일본의 가키야 미우(垣谷 美雨)가 2012
년에 발표한 소설이다. 고령화 사회의 폐단이 한계에 치달은
2020년 일본, 70세가 된 노인은 생일로부터 30일 이내에 반드시
죽어야 한다는 '70세 사망법안'이 가결된 후 한 가족에게 벌어지
는 긴장과 갈등을 다룬다.

전대미문의 법안을 마주한 가족 3대의 반응은 제각각이다. 시
어머니는 2년 후 시행될 법안에 죽음의 공포를, 병시중 들며 우울
증에 시달리던 엄마는 안도감을, 인생 12년 남은 아빠는 즐기자
는 의지를, 자신의 인생에 코가 석자인 애들은 시큰둥한 감정을
각자의 방식으로 표현한다.

2022년 칸국제영화제에서 '황금카메라 특별언급상'을 수상한 영화 「플랜75」도 유사한 주제를 다룬다. 생산 인구 감소, 막대한 의료비용과 복지비용 때문에 파탄 직전에 처한 일본 사회를 그린다. 어느 날 '플랜75'라는 정부 정책이 나오고, 공무원들은 75세가 넘은 노인들을 찾아가 자살을 권한다. TV에서는 '원하는 때에 죽을 수 있어 만족스럽다'라는 광고가 펼쳐진다. 자살을 신청하면 국가가 자살을 돕고 위로금 10만 엔도 지급한다. 그 돈으로 마지막 온천 여행을 떠나는 여행 상품도 출시된다. 영화 후반부에 나오는 뉴스 멘트가 섬뜩하다.

"정부는 '플랜75'가 호조를 보임에 따라 '플랜65'도 검토하고 있다."

이웃 나라 일본의 두 화제작을 접한 뒤 우리나라 사람들의 반응은 대동소이했다. 우리가 직면한 고령화와 세대갈등을 일본이 조금 더 일찍 겪었을 뿐인데, 당장 남의 일로 느껴지지 않는다는 것이다.

'고려장'을 들어본 적이 있을 것이다. 늙고 쇠약해진 부모를 산에 버리는 걸 뜻하는데, 역사적 고증이 없어 그저 근거 없는 설화라고 알려져 있다. 일제 강점기에 일본이 자행한 역사 왜곡이라는 설도 있다. 저출생 세계 1위를 달리고 있는 대한민국이 고령화 사회로 가속폐달을 신나게 밟은 나머지 어느 날 '고려장'이 현실이 되어 있을지도 모를 일이다.

일본 에도시대에는 고려장과 유사한 풍습인 '우바스테야마(姥捨て山)'가 있었다고 한다. '할머니를 갖다 버리는 산'이라는 뜻인데 입을 덜기 위해 행해진 고육지책 풍습이다. 이 역시 '입으로 전해 내려오는' 설화일 뿐이지만, 이를 소재로 한 단편소설과 영화도 있었으니 고령화에 대한 일본 내 뿌리 깊은 두려움이 느껴진다.

고령화는 이처럼 사회 전반에 불안과 공포라는 감정을 퍼트린다. 자연스레 시니어에 대한 존경의 감정은 위축된다. 보건사회연구원이 '세계가치관조사'에서 지난 30년 동안 국민의 가치 변화와 노인 비율 간의 관계를 추적한 결과, 고령화 비율이 높을수록 노인에 대한 우호적 태도와 존경이 줄었음을 발견했다. '나이듦'에 대한 부정적 인식, 그리고 노인에 대한 혐오 감정이 날로 커지는 모양새이다.

'틀딱' 사용법

노인 관련 댓글 20,747건을 분석한 최근 연구는 노인의 이미지를 나타내는 형용사 순위를 제시했는데, 결과가 가히 충격적이다.[60] 조금 길더라도 제시해 보면 다음과 같다. 힘든, 무식한, 나쁜,

무서운, 힘없는, 아픈, 이상한, 불쌍한, 부끄러운, 한심한, 안타까운, 추한, 뻔뻔한, 답답한, 역겨운, 더러운, 못된, 교활한, 잔인한. 이렇게 최악의 부정적 형용사를 죄다 한데 모으기도 어렵지 않을까? 노인을 지적, 도덕적, 신체적으로 비하하는 표현들의 집합인 셈이다. 가장 많이 언급된 노인 지칭어 순위는 노인네, 틀딱, 꼰대, 늙은이, 할배, 개돼지 순이었다.

대학원생들과 함께 직접 분석해 본 온라인 커뮤니티 혐오 댓글에서는 유독 '틀딱'이라는 표현이 자주 발견되었다. '틀니를 딱딱거린다'의 줄임말인데, 노인의 신체적 무력함과 거슬리는 느낌의 '딱딱'이라는 의성어를 조합해서 극단적인 비호감을 드러내고 있다. 이 노인 비하 용어를 분석하면 그 용례를 몇 가지 패턴으로 나눌 수 있다.

우선 실제 노인들을 비하하려는 분명한 의도를 갖고 '틀딱'을 사용하는 경우이다. 극보수 노년층, 유튜브상에서 음모론을 퍼트리는 노년층을 '틀딱'으로 조롱하는 경우가 대표적이다.

'8·15 집회 나간 인간들 50대 이상 틀딱들인데 증상 나타났다 하면 바로 중증일텐데.'

노인의 특성을 빗대어 다른 집단 혹은 개인을 비아냥거리고, 조롱하는 경우도 있다.

'눈 침침 손 덜덜 틀딱새×들'

역시 직접 노인을 지칭하지는 않지만, 오래된 유행이나 옛날이야기를 희화화하기 위해 쓰기도 한다.

'이제부터, 우린 모두 틀딱이다.'

자신의 처지를 빗대는 자조적인 맥락으로 쓰이기도 한다. 자신이 나이를 먹었음을 실감할 때 이렇게 표현한다.

'세월 빠르네. 벌써 서른 살 틀딱이라니.'

이밖에도 '틀+○○' 용법으로 틀니의 '틀'에 다른 단어들을 조합하여 특정 집단을 비하하는 경우도 있다. 보수적, 꼰대 뉘앙스를 풍기는 유튜버를 '틀튜버'라 부르거나, 꼰대 느낌 풍기는 글을 '틀딱글'이라고 부르는 식이다.

상대가 중년 남자일 경우 '틀딱'은 종종 '개저씨'로 대체된다. '꼰대'라는 표현으로 성이 차지 않을 경우에도 '개저씨'로 넘어간다. 뉴진스 엄마로 통하는 어도어 민희진 대표는 2024년 4월 역대급 장시간 인터뷰에서 하이브 경영진을 '개저씨'로 거침없이 몰아가 화제가 됐다. 하이브 경영진이 정말 '개저씨'라는 표현을 들을 만큼 잘못을 저지른 것인지 정확히 알 수는 없다. 하지만 무개념에 나잇살로 갑질하는 중년을 조롱하는 '개저씨'라는 표현을 자신의 감정에 이입해 가장 정확하게 사용한 용례가 아닌가 한다.

기분이나 상황에 따라 나이는 싹 무시하고 매너 없고 짜증나는 30, 40대 이상 남성을 죄다 싸잡아 '개저씨'로 칭하는 경우도 있다고 하니, 그 쓰임새는 상상을 초월한다. 틀딱이든 개저씨든 노인과 장년에 대한 혐오 표현에 '남성성'을 입힌 것 또한 시사하는 바가 있다. 그만큼 오랫동안 우리 사회가 남성 중심의 가부장적 시스템에 따라 좌지우지되었다는 방증이다. 남성 중심의 시스템이 다양한 폐단을 낳았음은 물론이요, 동시에 젊은 층으로부터 저항감과 반발심을 불러일으킨 것이라 해석된다.

어쩌면 '틀딱' 사용법의 궁극적인 목표는 기성사회와 세대에 대한 반발과 저항일지 모른다. 세대갈등의 골은 이렇게 보이지 않는 곳에서 점점 깊어지고 있다.

1호선, 강한 자만이 살아남는다

외국인 학생들과 함께 가끔씩 이태원 비건 음식점을 찾는다. 한국 생활의 장단점에 관한 대화를 이어갔는데, 프랑스에서 온 여학생이 왜 한국에는 '폐지 줍는' 노인이 많은지 궁금해했다. 세계 10대 경제 대국에, 세계의 젊은이들이 환호하는 K컬처의 본산인 한국에서 이런 풍경을 볼 수 있다는 것을 신기해했다.

갑자기 머릿속이 하얘졌다. 한국에 대한 좋은 이미지를 갖고 있는 이 학생들에게 이미지를 배신하지 않는 해석을 해주고 싶은데, 딱히 좋게 말할 거리는 없었다. 폐지 줍는 노인들은 선진국에선 좀처럼 볼 수 없는 풍경이다. 폐지를 주워 팔아서 한 달에 10~30만 원 벌고, 노인 부부의 기초노령연금 각 25만 원을 더해, 60~80만 원으로 살아가는 노인들은 날로 화려해지는 대한민국의 어두운 그림자와 같다.

외국 대도시에도 홈리스는 많고, 우리만 그런 게 결코 아니라고 말하고 싶었지만 한마디도 꺼낼 수 없었다. 우리가 가장 심각한 상황임은 분명하다. 대한민국은 노인 빈곤율 세계 1위라고 통계가 밝히고 있다. 노인들이 소유한 부동산을 감안해서 계산하면 빈곤율이 확 떨어진다고 해본들 다 구차한 변명일 뿐이다.

요즘 한국을 방문하는 젊은 외국인들은 관광 명소나 핫플만 찾아다니는 게 아니다. 서울 구석구석, 전국 방방곡곡을 누비고 알려지지 않은 곳들을 찾아 나선다. 이들이 맨 처음 만나는 신기한 체험 장소는 서울 지하철이다. 세계에서 가장 깨끗하고 편리한 전철이지만, 여러 가지 불편함도 있다. 인터넷에는 지하철을 '악마'에 빗댄 '짤'이 돌고 있다. 구식 전차 꿍음을 내는 '꿍음의 악마 5호선', 10분 늦기 일쑤인 '왜곡의 악마 경의중앙선', 완행과 급행이 급격한 대조를 이루는 '두 얼굴의 악마 9호선', 콩나물시루를 연상시키는 '혼돈의 악마 2호선', 이 가운데 최강은 '대악마'로 불리는 1호선이다. 1호선은 대악마뿐만 아니라 '움직이는 할렘가', '지옥으로 가는 전차'라는 별칭도 붙었다. 1호선은 왜 이런 오명을 얻었을까?

냄새 나는 노후 노선이라는 이미지에 더해, 기상천외한 빌런 소굴이라는 이미지가 덧씌워져 있다. 노숙자, 구걸인, 행상, 취객이 유독 많이 몰리는 데다, 심지어 반달리즘(vandalism)으로 의심될 만한 노상 방뇨와 물건 파손 같은 사건이 끊이지 않고 일어난다.

'1호선은 강한 자만이 살아남는다!'

금장의 갑옷을 두른 '자르반', 천장 손잡이에 거꾸로 매달린 박쥐 코스프레 '다크로드', 자전거를 붉은 전차로 둔갑시킨 '아키라', 투구에 기사 복장을 한 '투구남'. 뉴욕 지하철이나 타임스퀘어에서도 보기 힘든 신기한 캐릭터들이 1호선 지하철을 무대로 활동하고 있다.

사실 '대악마 1호선'은 과장된 측면이 크다. 민원이 가장 많고, 범죄율이 가장 높은 곳은 1호선이 아니고 2호선이다. 2022년 2호선 민원 건수는 전체의 46%, 범죄 건수는 33%였다. 반면 1호선은 민원 건수 2.8%, 범죄 건수 10%에 그쳤다.[61] 몰카와 같은 악성 성범죄가 주로 발생하는 곳도 1호선이 아니라, 2호선이다. 그런데도 사람들은 왜 1호선을 '대악마'라고 부르는 걸까?

1호선은 가장 노후화된 전철이자 노인들이 가장 많이 이용한다. 어르신들은 자신들의 해방구 파고다 공원과 종묘공원, 낙원상가 등에 가기 위해서 1호선에 끊임없이 오른다. 공짜 지하철을 타고 그곳에 가면 끼니를 해결할 수 있고, 같은 처지의 동년배들을 만나 말이라도 한마디 건넬 수 있다.

오래된 전철과 사람은 마치 서로를 위로하는 듯, 한 세트 같다. 대악마의 1호선, 굉음의 악마 5호선, 혼돈의 악마 2호선 이런 프레임을 누가 씌웠는가. 인터넷에서 짤로 돈다는 것은 젊은 세대의 창작물일 확률이 크다. '노후한 지하철과 거기에 무임승차하는 노인'이 어느 노선보다 많은 1호선은 젊은 세대에게 피하고 싶은 노선이다. 이런 심리적 저항이 '대악마'라는 부정적 이미지를 각인시켰을 것이다.

1호선에만 국한된 것이 아니라 지하철로 출퇴근하는 직장인들은 노인세대의 지하철 이용에 불만이 크다. 바쁜 출퇴근 시간에 노약자석은 물론 일반석까지 점령한 노인들을 보면서 '이동 수단의 본질적 기능이 침해되는 것 아니냐', '반값이라도 요금을 내야 하는 것 아니냐', '지하철 적자를 왜 젊은이들이 메꾸냐'라면서 노인 지하철 무임승차 정책을 비판한다.

지하철 1호선 빌런들의 활약상을 보여주고 외국인들의 표정과 반응을 살핀 유튜브 콘텐츠가 있었다.[62] 지금도 기억나는 건 이를 본 젊은 외국인이 '부끄러워할 문제가 아니다, 이건 한국의 문제가 아니라 인간 사회의 문제이다'라고 논평한 대목이다. 나도 모르게 무릎을 탁 쳤다.

어쩌면 우리는 확증편향의 오류에 심하게 노출되어 있는 것은 아닐까. 폐지 줍는 노인을 부끄러워하고, 지하철 타는 노인들은 모조리 공짜 좋아하는 '민폐 시민'으로 치부하는 것은 아닐까?

1호선의 대표 빌런, 자르반! 휘황찬란한 금장의 갑옷을 두르고 거대한 왕관을 쓴 데다, 용맹스러운 검까지 차고 지하철을 무대로 삼는 노인이다. 그런데 여기에 반전이 있다. 이분은 사실 독립운동가 후손에, 해병대 1기 출신, 그리고 정부 표창까지 받은 분이다. 한 유튜버가 왜 이런 활동을 하시느냐고 물었더니 이렇게 답했다.

"외로움을 이기고 자신감을 얻기 위해, 갑옷을 입죠."

멋져 보이지 않는가? 우리가 좀 더 다양성의 시각으로, 우리 사회는 온갖 기질과 취향을 가진 사람들이 함께 머무는 승강장 같은 곳이라는 인식으로 1호선을 바라보면 어떨까?

노인세(稅) 걷는 세상

노인들이 처한 여건은 여러모로 녹록지 않다. 2021년 기준 노인 빈곤율은 42.3%이다. 소득에 부동산 등 자산을 포함해 보수적으로 계산하더라도 26.7%에 달해, 호주(22%)와 미국(12.5%)을 제치고 세계 1위에 올랐다.

한 조사에 따르면, 70대 한국 고령가구 중 1억 원 이상의 금융 자산을 가진 비율은 12.3%에 불과하고, 저축액이 1천만 원 미만인 노인은 41.9%에 달했다. 1천만 엔(약 1억 원) 이상 저축한 일본인은 45.7%에 달한다는 통계와 크게 대조된다.[63] 소설과 영화에서 '노인 죽이기'에 빠진 일본인데, 현실은 우리보다 몇 배는 더 나은 상황이다. 노인 빈곤 문제는 우리나라가 발전해 나가는 데에 크나큰 먹구름을 드리울 것이다.

노인 자살율 또한 심각하다. 우리나라 노인인구 10만 명당 자살율은 2020년 기준 41.7명이다. OECD 국가 평균 자살율 17.2

명의 2배가 넘는 수치이다. 노인 자살의 원인은 여전히 논쟁 중이지만, 경제적 빈곤, 학대, 그리고 이에 따른 우울증과 정신 질환 등과 연관이 있는 것으로 알려져 있다.

여기에 더해 노인들의 삶을 더 압박하는 건 다름 아닌 디지털 시대의 도래이다. 노인들은 인터넷 사용이 서투르다는 이유로 늘 경제적으로 손해를 감수해야 한다. 어떤 분은 오프라인 매장, 재래시장을 가리지 않고 열심히 다리품 팔아 물건을 구입했는데, 그것도 세일 폭이 큰 것들 중심으로 샀는데, 온라인에서 20~30% 싼 동일 제품을 발견한 후 깊은 낙담에 빠졌다고 한다. 나름의 합리적 선택을 한 건데 인터넷 활용법을 잘 모르니 어쩔 수 없이 이런 손해를 감수해야 하는 것이다.

디지털과 AI 시대에 노인들은 사실상 노인세를 내고 산다. 온라인 기기와 앱 사용에 익숙지 않은 터라 물건을 살 때뿐 아니라 은행 송금, 증명서 발급, 심지어 범칙금 납부까지 일상의 곳곳에서 웃돈을 내는 경우가 많다.

2023년 11월에 지인들과 지오디(god) 콘서트에 가게 되었다. 아주 오랜만에 가는 콘서트라 뭘 입어야 할지, 노래는 잘 따라 할 수 있을지, 여러 생각에 들떴다. 초대를 받아 간 콘서트여서 현장에서 티켓을 건네받아야 하는 상황이었는데, 현장 줄이 너무 길어 곤란하지 않을지 걱정이 앞섰다. 하지만 예상과는 달리, 현장 티케팅 구역 앞은 한산했다. 대부분 온라인 티켓을 구매해 QR코드를 찍고 입장하고 있었다. 약간의 소외감마저 느껴졌다. 내 디지털 리터러시는 몇 점이나 될까?

손자와 함께 야구장에 간 할아버지 이야기도 있다.

"제발 티켓 한 장만 파세요."

온라인 티켓 예매 방법을 몰라 현장 예매로 경기 관람을 하려한 건데, 이미 온라인으로 모든 표가 매진이 되어 경기장 앞에서 발만 동동 구른 것이다. 손자에게 영 체면도 안 서고, 미안한 상황이다. 티켓이야 현장에서 구입해 들뜬 마음으로 입장하는 게 제맛인데, 100% 온라인 구매라니! 최소한 온라인 구매에 익숙지 않은 사람들을 위해 현장 구매 티켓 일부는 남겨 놔야 하는 것 아닌가?

디지털 정보화 수준을 살펴봐도, 시니어들의 디지털 소외는 도드라진다. 2021년 기준 일반 국민의 디지털 정보화 수준을 100이라고 할 때, 장애인은 82.2%, 농어민은 78.9%, 그리고 노인은 69.9% 수준에 그치고 있다.[64] 매년 격차가 꾸준히 줄고 있긴 하지만, 디지털 소외를 가장 크게 느끼는 집단이 노인인 것은 분명한 사실이다.

배우려는 마음 자세에 답이 있어

각 세대는 저마다 독특한 역사적, 사회적 환경 속에서 성장하고 사회의 일원으로 자리매김한다. 한 세대를 바라보는 시선도 저마다 다르고, 또 우리는 종종 각 세대에 대한 편향된 관점을 지닌 채 살아간다. 기성세대가 젊은 세대에 대한 편견과 선입견을 켜켜이 쌓아 올린 것처럼, 젊은 세대 역시 기성세대에 대해 편견을 두텁게 쌓아 올렸다.

노인들은 장년기라는 원숙기를 지나, 노년기라는 인생 후반으로 진입하면서, 부쩍 차가워진 사회적 시선을 경험한다. 노인을 향한 편견은 혐오와 차별로, 또 노인학대와 범죄로 확대되어 간다. 점점 더 노인세대를 외면하는 것이 더 큰 문제이다. 60대가 넘은 시니어들에게 중장년 세대와의 소통은 물론이고, 젊은 세대와 교류할 기회는 거의 없다시피 하다. 젊은 층이 한 공간에 같이 머무는 경우는 출퇴근길 지하철 정도이다. 젊은이들의 눈에 노인은 자신이 앉을 자리를 차지하고 앉아 있거나, 지나갈 때에 조심하지 않고 몸을 툭 치거나, 퇴근길에 반말로 말을 걸며 포교 행위를 시전하는 이상한 사람들이다. 그들에게 노인세대는 '사회적 약자'이지만 '완벽한 타자'로 대하고 싶은 존재이다.

우리 모두는 지금 노인이거나 미래의 노인이다. 언젠가는 다 노인이 될 예정이기 때문에 서로를 알고 경험할 기회를 갖는 것은 정말 중요하다. '경험'을 최우선시 하고 경험을 통해 정체성을 만들어 가는 젊은 세대에게 노인세대를 직접 겪어볼 기회가 주어진다면 분명 다른 관점이 생길 것이라고 확신한다. 이전 생각했던 비루하고 답답한 이미지가 아닌 지혜롭고 멋진 노년의 세계를 만나게 될지도 모른다.

탑골공원 근처에 한 카페가 있다. 손님은 대부분 노인분들이고 직원들은 대체로 2030세대이다. 주문을 받으려면 QR코드 찾아 달라, 잘 안 들린다, 메뉴 설명해 달라 저마다 다른 요구들이 쏟아진다. 하지만 젊은 직원들은 이 모든 걸 당연하게 여기며 즐겁게 응대한다.

금천구에 재미있는 카페가 하나 있다. 60대를 훌쩍 넘은 시니어들이 커피를 만든다. 시니어 바리스타이다. 계산대에도 깔끔하게 차려입은 시니어들이 서 있다. 고객은 대부분 근처 젊은 직장인들이다. 커피 한 잔을 정성스레 내려 젊은 고객에게 연륜의 온기를 전한다. 따뜻함이 전해진다. 젊은 고객을 대하는 시니어 직원들은 젊음의 에너지를 느낀다. 이렇게 세대를 넘어 같은 사회 구성원으로 서로를 느끼는 기회를 갖는 것이다.

일신우일신하는 어르신들은 주위에 참 많다. 다만 이런 분들의 멋진 모습을 볼 기회가 젊은 세대에게는 많지 않다. 30대가 넘어가면 듣는 음악을 안 바꾼다고 하지만, BTS와 뉴진스에 환호하는 액티브 시니어들도 많다. 팬카페 극성팬을 자처하는 팬덤 시니어들도 있다.

내가 좋아하는 일을 평생 하겠다, 새로운 음악을 듣겠다, 최신 유행하는 넷플릭스나 디즈니 드라마도 보고, 콘서트, 전시회를 통해 새로운 문화도 업데이트 하겠다, 이렇게 결심하고 실천하는 액티브 시니어들이 점점 더 늘어나고 있다. 다만 이들과 젊은이들과의 접점이 형편없이 적을 뿐이다.

시니어를 우리 보다 경험이 풍부한 '선배 시민'으로 존경하고 존중하는 문화를 키워 나가야 한다. 가르치고 대접받는 게 아니라 젊은 세대를 도와주고 롤 모델이 되는 액티브 시니어가 더 많이 생겨나야 한다. 또 거기에 걸맞게 젊은 세대는 시니어들 속에서 자신의 롤 모델을 찾고 배우기 위해 노력해야 한다.

결국 나이보다 중요한 것은 배우려는 마음 자세가 아닌가 한다. 상대와의 대화를 통해 내가 배울 수 있다는 마인드가 중요하다. '나는 저분처럼 늙고 싶다'는 마음, 롤 모델이 있고, 또 이를 찾으려는 의지가 있어야 변화의 물꼬를 틀 수 있다.

나이를 초월해 얼마든지 친구가 될 수 있다. 외모가 다르듯 생각도 당연히 다를 수밖에 없다고 인정하면 마음을 열 수 있다. 우리는 아는 사람은 많지만 친구라고 할 만한 사람은 줄어들고 있는 시대를 살고 있다. 수십 년을 뛰어넘어 서로 도움을 주고받고, 진정 걱정하고 응원하는 사이가 된다면 마치 영화 「그랜 토리노」의 타오가 된 기분일 것이다. 완고한 노인이지만 진심으로 도와주고 아껴줬던 월트를 현생에서 만난 벅찬 느낌 말이다.

Chapter 4

MZ, 술 대신
예술을 택하다

달라, 협력 방법까지도 달라!

현재 2030 청년세대들은 과거처럼 집단의 소속
감과 자신의 정체성을 동일시하지 않는다. 사회
적 통념이 아닌 스스로 정한 기준이 곧 정체성을
형성하는 중요한 기준이 된다. 과거 세대가 굵은
소금 같았다면 지금 세대는 맛소금 같다. 짠 맛
을 내는 본질은 같지만 발현 형식이 다르다. 굵
고 거칠고, 대량으로 소비되는 굵은 소금과 달

리 맛소금은 정교하게 다듬어진 세밀한 맛을 낸다. 맛소금의 촘촘한 입자처럼 새로운 세대는 자신의 정체성을 하나하나 세심하게 가다듬어 아주 농밀한 내면을 형성하고 있다. 잘 다듬어진 맛을 내는 미세한 입자들의 집합이기 때문에 대량으로 아무 데나 막 쓸 수 없다. 이것이 기성세대가 요즘 세대를 이해하지 못하는 가장 큰 이유이다.

MZ의 정체성은
미립자 ──────── 1

'나'로 사는 것은 너무 소중해

세밀하게 자신을 정의하고 표현하는 법을 아는 사람, 미립자 정
체성을 가진 사람이다. 자신만의 기준에 따라 스스로를 정의하기
때문에, 개인은 고유하며, 따라서 각자는 서로 다른 정체성을 지
닌 유일무이한 존재가 된다.[65]

 과거에는 고유한 개인의 특성보다는 그 사람이 어떤 집단에 속
해 있고 또 그 안에서 어떤 역할을 맡았는지에 주목했다. 어떤 학
교를 나왔고, 어떤 지역 출신이고, 또 어떤 직업을 가진 사람인지
가 중요했다. 종교가 기독교인지 불교인지, 또 정치적 이념은 진
보인지 보수인지 이런 범주들은 그 사람의 정체성을 나타내는 표
식으로 여겨졌다. 출신 대학뿐 아니라 출신 고교까지도 한 사람

생(生)존(zone)십(ship)

을 규정하는 가늠자 역할을 했다.

내가 나온 고등학교는 야구 명문으로 알려진 곳이었는데, 봄여름에 동대문야구장을 찾아 목이 터져라 열띤 응원을 했던 기억이 생생하다. 이긴 날은 야구장 밖과 대학로에 집결해 어깨동무를 하고 밤늦게까지 교가를 부르다 귀가하는 '전통'이 있었다. 학교의 명예가 곧 나의 명예였다.

이런 동일시 현상은 2002년 월드컵을 정점으로 폭발했다. 학교라는 작은 단위를 넘어서 국가라는 가장 큰 단위로 묶이는 진귀한 경험을 한 것이다. 자발적으로 붉은 티셔츠를 사 입고 한날한시에 온 가족이 광장으로 뛰쳐나와 춤을 추는 일은 다시는 만나기 어려운 광경일 것이다.

현재 2030 청년세대들은 과거처럼 집단의 소속감과 자신의 정체성을 동일시하지 않는다. 사회적 통념이 아닌 스스로 정한 기준이 곧 정체성을 형성하는 중요한 기준이 된다. 더욱 세밀해져서 대학보다는 학과, 학과보다는 같은 취향을 공유하는 동아리가 고유한 자아를 형성하는 주요 요인이 된다.

과거 세대가 굵은 소금 같았다면 지금 세대는 맛소금 같다고 비유하고 싶다. 짠 맛을 내는 본질은 같지만 발현 형식이 다르다. 굵고 거칠고, 대량으로 소비되는 굵은 소금과 맛소금은 확연한 차이가 있다. 맛소금은 정교하게 다듬어진 세밀한 맛을 낸다. 맛소금의 촘촘한 입자처럼 새로운 세대는 자신의 정체성을 하나하나 세심하게 가다듬어 아주 농밀한 내면을 형성하고 있다. 2030

의 공통적인 특징을 꼽으라면 잘 다듬어진 맛을 낸다는 것이다. 미세한 입자들의 집합이기 때문에 대량으로 아무 데나 막 쓸 수 없다.

성 정체성에 대한 인식도 많이 달라졌다. 과거에는 자신의 성 정체성을 고민하는 범위가 남자 아니면 여자로서의 역할론이 거의 대부분이었다. 가부장적인 사회 분위기와 학교나 지역과 같은 소속 집단 내에서의 지위가 워낙 중요했던 터라, 주체성보다는 연대성이 더 중요했다. 성적 소수자들은 자신을 잘 드러낼 수가 없었다. 게다가 남성 혹은 여성으로 자신을 인식한다는 것이 어떤 의미인지 깊은 고민으로 발전하지 못했다. 페미니즘은 극소수 여성학자와 여성 인권에 관심이 있는 일부 학생들 사이에서 추앙되던 학문이었지, 대다수 사회 구성원들이 이해하고 상호 교감하는 주제는 아니었다.

2010년대에 들어서면서부터는 조금 다른 양상을 띠게 된다. 2018년 미투운동을 경험하면서 여성들에게 페미니즘은 더 이상 소수의 전유물이나 논외의 대상이 될 수 없었다. 여성이 성 주체성을 확보하고, 목소리를 내는 것이 보편적 현상이 되면서 페미니즘의 중량감은 더욱 커졌다. 짙어진 젠더 갈등은 서로를 김치녀와 한남충이라고 지칭한 이후 비하에서 혐오로 점점 더 확대되어 갔다. 남성은 일베로 상징되는 여성 혐오 집단으로 결속하고, 여성은 메갈리아로 상징되는 남성 혐오 집단으로 결속했다. 일베 남성들의 극단적인 여성 혐오 행태에 분노한 메갈 여성들이 똑같이 되갚아주자는 미러링 전략을 채택해 서로를 향한 공격을 멈추지 않았다. 페미니스트로 스스로를 규정하는 여성, 남성권이라는 개념에 공감하는 남성이 늘어나면서, 경쟁이 갈등으로, 갈등이 이내 젠더 전쟁으로 번져갔다.

페미니즘은 이러한 극단적 갈등을 불러일으키는 도화선 역할이었다. 그럼에도 불구하고 성별 고정관념이 어떤 문제점을 낳는지 사회 구성원 모두에게 화두를 던진 것은 의미 있는 변화이다. 우리 사회에서 남자로 살아간다는 것, 또 여자로 살아간다는 것은 어떤 의미인지 질문을 던지고 논쟁을 수면 위로 끌어올린 것이다. 과거에는 집단주의가 획정해 놓은 질서 속에서 자신의 역할만 충실히 수행하고 살았을 뿐, 남성과 여성이라는 렌즈로 스스로를 돌아본 경험은 거의 없었다.

「82년생 김지영」소설이 널리 읽히고, 영화로도 흥행한 건 우리 사회에 성 역할에 관한 고민을 불러일으키는 큰 계기가 되었다. 남녀노소를 불문하고 대한민국 30대 여성이 처한 현실을 공론의 장으로 불러낸 측면에서 작품의 의의가 깊다.[66]

대체로 다양한 인종과 민족으로 구성된 외국의 경우 정체성 형성 과정에서 성별보다는 인종이 중요한 역할을 한다. 이들은 어떤 인종에 속해 있는지 인식하는 데에만 머물지 않는다. 경찰의 과잉 대응으로 인한 특정 인종의 사망 사고, 인종 혐오 범죄 등이 발생하면 즉각 사회 문제로 대두되고, 또 국가적 이슈로 번지기도 한다.

2022년 대한민국 전체 인구 중 체류 외국인 비율은 4.87%에 달한다. 그 비중이 늘어나는 추세임에도 불구하고 다른 인종에 대한 우리의 인식 수준은 낮은 단계에 머물러 있다. 여전히 외국인에 대한 민족주의적이고 배타적인 태도가 우리를 짓누르고 있다.

최근 K컬처가 전 세계적으로 폭발적인 관심을 일으키면서 한국을 찾는 외국인이 부쩍 늘었다. 과거에는 중국을 비롯한 아시아계가 많았지만, 최근에는 서유럽과 북유럽을 비롯한 다양한 문화권에서 우리나라를 찾고 있다. 한국 방문 이유 1위가 한국 음식이라고 하는데, 맵고 뜨겁기 일색인 한국 음식에 외국인들이 열광한다는 사실에 격세지감을 느낀다. 이런 변화는 수천 년 동안 단일민족으로 살아온 우리에게 인종이라는 관점에서 세계화를 어떻게 바라볼지 고민할 소중한 기회를 제공하고 있다.

요즘 대학생들에게 외국인 친구는 하등 특별한 것이 없다. 함께 수업 듣고, 팀플하고, 밥 먹고 같이 수다 떠는 일들이 일상으로 자리 잡았다. 이제 우리 사회는 바야흐로 인종이 개인의 정체성을 만들어 가는 데에 중요한 매개 변수가 되는 새로운 국면으로 접어들고 있다.

남들과 똑같은 건 싫어

다들 커스터마이징 경험이 한 번쯤은 있을 거다. 고급 만년필이
나 볼펜에 이름을 새겨 넣기도 하고, 새로 구입한 아이패드에 이
니셜을 새기기도 한다. 커스터마이징은 기성품을 자신의 취향에
맞게 재해석하는 행위이다. 과거에도 이런 문화가 없진 않았다.
와이셔츠 소매나 넥타이에 멋진 흘림체로 이름을 새겨 넣거나,
체형에 맞게 맞춤 양복을 지어 입는 정도는 있었다. 일반적 문화
라기보다는 비교적 고급문화에 속하는 편으로 대중화된 것은 아
니었다.

커스터마이징 문화는 최근 들어 보편화 되는 추세이다. 유튜브
에 자주 올라오는 커스터마이징 관련 콘텐츠들을 보면 명품이나
값비싼 제품은 오히려 드문 것 같다. 기성제품 운동화를 구매한
후 직접, 혹은 스토어에 의뢰하여 원하는 색상으로 칠하거나 그
림을 그리는 장면들을 볼 수 있다. 유명 신발 브랜드들은 이러한
트렌드에 발맞추어 플래그십스토어나 팝업스토어를 통해 커스
터마이징 서비스를 제공하기도 한다.

나이키는 'Nike By You'라는 서비스를 제공하고 있는데, 이를
통해 소비자들은 자신만의 운동화를 디자인하고 주문할 수 있다.
소비자와 브랜드 간의 상호작용을 높이는 전략으로, 소비자가 자
신의 정체성을 발견하고 또 실현하는 것을 돕는 데 방점이 있다.
코카콜라는 개인의 이름이나 메시지를 코크 캔에 인쇄할 수 있는

서비스를 도입하여 소비자들과의 상호작용을 극대화하는 마케팅을 펼치고 있다.

그 밖에도 노트북이나 태블릿PC에 스티커를 붙이거나 그림을 그려 나만의 개성을 표현하는 경우가 일상화 되었다. 노트북과 태블릿을 커스터마이징하는 내용을 다루는 쇼츠 채널 또한 큰 인기를 끌고 있다.

뭐니 뭐니 해도 커스터마이징의 정수는 뷰티 제품이다. 유명 화장품 브랜드들은 플래그십스토어를 통해 파우더, 립스틱, 아이섀도 등 젊은 여성 소비자가 원하는 색과 모양으로 만들어 제공하는 서비스를 운영한다. 나만의 향수를 만들 수 있는 향수 공방들도 인기를 끌고 있다.

의류 분야의 커스터마이징도 눈에 띈다. 원하는 로고나 프린팅을 직접 그리거나 주문 제작을 통해 자신만의 스타일로 재창조한다. 80년대 유행했을 법한 청재킷 등판에 널찍하게 유화 프린트를 붙이는 등 자신만의 레트로 감성과 미적 감각을 뽐낸다. 신예 작가 차경채는 오래된 디올 재킷을 오려낸 뒤 자신의 그림을 붙인 웨어러블(Wearable Art) 아트를 선보였다. 빈티지 재킷 활용을 통해 환경 보호도 실천할 수 있어서 젊은 세대의 취향을 저격하고 있다.[67]

커스터마이징이 진화하면서 DIY(Do It Yourself) 제품도 덩달아 유행하고 있다. 기성품을 개조하는 커스터마이징으로 끝나는 게 아니라 직접 물건을 만들기까지 한다. 뜨개질로 옷이나 가방을 만드는 것부터 셀프 인테리어로 집 안에 나만의 완벽한 공간을 꾸미는 것까지 다양한 분야에서 DIY가 각광을 받고 있다.

DIY는 비용을 절감하면서도 자신의 개성을 표현할 수 있는 일거양득의 효과를 가져다준다. 이제는 'DIY 키트'가 제품으로 판매될 정도로 진화하는 중이다. 주머니가 얇아진 청년층에서 '소확행'이 유행하고, 크고 멋진 것보다 작고 의미 있는 것을 중시하는 문화 트렌드가 자리 잡고 있다. 원재료부터 제품까지 자기 손 안에서 탄생되는 시대가 열리고 있다.

대량생산되는 물건을 쓸 수밖에 없다하더라도 자기만의 취향을 조금이라도 드러내려는 경향이 커스터마이징을 비롯한 여러 DIY 제품까지 유행시키고 있다. 이 또한 미립자 정체성을 가슴 깊이 품고 있는 새로운 세대가 만들어 낸 문화현상이다.

퍼스널컬러까지 알아야 센스쟁이

퍼스널컬러가 유행하는 것도 젊은 세대의 라이프 스타일을 반영한 흐름이다. 자신이 소중한 만큼 자신을 더 잘 표현하고자 하는 욕구의 발로이다. 퍼스널컬러는 개인에게 어울리는 컬러를 진단하고 그에 따른 화장품, 옷 스타일링을 추천하는 서비스인데, 최근 젊은 층 사이에서 유행하고 있다. 개인의 피부 톤에 따른 이미지와 분위기를 살려 자신의 개성을 더 선명하게 드러내고자 하는 것이다.

퍼스널컬러는 20세기 초, 독일 바우하우스의 교수였던 요하네스 이텐(Johannes Itten)이 초상화를 그리던 중 발견했다고 전해진다. 피부와 머리카락을 표현할 때 특정 색끼리 결합하면 훨씬 잘 어울린다는 걸 알게 된 것이다. 프랑스의 패션 디자이너인 크리스티앙 디올(Christian Dior)이 1940년에 사용했다고 하는데, 이후 오랫동안 대중화되지는 않았다. 그러다 여성의 사회진출이 활발해지고 본격적인 색조 화장품이 대중화되면서 연구가 본격적으로 시작되었다고 한다.

대학원 시절 '블루 사이코'라고 불렸던 학생이 있었다. 매일 상의, 하의, 그리고 신발, 백팩까지 파란색으로 치장하고 등교하는지라, 그 누구도 '블루 사이코'라는 표현에 이의를 달지 않았다. 지금은 그렇게 불렀다가는 혐오 발언이라고 지탄받겠지만, 당시에는 과도하게 튀는 사람이 지탄받는 분위기여서 누구도 문제 삼지 않았다. 그 친구는 자신의 퍼스널컬러를 진작 알고 있었던 것 같다.

나도 어쩌면 블루 사이코일지 모른다는 생각을 가끔씩 한다. 옷장을 열면 하늘색, 남색 등 파란색 계열이 많은데, 언제부터 왜 파란색 애호가가 되었는지는 모른다. 전문가에게 퍼스널컬러를 추천받은 적도 없어서 말 그대로 취향인 것 같다. 최근 몇 년간 구입한 옷들은 파랑에서 탈피해 흰색, 검정, 심지어 빨강까지 있다. 나이와 함께 취향도 스펙트럼이 넓어지는 것 같다.

반면 파란색을 입으면 유난히 병약해 보이는 사람들도 있다. 영화 「중경삼림」 하면 노란 티셔츠를 입은 여주인공이 자동으로 떠오른다. 어떤 트로트 가수는 빨간색 드레스가 트레이드마크이다. 퍼스널컬러는 때와 장소에 맞춰 자신을 가장 돋보이게 만들어주는 중대한 무기가 된 듯하다. 요즘에는 MBTI와 퍼스널컬러가 자신을 표현하는 주요 수단이다.

대체로 공대 학생들은 검정색을 유난히 좋아한다. 검정색에 흰색을 조금 가미하는 정도로 컬러를 소화한다. 코로나 기간에 2년 정도 공대 학생과 매 주말마다 연구실에서 파이썬(Python) 코드 공부를 했다. 이때 나의 과외 선생이었던 같은 학교 공대생이 유난히 검정색을 좋아했다. 그때는 개인적 취향이라고 생각했다. 그런데 어느 날 수원에 있는 이공계 캠퍼스에 갔더니 캠퍼스가 온통 무채색이었다. 학생들이 입은 옷들이 거의 블랙 아니면 화이트였다. 스티브 잡스(Steve Jobs)나 팀쿡(Tim Cook)을 비롯한 많은 실리콘 밸리의 CEO들 또한 검정이나 짙은 옷을 선호하는 경향이 있다. 엔지니어로서의 정체성이 자기도 모르게 표출되는 것은 아닐까? 컬러가 내포하고 있는 사회적 배경이나 심리적 요인이 분명 있는 것 같다.

컬러는 사회적 의미를 부여하는 상징성을 띠고 있다. 고대 이집트의 파라오 투탕카멘의 마스크에는 청색과 황금색이 칠해져 있다. 실제 원석을 갈아서 색에 사용하였기에 변색이 없어서 지금도 그 색을 우리가 알아볼 수 있다고 한다. 이 파란색이 너무나

구하기 어려운 재료였던 탓에 이후 세계의 색 이름에서 블루가 들어가는 것은 모두 고귀한 대접을 받았다는 설(說)이 있다. 사실인지는 모르지만 로열 블루, 블루칩, 블루라벨 등 귀한 것에 블루가 붙는 걸 보니 파란색은 고귀함을 상징하는 것임에 분명하다.

컬러가 가진 힘을 확인할 수 있는 역사적 사실들은 우리나라에도 매우 다양하게 전해진다. 전통 색 가운데에서도 황색은 중국의 황제가 입는 의복의 색상이라서 조선 중기까지 엄히 금했다고 한다. 사극을 봐도 고려시대 왕은 황금색을 입지만, 조선시대 왕이 황금색을 입은 경우는 거의 보지 못했다.

컬러가 주는 이미지는 합의한 것도 아닌데 느끼는 바가 비슷하다. 봄 웜톤은 싱그러운 이미지, 여름 쿨톤은 도회적이거나 청순한 이미지, 가을 웜톤은 온화하면서도 카리스마 있는 이미지, 겨울 쿨톤은 차갑고 시크한 이미지를 풍긴다. 컬러가 시각적 이미지에 끼치는 영향이 상당하다는 걸 알기에 개인의 정체성을 만들어가는 요소로 받아들이는 것 같다.

유튜브에는 퍼스널컬러를 비롯해 안경 스타일을 분석해주거나 체형에 어울리는 패션, 이목구비에 맞는 메이크업, 헤어스타일 등을 제공하는 콘텐츠가 무척 많다. 자신의 장점을 살리고 단점은 커버하면서 자신만의 이미지, 취향, 정체성을 만들어가는 일종의 코파일럿(Copilot) 역할을 하고 있다.

단순하게 잘 어울리는 컬러를 찾는 것으로만 볼 일은 아니다. 젊은 세대에게는 매우 중요한 의식이다. 마치 예전 할머니들이 아무리 더운 여름이라 해도 꼭 버선을 신고 외출하셨던 것처럼, 안 하면 어디 나가기 어려운 그런 과정이 된 것 같다.

전시회 인스타충이라고요?

최근 SNS나 블로그 바이럴을 통해 전시회를 홍보하는 경우를 흔하게 본다. 2023년 11월 25일 기준, 인스타그램에 #전시회를 검색했을 때 확인되는 게시물은 293만 건에 달할 정도로 상당히 많은 이들이 누리는, 말 그대로 대중문화가 되었다. 바야흐로 예술로 취향을 드러내는 시대이다.

여기엔 1993년 118개에 불과했던 국내 박물관·미술관 숫자가 1,171개로 2021년에는 892% 증가한 것도 한몫했다. 1관당 인구도 1993년 47만여 명에서 21년 5만여 명으로 급격히 줄었다.[68] OECD 평균이 4만 명임을 감안할 때 문화 선진국이 멀지 않았다. 전국 박물관 핫플 1위인 천안의 독립기념관, 차(茶)의 성지 제주의 오설록 티뮤지엄을 비롯해 국립현대미술관, 리움미술관 등 다양한 전시관이 개인의 문화적 취향을 키우는 데 일조하고 있다.

2021년 이건희 삼성 회장 별세 후 '이건희 컬렉션'에 대한 사회적 관심이 뜨거웠다. 이건희 미술관 건립지가 어디가 될지, 어떤 소장품이 있을지 세간의 관심이 쏠렸다. 2만3,000건이라는 천문학적 규모의 문화재와 미술품을 국가에 헌납했다. 이에 대해 연세대 김상근 교수는 '2023년 삼성신경영 30주년 국제컨퍼런스'에서 메디치가의 막대한 예술 기부가 이탈리아 르네상스를 꽃피운 것처럼 이건희 일가의 기부 역시 한국의 문화부흥과 예술발전에 기여할 것이라 주장했다.

이처럼 예술 인프라가 늘어남으로써 예술이 특정 계층의 전유물이 아닌 일반인들이 즐기는 보편적 문화가 된 것은 의미 있는 변화이다. 이전의 갤러리나 전시장이 예술 관련 종사자들이나 작품을 소장할 정도의 금전적 여유가 있는 이들이 방문하는 공간이었다면, 이제는 상당히 많은 이들이 일상적으로 방문하여 경험과 체험을 쌓는 공간으로 탈바꿈했다. 문화예술이 대중화됨과 동시에 개인의 예술적 취향이 고급화되고, 이는 '내가 누구인지' 보여주는 중요한 표현 방식이 되었다.

최근에 나타나는 또 다른 특징은 유명한 박물관, 미술관을 넘어 소규모의 문화 전시 공간이 각광받고 있다는 것이다. '플레이스 아카이브'라고 하는 인스타그램 계정은 젊은이들이 선호할 만한 전시, 공간, 디자인, 팝업을 추천하고 방문 후기를 공유한다. 아트 컬렉션, 일러스트레이터 개인전, K리빙 전시, 조형 개인전, 콜라보 팝업스토어 등 눈이 휘둥그레지는 전시회 안내가 끝도 없이 업데이트된다.

최근에는 '전시회 인스타충'이라는 비하적인 표현도 온라인에서 흔히 볼 수 있다. 인스타그램에 빠져 사는 이를 뜻하는 '인스타

자신이 방문한 전시회를 공유하는 거지만, 사실은 본인이 어떤 감각과 취향을 갖고 있는지를 적극적으로 드러내고 또 인정받고자 하는 열망이 깔려 있다고 봐야 한다.

충'에 전시회가 결합한 건데, 전시회를 인스타에 올릴 사진을 뽑는 공간으로 여긴다는 비아냥이 깔려 있다. 그만큼 전시회를 찾는 사람이 많아지고, 전시회를 방문한 자신의 모습을 인스타그램에 올리고 자랑하는 사람들이 많아졌다는 방증이다.

자신이 방문한 전시회를 공유하는 거지만, 사실은 본인이 어떤 감각과 취향을 갖고 있는지를 적극적으로 드러내고 또 인정받고자 하는 열망이 깔려 있다고 봐야 한다.

개인적으로 악동뮤지션의 오랜 팬인데, 멤버 이찬혁이 개최한 「영감의 샘터」라는 전시회에 다녀오기도 했다. 악동뮤지션의 독특한 가사와 찬혁 수현 남매의 대체 불가한 신비로운 목소리처럼, 전시회에는 기상천외한 영상, 포스터, 설치물, 소품 등이 방문객의 감각을 자극하고 상상력을 극대화하고 있었다. 학생들은 교수가 자기 또래 악동뮤지션의 팬이라고 하면 은근한 유대감과 친밀감을 표해 오기도 한다.

지금 우리는 감각과 취향이 곧 정체성이 되는 변곡점을 지나고 있는 것 같다.

소속감도 해체
조립하는 시대 ———— 2

각자도생이라는 편견

요즘 세대 하면 가장 먼저 어떤 이미지를 떠올리는가? 자기 이익
에만 몰두한다, 대인관계가 미숙하다, 전화 예절이 부족하다, 동
료애가 없다 등 셀 수 없이 많은 단편적 이미지가 떠오른다. '각자
도생'이라는 표현도 같은 선상에 놓여 있다. 청년들은 사회성 결
핍이라는 낙인이 이미 찍혀 있다.

"회사 소속감이 왜 이렇게 부족한지 모르겠어요."

그동안 강연 등을 통해 만난 CEO들이 꼭 하는 말이다. 사회초
년생들은 대체로 회사에 강한 소속감과 자부심을 갖기보다 개인
의 이해관계에 몰두한다고 생각하고 있다.

"CEO들이 가장 거부감을 느끼는 말이 워라밸이에요."

CEO 직속 실무를 맡은 임원들로부터 자주 듣는 말이다. 일과 생활을 대립시키고, 자신의 삶과 생활에 우선순위를 두는 행태에 강한 거부감을 보인다는 말이다. 정말 요즘 사회초년생은 소속감이 부족할까?

모호하게 들릴지 모르지만 신세대는 '개별적이면서 공동체적'이다. 이런 특징을 '조립식 소속감'으로 개념화할 수 있다.[69] 한마디로 어떤 한 집단에 얽매이는 걸 거부하는 거다. 자신들의 정체성이 다양한 만큼 소속 범주도 다양하며, 다양한 집단에 물리적, 심리적으로 소속됨으로써 사회적 안정과 지지를 얻고자 한다.

조립식은 자신이 원할 때 언제든 조립할 수 있고, 원하지 않으면 해체할 수 있다. 마치 레고 블록을 끼워서 원하는 모양을 만드는 것과 같다. 자신이 선택한 다양한 소속감들을 능수능란하게 연결해서, 자신만의 완성품, 자기만의 연쇄적 소속감을 완성하는 것이다. 매우 예술적 사회성을 지녔다.

조립식 소속감을 구성하는 블록의 크기와 색깔은 천차만별이다. 가족과 학교, 교회 등은 제법 크기가 큰 블록일 것이다. 세밀하고 구체적인 취향을 가진 사람들끼리 만드는 온오프라인 동호회들도 저마다의 색깔과 크기로 조립에 투입될 것이다. 여기에 더해 직장이라는 블록이 있다. 꽤 크고 선명한 블록이지만 다른 블록들과 섞이고 연결되면 생각보다 크게 도드라지지 않는다. 그저 전체 중 일부일 뿐이다.

과거에는 '나는 누구인가?', '내 소속은 어디인가?'라는 질문 자체에 인색했다. 당연히 나는 과장, 부장, 대리이고, 유일무이한 안식처는 집과 직장이었다. 가장이자 아버지로 또 회사가 내게 부여한 역할을 부여잡고 평생을 살았다. 집과 직장 밖에선 학연, 지연으로 연결된 조기 축구회나 골프 모임, 동창회, 봉사단체, 종교 모임을 가지며 살았다.

지금은 다르다. 결혼을 파업하는 젊은이들이 많다. 결혼으로 가족을 만들고 생활해 나가는 것을 비용으로 환산해 보고는 감당할 수 없는 사치라고 여긴다. 가정이라는 소속감은 더 이상 당연한 범주가 아닌 것이다. 평생직장이라는 개념도 흐릿해진 지 오래이다. 은퇴까지 몇 번의 회사를 옮겨 다닐지 아무도 모른다. 젊은 세대는 회사를 포함해 다수의 온오프라인에 소속되지만 집단별로 소속감 수준을 자유자재로 조정하며 살아간다.

기성세대에 속하는 회사의 CEO들이 바라는 소속감과는 거리가 있다. 인생을 창의적으로 디자인하는 젊은 세대의 가치관으로는 회사든 집이든 사회든 그 무엇이 되었든 소속에 따른 의무나 부채감을 지니지 않는다. 젊은 세대의 다양한 변주를 허용해야 한다. 그것이 결국은 기업이나 사회가 더 치고 나갈 수 있는 길이다.

회사라는 레고 블록을 들여다보면

회사라는 레고 블록은 다양한 서브 블록으로 구성되어 있다. 회사라는 완성품을 위해 각 사업부, 직무, 동호회, 봉사단과 같은 다양한 서브 블록들이 오와 열을 맞춰 기가 막히게 조립되어 있다.

어떤 블록에서 소속감을 강하게 느끼는지 묻는 질문에 "저는 반도체 엔지니어입니다."라고 대답하는 사람이라면 '직무'라는 블록에서 소속감을 강하게 느낀다는 뜻으로 해석할 수 있다. 이 사람이 "저는 S반도체에 다니고 있습니다."라고 답했다면 직무보다는 해당 기업 그 자체에 더 큰 소속감을 갖고 있다는 뜻이다. 직무에 소속감을 강하게 느끼는 사람은 보편적 범주를 충족시키는 것이 중요하기 때문에 이직에 대해 큰 갈등이 없다. 언제든 직무 만족도가 충족되는 회사로 이직할 가능성이 있다.

"저는 마케팅팀 소속인데, 팀원들이 참 좋아요. 회식도 즐기죠." 이렇게 답하는 직원은 사업부나 직무, 혹은 동호회 보다 부서라고 하는 단위 집단에 더 큰 애착을 갖는 직장인이다. 편하게 지낼 수 있는 부서원들이 많고, 회식 같은 친밀한 모임도 즐기는 유형이다. 이들은 벌겋게 달아오른 얼굴을 마주하며 팀원들과 진솔한 대화를 나누는 순간을 무척 즐긴다.

소속감에 대해 질문해 보면 각자 강하게 드라이브를 걸고 있는 블록이 무엇인지 보인다.

제자 K는 졸업 후 한 기업의 마케팅부에 입사했다. 그는 입사 동기들과 특히 가깝게 지내고 있는데, 대체로 회계나 행정 등 서류 업무를 담당하는 부서에 속한 동기들이다. 부서는 다르지만 업무 협력이 필요한 파트이고, 입사 동기이기 때문에 나름의 동료애, 소속감 같은 것들을 느끼고 있다.

최근 K는 다른 부서에 속한 입사 동기들보다 연봉이 높다는 걸 알고 당황스러웠다고 한다. 그 사실을 알았을 때 스스로에 대한 자부심 보다는 다른 동기들에게 미안하다는 생각이 먼저 들었다. 이기고도 미안하다고 말하는 것처럼, 더 받아서 미안한 마음이 들었다는 것이다.

사실 입사 동기이긴 하지만 부서도 다르고 회사 생활 중 접점이 많지 않을 텐데도 그들에게 미안한 마음을 느꼈다는 말이 흥미로웠다. 그만큼 '입사 동기'로서의 소속감이나 유대감이 중요하다는 의미일 것이다. K를 통해 부서나 직무, 동호회 못지않게 사내에서 입사 시기나 연령대에 따른 소속 집단이 중요한 역할을 하고 있다는 것을 알 수 있었다. 뿌리 깊은 집단주의와 정(情) 문화의 영향이 아닌가 한다.

총학생회가 실패하는 이유

학생들에게 소속된 집단과 규모에 대해 물어본 적이 있다. 가입한 카페나 커뮤니티 등 온라인에 소속된 것은 대략 열댓 개 정도에 단톡방 숫자는 서른 개도 넘었다. 오프라인으로 소속된 집단은 다섯 개가 채 되지 않았다. 학교가 제일 중요할 것이라고 생각했는데, 학내에 소속된 단체는 적었다.

대학은 내 스펙을 채워주는 곳이지, 소속감을 느끼는 공동체는 아니라고 생각하기 때문이다. 정체성을 발견하고 호기심을 충족시켜 주는 곳과는 거리가 멀다. 과거에는 대학생이라면 다니는 대학이 곧 정체성이었다. 고등학교와 달리 계단식 강의실에서 토론식 수업도 하고, 캠퍼스 잔디밭에서 옹기종기 앉아서 술을 마시는 일도 많았다. 동아리나 학습으로 똘똘 뭉친 선후배 관계가 학맥까지 만들어줬기 때문에 대학생이 대학을 빼고 정체성을 논할 수 없었다. 하지만 지금은 다르다. 어떤 학교를 나왔다고 서로 가까워지는 경우는 과거보다 훨씬 드물다. 같은 학교, 같은 학과를 나와도 그저 남이다. 출신 학교에 대한 애정이나 기대치, 활용도 등이 갈수록 낮아지고 있다. 더 많은 성취를 하려면 대학에서 끝나지 않고, 해외대학이나 국제기구 인터십 등 진로를 더 확장시켜야 하기 때문이다.

대학이 학생들의 관심과 취향 대비 다양한 경험을 제공하지 못하는 것도 원인이라면 원인이다. 급속한 사회 발전도에 비교하자면 대학의 면면은 과거와 크게 다르지 않다. 학생들의 다양한 취향과 관심사를 반영하는 것이 더딘 편이다. 이것이 대학교 자체만의 문제는 아니다. 15년 이상 지속된 등록금 동결에 따른 재정 압박, 연구 중심이 아닌 지식 전달 위주의 학습 체계, 국제 랭킹과

논문 경쟁으로 교수를 내모는 재단 등 구조적 이슈가 산적해 있다. 최근에는 챗GPT의 활용을 놓고 교수들도 무엇을 어떻게 가르쳐야 할지 깊은 고민에 빠져 있다. 발전한 기술을 되돌릴 수도 없고, 기술에 의존한 학생들의 안이한 태도를 그냥 두고 볼 수도 없다.

어쩌면 대학이 더는 매력적인 공간이 아니다 보니, 그 안에서 소속감을 갖고 리더십을 키우며 교류하는 게 큰 의미가 없게 느껴질 수도 있다. 과거와 달리 학생들은 전공에 의미를 두기보다는 보다 좋은 대학에 들어가는 데에 사활을 건다. 융합 전공, 마이크로 디그리(Micro Degree) 등을 도입해 전공의 경계를 허물고, 학생들 마음잡기에 사력을 다하지만 그것이 부족한 소속감까지 채워주진 않는다.

최근 국내 최고의 대학이라는 서울대를 비롯한 여러 대학에서 총학생회 공백이 이어지고 있다. 대체로 학생들 호응이 적어 학생회칙이 정한 투표율을 채우지 못하는 게 직접적 원인이다. 최근에는 서울대 총학생회 선거가 역대 최저 투표율인 24.4%를 기록해 충격을 줬다. 최소 투표율 50%의 절반에도 미치지 못한 것이다. 서울대조차 총학생회장 출신이 더 이상 베네핏이 아닌 시대이다.

다양한 소통 창구가 늘어나 학생회의 효용이 감소하기도 했고, 학생들의 관심이나 책임감 부족 등 다양한 원인에 대한 분석이 있지만, 대학이라는 공간이 20대 초반 학생들에게 더 이상 '핫플'

이 아니기 때문이다. 대학 진학률이 70%에 달하는 요즘 20대에게 대학은 미래 가치를 보장하고, 재능을 재발견하고, 삶의 기대를 걸게 만드는 곳일까? 대학은 단지 취업을 위한 수단이자 관문일 뿐이다. 젊은 직장인들에게 회사가 안식처가 아니듯, 20대 청년들에게 대학도 더 이상 안식처가 아니다.

대학이 갖는 공동체로서의 의미가 축소되면서 총학생회의 역할이 동반 축소되었다. 과거에는 총학생회가 학생들 간의 소통 창구나 여론 형성에서 없어서는 안 될 존재였다. 집단주의를 벗어나 개인주의로 이행되는 현 시점에서 학생 전체를 대신한다는 총학생회의 명분은 빛을 잃었다. 최근에는 총학생회의 업무가 학생 복지와 같은 행정적 업무에 치중되다 보니 학생들은 총학생회 존재에 의구심마저 표한다.

"어차피 학교 행정실에서도 할 수 있는 일인데, 굳이?"
"총학생회 없이도 불편함이 없는데?"

코로나19를 거치며 유튜브에는 질 좋은 교양 콘텐츠가 대거 유입되었다. 과거에 대학이 독점하다시피 했던 전문지식과 고급 교양의 상당 부분이 유명 유튜버들에 의해 재해석되고 있다. 반면 대학 콘텐츠는 외면당하고 있다. 실로 대학만이 지식을 독점하던 시대는 지났다.

언택트 수업을 포함한 코로나 시기의 다양한 시도들은 대학의 존재유무에 원초적 질문을 던졌다. 이 기조는 수업방식이나 행정력을 넘어 학생들의 축제와 동아리 활동 등 여러 관행에도 영향을 미치고 있다. 축제기간에 걸그룹과 K팝을 동원해 반짝 분위기 반전을 꾀하지만, 그런 축제 분위기를 대학에서만 낼 수 있는 것도 아니다.

대학은 혁신이라는 바람으로 움직이는 배와 같다. 혁신이 없으면 정체되어 바다 한가운데 얼어붙듯 멈춰 있게 된다. 대학이 동음반복만 끊임없이 재생하는 플레이어라면 우리 사회나 국가에는 미래가 없는 것이나 마찬가지이다. 훨씬 유연하게, 더욱 창의적으로 교원과 학생들이 대학에서 각자 몫을 할 수 있게 혁신의 바람을 불어넣어야 한다. 총학생회의 부재는 문제도 아니다. 지방부터 시작해 학교가 하나둘씩 사라질 판이다.

온·오프라인 수업을 결합하는 플립트 러닝(Flipped Learning)이나 개인채널과 SNS, 포털사이트 등 학습 경험의 창구가 될 러닝 익스피어리언스(Learning Experience) 플랫폼 등을 더욱 활성화해야 한다. 오프라인 공간에서 연구 랩 활동이나 인턴십, 대면 교류와 협력의 시간을 늘려 학교라는 공간이 여전히 필요함을 증명해야 한다.

강의실 못지않게 유튜브도 도전적인 강의의 장이 될 수 있고, 더 큰 파급력과 영향력을 발휘할 수 있다. 발전된 과학은 충분히 활용하되 대학은 자연스레 사회와 공동체로 더 넓고 깊게 스며들어, 존재감을 과시해야 한다.

위기가 아니라 기회가 되려면 대학이 스스로 그 가치를 만들어 나가야 한다. 단순한 취업 준비를 위한 관문으로의 대학은 무의 미해졌음이 총학생회의 부재로 드러났다. 대학이 사회적 책임을 재정비해야 할 순간이 다가온 것이다.

온라인에 만들어지는 새로운 공동체

갈수록 미세해지는 정체성과 소속감은 겉으로는 공동체를 약화 시키는 것처럼 보인다. 마음만 먹으면 얼마든지 관심사가 비슷한 사람끼리 헤쳐 모여를 단행할 수 있다. 디지털 세계에서는 쉽고 빠르게 커뮤니티를 형성할 수 있다. 디지털 신인류는 기성세대와 멀어지는 동시에 자신들만의 새로운 공동체를 온라인에 건설하 는 중이다. 이는 공동체가 약화한 게 아니라 그 형태가 바뀌었을 뿐임을 암시한다.

온라인 커뮤니티는 비단 우리나라만의 현상은 아니다. 미국에 서도 같은 성향을 지닌 젊은이들이 레딧(Reddit), 포챈(4chan), 텀 블러(Tumblr) 같은 커뮤니티에 활발히 참여하고 있다. 레딧 참여 자들은 이른바 서브 레딧을 만들어 일상적 대화, 웃긴 표현 등을 주고받으며 서로의 공통점을 확인하고 정서적으로 교감한다.

우리나라에서도 온라인 커뮤니티는 젊은 층 다수가 참여하는 새로운 소속감의 원천으로 기능하고 있다. 에펨코리아, 루리웹,

클리앙, 디시인사이드, 인벤, 웃긴대학 등 우리가 익숙히 들어온 많은 커뮤니티에서 참여자들끼리 같은 지향성을 지녔다는 소속 감을 표시한다. 각 사이트의 회원이 되고, 회원으로 글을 게시하고 댓글과 대댓글을 다는 루틴을 통해 상호 간의 정보교환과 소통이 촉진된다. 연애, 가족, 대중문화, 스포츠에 대한 논의뿐 아니라, 정치, 외교, 젠더 등 민감한 이슈의 공론화까지 다양한 역할을 맡고 있다.

내가 지도하고 있는 '소셜빅데이터랩'에서 최근 국내의 영향력 있는 온라인 커뮤니티 11개로부터 80만 건의 게시글과 댓글을 수집했는데, 이걸 분석해 보니 커뮤니티 유저들이 관심 있는 일상적, 사회적 주제가 선명하게 드러났다.

토픽 모델링에서 가장 빈번한 토픽 상위 순서는 정당, 연애, 중국, 페미니즘, 성소수자, 기독교, 휴대폰, 대중문화, 스포츠, 온라인 게임으로 나타났다. 교육, 취업, 투자 등의 경제, 교육과 관련된 주제들도 중요하게 등장했지만, 상위권 주제는 아니었다. 온라인 커뮤니티에 대한 소속감을 통해 자신이 관심 있는 주제를 논의하고 스스로의 정체성을 확인하고 또 발전시키는 모습을 확인할 수 있었다.

이렇게 커뮤니티를 형성하고 적극적으로 소통하기 때문에 사회에 영향을 끼치는 공론화를 이끌기도 하고, 종종 언론의 관심을 받기도 한다. 대표적인 사례가 2021년 GS25 사태이다. GS25의 캠핑 포스터의 소시지를 쥐고 있는 손가락 모양이 극단적 페미니즘을 추앙하는 워마드의 상징이라는 주장이 나왔다. 진원지는 온라인 커뮤니티였다. 이를 방송, 언론사들이 앞다투어 보도하면서 GS25가 공식 사과를 하고, 한바탕 젠더 홍역을 치르는 사태가 있었다.

국내의 온라인 커뮤니티는 젊은 층이 단순히 감정을 배설하고 끼리끼리 소통하는 공간을 넘어 우리 사회의 아젠다 형성에 영향을 미치는 유력한 온라인 공론장으로 진화했다. 물론 역기능도 나타났다. 한 인터넷 커뮤니티에서 우울증을 함께 공유했던 사람들이 집단 자살을 도모하는 일이 발생하기도 했고, 살인 협박 글을 올려 공포감을 확산시키기도 했다.

온라인 커뮤니티의 역기능은 해외도 예외가 아니다. 미국 커뮤니티 포챈은 인종차별적 여성혐오적 게시글과 댓글을 통해 노이즈를 양산하고 형성하고, 개인과 집단에 대해 노골적인 적대감과 혐오를 표출하는 역할을 맡아 비난을 받은 바 있다. 조립식 소속감은 건전한 시민에게 안정감과 인정이라는 긍정적 경험을 제공하지만, 일탈적 시민에게도 용기를 주는 결과를 낳을 수 있어서 주의가 필요하다.

하지만 온라인 커뮤니티가 자신들만의 맥락과 처지에서 적절한 규범을 만들고 이를 지키고 유지해 나가는 데 많은 노력을 기울인다는 평가도 있다. 특정 온라인 커뮤니티나 리그 오브 레전드(League of Legends) 같은 게임 커뮤니티들은 유저들이 스스로 설정한 규칙과 규범을 지키도록 유도하고 있으며, 또 참가자들은 이를 적극적으로 준수하고 서로의 인격과 인권을 보호하는 게 중요하다고 느낀다.

팬덤이라는 신기한 소속감

구체적인 목표와 미립자 정체성을 가진 사람들은 고독한 나만의 길을 가지 않는다. 끼리끼리 동호회를 결성하고 어휘, 색깔, 행동, 규범 등을 공유하면서 공동의 정체성과 신념을 창출한다. 능동적으로 새로운 콘텐츠들을 만들어내고 끊이지 않는 교류를 이어간다. 팬덤이라는 이름으로 한데 모인 사람들도 마찬가지다.

가장 대표적인 것이 아이돌 팬덤이다. 이들은 자신들이 추앙하는 아이돌의 생일을 기념하기 위해 카페를 직접 대관하고 여기에 아이돌의 사진을 전시하고 생일 기념 음료를 판매하거나 아이돌 사진이 담긴 컵 홀더를 팔기도 한다. 여러 굿즈를 제공하는 이벤트도 함께 진행한다.

여기서 특이한 점은 행사의 주체가 해당 아이돌이나 소속사가 아니라는 점이다. 팬들이 자발적으로 개최하는 비공식적 행사로 그저 자신들이 좋아서 여는 행사이다. 그럼에도 불구하고 수많은 팬들이 '생카' 같은 행사에 자발적으로 참여한다. '아이돌 없는 아이돌 생일 행사'로 열리는 거지만 그럼에도 많은 이들이 모여 기념하는 것에 의미를 둔다. 이러한 행위를 통해 팬덤의 강력한 소속감을 확인할 수 있다.

최근 임영웅 팬덤이 화제를 거듭하고 있다. 전국 투어 콘서트마다 수만 명이 몰리고 이른바 '피케팅'(피 튀기는 예매 전쟁)이 벌어진다. 피케팅에 성공한 사람들은 웃고, 그렇지 못한 사람들은 운다. BTS 성공의 배경에 '아미'가 있다면, 중장년의 BTS라는 임영웅의 성공 배경에는 '영웅시대'가 있다.

임영웅의 공식 팬카페인 '영웅시대'는 2017년 5월 개설 이후 24년 6월 기준 회원 수 20만 명을 돌파했고, 이들이 막강한 화력으로 지원하는 공식 유튜브 채널은 160만 명 이상이 구독하고 있다. 팬카페와 유튜브를 매개로 긴밀히 소통하고, 기부에도 매우 적극적이다. 팬덤 랭킹 1위를 순항하고 있는 '영웅시대'의 팬층은 40대부터 60대 이상까지 주로 중장년층으로 알려져 있다. 신중장년층인 이른바 오팔(OPAL, Old People with Active Life)들이다. 중장년이 새로운 문화적 트렌드에 눈뜨고 10대, 20대 못지않게 팬덤 형성에 적극적인 모습을 보여주는 터라 많은 주목을 끌고 있다.

이들은 임영웅이라는 걸쭉한 가수를 매개로 결집했지만, 팬클럽 상징색 파란색을 앞세우고, '영시(영웅시대)' '라방(영웅님과의 라디오 방송)' '건행(건강하고 행복하세요)'이라는 자신들만의 용어를 공유함으로써 동질감과 연대감을 형성하고 있다. 나아가 선한 영향력을 행동 강령으로 삼는다. 10대, 20대가 사용하는 줄임말과 신조어 쯤은 아무것도 아니란 듯, 연대감을 과시하고 있다.

역사를 돌이켜 보면 팬덤은 늘 존재했다. 60년대에는 비틀즈, 80년대에는 마이클 잭슨의 팬덤이 존재했다. 우리나라 팬덤의 원조는 80년대에 조용필 팬덤을 꼽을 수 있다. 90년대에 서태지 팬덤이 있었고, 2020년을 전후로 글로벌 팬덤의 불을 지핀 BTS 팬덤이 등장했다.

팬덤은 각자가 청춘의 정점에 있었을 때 폭발적으로 나타나지만 생애에 걸친 학습 효과 덕에 '영웅시대'와 같은 신중년 팬덤도 청년 일색의 팬덤에 새로운 변화를 가져오고 있다.

일론 머스크라는 세계적인 괴짜 천재에 대한 팬덤도 좋은 사례다. 국내 최대 테슬라 커뮤니티인 '테슬라코리아클럽'은 17만 명이상의 회원을 보유한 네이버 카페이다. 일론 머스크를 추앙하는이들이 자발적으로 모여 정보를 교환하고 유대감을 형성한다. 별개로 테슬라 자동차 소유자들이 모여 정보를 교환하는 온라인 커뮤니티도 활성화되어 있다.

팬덤은 문화, 예술, 기술, 정치 영역의 탁월한 개인을 중심으로 형성되지만, 브랜드와 제품을 중심으로 형성되기도 한다. 애플 제품 및 아이폰 사용자들은 스스로를 팬덤으로 규정하진 않지만 팬덤 못지않은 결속력과 유대감을 자랑한다. 이들이 모인 커뮤니티 '아사모'의 회원수는 2024년 1월 기준 233만 명이다. 이들의 압도적 결속력은 소비자와 사용자의 심리를 움직이며, 때로는 아웃사이더를 압박하거나 고립시키기도 한다. 아이폰을 사달라고 다짜고짜 울음을 터트리는 소년과 소녀는 이렇게 등장한다.

결국 팬덤은 디지털 혁신 시대에 새로운 정체성과 소속감을 형성하는 데 매우 중요한 역할을 한다. 이들은 예술인과 브랜드, 제품에 대한 선호를 넘어 스스로가 집단적 가치와 우선순위를 만들고 이를 통해 세상을 바꾸고 있다. 과거 정형화된 소속감이 아닌, 소통과 교류를 촉진하고 다양한 개인들의 사회참여 욕구를 긍정적으로 순화하는 데 기여하고 있다. 느슨하고 유연하지만 사회에 질서를 부여하고 연대감을 만들고 있다. 튼튼한 새로운 가치 공동체로서 말이다.

비동시적 소통으로
세상을 바꿔가다 ——— 3

〈백조의 호수〉 공연이 의미하는 것

CEO나 리더의 중요한 덕목 중 하나는 소통이다. 직원들과 얼마나 유연하게 또 효과적으로 소통할 수 있는지가 리더의 성패를 가른다. 공정과 진정성에 예민한 젊은 세대가 경제활동 인구의 다수가 되면서 이들과의 소통이 중요한 화두로 떠올랐다.

그간 기업의 CEO는 대체로 보수적이고 권위적인 이미지 일색이었다. JTBC 드라마 「재벌집 막내아들」에 나오는 진양철 회장처럼 CEO는 카리스마 그 자체이며, 비전과 집념을 갖추고 조직을 일사불란하게 이끌었다. 하지만 요즘은 어쭙잖게 카리스마를 앞세우다간 원성은 물론이고, 법적 처벌도 각오해야 한다. 직장 내 괴롭힘이나 막장 갑질은 '양진호 방지법(직장 내 갑질 방지법)'의

철퇴를 맞는다.

대기업 CEO들이 자발적으로 소통에 나서는 건 고무적인 변화이다. 쌍방향 타운홀 미팅뿐 아니라, 사내 방송이나 유튜브에 출연해 직원들과 직접 소통하는 사례가 늘고 있다. 인스타그램에 사생활을 적당히 노출하고 이어 친근한 기업 이미지를 심는 CEO도 눈에 띄게 늘었다. 많은 사람들이 기업 총수 SNS에 용기 내어 댓글을 남긴다.

소통에 목매는 사회 분위기 때문에 리더들은 자칫 소통 강박에 빠지기 쉽다. 직원들이 원하는 것이 즉각적인 대화와 피드백이라 믿고 실시간 소통과 빠른 응대를 중시한다. 실시간으로 벌어지는 밀도 있는 대화가 가장 훌륭한 소통이라 믿는다. 자연스레 타운홀 미팅 같은 다양한 대면, 비대면 방식을 통해 직원들과 소통하는 기회를 늘리려 애쓴다. 이런 '즉각적인' 소통 방식은 이상적인 방식일까?

삼성전자 반도체 부문에(DS) 'We Talk'이라는 소통 채널이 있다. 임직원이 매주 실시간으로 소통하는 자리인데, CEO나 리더가 강연을 하고 직원들은 온오프라인으로 참여한다. 사장뿐 아니라, 메모리 부문, 파운드리 부문 등 다양한 사업부 총괄 책임자들이 나와 사업부의 나아갈 방향을 소개하거나 직원들의 질문에 답한다.

흥미로운 건, 6만 명이 넘는 직원들이 수백 수천 건의 의견과 질문을 채팅창에 올린다는 것이다. 오프라인과 온라인을 연결하

고, 일방통행이 아닌 쌍방향으로 소통을 촉진한다는 점에서 분명
고무적이다. 의견과 질문은 익명이나 가명으로 진행되며 때로는
거칠고 예의 따윈 갖추지 않은 '날 것'들이 많아 경영진들을 당황
케 하기도 한다. 그런데 수백, 수천 개의 질문에 대한 답은 잘 이뤄
질까?

삼성전자 가전 부문(DX) 역시 타운홀 미팅인 'DX 커넥트' 행사
에 애정을 갖고 참여한다. 사내에 온라인으로 생중계된 행사에서
휴대전화 사용금지에 대한 직원들의 불만에 직접 답한 것으로 알
려졌다. CEO는 영어 이니셜로 자신을 불러달라며, 강한 소통 의
지를 밝혔다고 한다.

현대차 그룹 역시 젊은 세대와의 타운홀 미팅에 적극적이다.
오은영 박사를 초청해 임직원 대상 '마음 상담 토크콘서트'를 열
었다. 그룹 CEO는 마지막 질문자로 참여해 바람직한 직장 내 소
통 방식에 대해 질의하기도 했다. 수평적이고 유연한 기업문화를
만들어 가자는 취지이다.

젊은 세대와의 소통 채널을 좀 더 짜임새 있게 운영하면서 의
사결정 과정과 연계하려는 노력도 이뤄지고 있다. LG전자는 젊
은 세대로 구성된 '섀도 커미티'(그림자 위원회), 삼성전자는 '밀레니
얼 커미티', 포스코는 '영보드'를 구성해 젊은 직원들의 의견을 청
취하고, 이들의 의사결정 참여를 유도하고 있다.

이런 노력들은 임원이 되기를 기피하는 조직 분위기가 확산하
고, 젊은 직원들의 리더십 역량 형성 기회가 태부족인 기업 내의

현실을 반영할 때 필요한 부분이다. 우선 의사결정은 임원들의 몫이라는 통념을 깬다. 의사결정 과정에 젊은 직원들의 새로운 관점과 판단을 반영함으로써 혁신을 꾀하고자 하는 기업의 의지가 투영되어 있다.

1년에 한 번 만날까 말까 하던 대표이사나 사업부장들이 직접 나와 회사 운영 방향을 밝힘을 물론, 직원들의 궁금한 점에 답하고 모든 게 생중계된다. 근엄한 기업 회장의 이미지가 과감히 깨지면서 미국 실리콘벨리에서나 보일 듯한 자유롭고 역동적인 리더의 모습이 부각된다.

직원들은 '신선하다', 또 '존중받는 기분이 든다' 같은 대체로 긍정적인 반응을 내놓았다. 제조업의 경우 특히 경직된 조직문화가 아킬레스건처럼 여겨지던 터여서, 국내의 대표적 제조업 기업 대표들의 이런 행보가 이례적으로 느껴진다.

하지만, 어지간한 의지와 진정성을 갖추지 않고서는 타운홀 방식이 지속적으로 성공하기는 쉽지 않다. 리더에 따라 그 빈도와 방식이 달라지는 데다, 온라인으로 생중계되는 리더의 일거수 일투족, 패션 스타일과 분위기 모든 것이 투명하게 공개되고 때로는 가십을 유발하기 때문에, 리더가 메시지를 온전히 전달하는 데에는 적지 않은 장애물이 있다. 말과 행동, 제스처 중에 어느 하나라도 위선적이거나 인위적으로 비춰지고 가십거리가 되면 그동안 내보냈던 메시지도 타격을 받고 진정성이 흔들릴 수 있다.

어느 날 모(某) 기업 CEO에게 전 사업 부서의 전략 미팅에 관한 이야기를 들었다.

"이번에는 임원들과 함께 〈백조의 호수〉를 연기해 보려고 해요"

"왜 〈백조의 호수〉죠?"

"중년 남자들이 쫄쫄이 옷 입고 우아하게 춤추는 모습, 재미있지 않을까요?"

CEO의 요지는 리더들이 권위를 내려놓고 진솔한 소통에 나서야 한다는 것이었다. 〈백조의 호수〉는 과연 무대에 올랐을까?

아쉽게도 성사되진 못했다. 추측해 보건대, 용기를 내지 못한 임원도 있었을 것이다. 쫄쫄이 바지에 여차하면 치마까지 둘러야 하는지라 꽤 민망하게 느꼈을 것 같다. 성사 여부와 관계없이 조직의 수장이 소통을 위해 새로운 발상으로 접근하는 태도가 신선하게 느껴졌다.

젊은 세대가 선호하는 직장 상(想)이 바뀌고 있다. 보상이 충분하고 유연한 기업에 인재들이 몰리다 보니 각 기업들은 앞 다투어 소통 강화에 나서고 있는 모습이다. 실시간 라이브 방송, 타운홀 미팅, 이메일 소통 등 다양한 채널들이 총동원되고 있다.

새롭게 변신하려는 기성세대와 리더의 노력이 결실을 맺을 수 있으면 좋겠다. 이런 시도들이 직원들의 마음을 연다면 역량과 상상력이 최대치로 끌어올려질 것이다. 하지만 리더가 주인공이 될 수밖에 없는 즉흥적 소통은 이벤트성에 그칠 우려가 있다. 즉각적 소통은 최고경영진에게 주도권이 있을 수밖에 없기 때문이다. 진솔한 대화와 쌍방향성을 추구하지만 결국 일방적인 메시지 전달에 그치기 십상이다. 수천, 수만 명 구성원들의 의사를 충분히 반영하기 어렵다. 눈에 보이는 곳에 지속적으로 노출되는 것도 아닌데다, 이에 대한 대응도 얼마나 잘 이루어지는지 알기 어렵기 때문이다.

카톡 던지듯, 툭 던지는 소통

젊은 세대는 답변에 크게 연연하지 않는다. 상사, 동료, 친구, 후배 그 누가 되었든 '읽씹(읽고 씹고)'하든 '안읽씹(안 읽고 씹는)'하든 상관없다. 기성세대는 메시지에 즉각적으로 반응하고 돌아온 답변에 다시 온갖 상상력의 나래를 펼쳐 응수하지만, 젊은 세대는 다르다.

"네가 보낸 DM을 읽고 나서 답이 없는 게 내 답이야"

아이브의 곡 「Kitsch」에 등장하는 가사인데, 요즘 세대의 심리와 소통 방식을 잘 보여준다. 말하자면 요즘 세대는 답변이 바로 오지 않아도 메시지를 '툭 던져 놓는' 소통에 익숙하다. 시차와 무관하게 자유롭게 소통하기를 원하는 건데, 소통이 동시적이지 않으므로, '비동시적 소통(Asynchronous Communication)'이라고 부를 수 있다. 다양한 비대면 채널을 통해 답변과 무관하게 메시지를 발신하는 방식이다. '꼭 답변하지 않아도 괜찮아. 나는 내 할 말을 했으니까.'라는 태도를 유지하는 것이다.

비동시적 소통의 특징은 메시지가 늘 어딘가 남는다는 것이다. '남아 있는' 기록성이 핵심이다. 다양한 온라인 소통 채널을 통해 개인의 일상적인 생각과 특정 이슈에 대한 의견들이 차곡차곡 기록된다. 이렇게 작성된 메시지는 전파와 재생산의 단계를 밟는데, 이는 마치 유전자가 스스로를 끊임없이 복제하는 것과 같다. 댓글, 대댓글, 리트윗, 캡처, 링크 공유 등 다양한 방식이 전파와 재생산을 위해 동원된다. 리처드 도킨스는 '이기적인 유전자'에서 이런 문화의 확대, 재생산을 '밈'이라고 불렀다.[70]

누가 글을 썼는지, 어떤 메시지를 남겼는지, 얼마나 지지를 얻었는지, 얼마나 공유됐는지 모든 과정과 커뮤니케이션이 흔적으로 남게 된다. 그렇기에 사실관계를 적시하기 쉽고, 투명하고 진정성이 담겨있다. 투명성에 진심인 젊은 세대의 정체성에 딱 부합하는 소통 방법이다.

블라인드, 비동시적으로 소통하기

비동시적 소통은 시간 및 장소와 상관없이 자유롭게 의사를 전달하고자 하는 데에서 출발한다. 온라인 커뮤니티 '블라인드'는 이러한 소통 패러다임을 대표한다. 블라인드는 자유로운 의견 표현의 장으로, 직장 내의 불합리한 상황에 관한 이야기를 풀어놓고 각종 이슈에 대한 공감과 지지를 끌어내는 곳이다. 이는 한정된 시간과 공간에서 벗어나 자유롭게 의견을 나눌 수 있다는 점에서 매력적이다.

블라인드는 특히 익명성을 강조하는데, 드러내기 꺼리는 성향을 파고들었다. 온라인에서도 '가이 포크스(Guy Fawkes)' 가면을 쓰고 의사를 표현하려 든다. 이렇게 온라인 가면을 쓰는 상당수가 MZ세대로 알려져 있다.

2021년 초, SK하이닉스 직원들이 성과급에 불만을 터뜨리고, 이를 블라인드를 통해 확산시킨 일화는 유명하다. 직원들은 '왜 성과급이 타 회사보다 적은지, 연봉과 성과급 많이 준다는 약속은 왜 지키지 않는지 해명'하라며 회사를 압박했다. '초과이익분배금'이라고 불리는, PS의 산출 방식과 계산법을 밝히라며 목소리를 높였다.

'입사 4년 차'라고 밝힌 한 직원이 '회사의 PS 선정 방법을 공개하라'며 CEO에게 이메일을 보냈고, 사내 게시판에도 글을 올렸다. 이뿐 아니라 블라인드에서 관련된 성토의 글들이 이어졌는데, 불만을 품고 타사로 이직한 사람들은 타사 사원증을 인증샷으로 올리는 일도 있었다.

연일 문제가 확산되자 SK 측은 하이닉스에서 받은 보상을 직원들에게 돌려주겠다고 선언했고, 실제 회장은 자신의 급여를 환원했다. PS에 대해 직원들과 공감대 형성을 먼저 했었어야 했다며 적극적으로 사태를 수습했다. 비동시적 소통과 플랫폼이 사회초년생들에게 용기를 주고, 한데 모인 목소리가 회사의 정책과 노동 관행을 바꾼 대표적 사례이다.

치안의 일선에 있는 경찰관도 블라인드를 통해 소통한다. '서울 ○○경찰서 아침 식단 입니다'(23년 12월 5일)라는 제목의 글이 있었는데, 가격은 5천 원이고 빠진 음식이 없으니 다들 먹고 힘내라는 내용이 포함됐다. 공개된 사진 속의 식판 위에는 샐러드가 들어가 있는 작은 빵 두 조각, 그리고 스프, 딸기잼이 전부였다. 이어 '경찰보다 죄수들이 더 잘 먹겠다'는 식의 비꼬는 댓글이 줄줄이 올라왔다.

부정적 의견을 넘어서 정의의 철퇴를 맞은 일도 있다. '일단 우리 부서만 해도 이력서 올라오면 여대는 다 거른다. 여자라고 무조건 떨어뜨리는 건 아니지만 여대 나왔으면 그냥 자소서 안 읽고 불합격 처리한다.'(23년 11월 26일)라는 글이 올라오자 유저들은 이 회사가 채용 과정에서 여성을 차별하고 있다고 고용노동부에 즉각 신고했고, 고용노동부는 실태 조사에 착수했다. 말 한마디가 세상을 바꾸기도 하지만, 나비효과를 만들어 개인이나 기업에 큰 파장을 불러올 수 있음을 항상 염두에 두어야 한다.

다행인 것은 온라인 커뮤니티의 글들이 늘 이용자들에 의해 감시되고 평가된다는 것이다. 오염을 탐지하고 걸러내는 정화 시스템이 어느 정도 작동하고 있다. 모든 커뮤니케이션이 기록되기 때문이다.

비동시적 소통이 갖는 잠재성은 무궁무진하다. 투명성을 강조하지 않아도 투명하게 공개되고, 숨기려 해도 찾아진다. 블라인드는 블라인드 지수를 통해 기업들의 업무 환경을 고시한다. 참여자들은 자율성, 의미, 중요도, 상사관계 등에 대해 평가한다. 블라인드 지수는 직장인이 자기 회사를 다니면서 느끼는 행복감을 조사한 수치이다. 국내 직장인 5만216명이 참여한 2023년 블라인드 지수는 평균 41점을 기록했다. 전년도에 비해 불과 1점이 오른 수치이다. 조사가 시작된 2018년 이후 단 한 번도 50점을 넘지 못했다. 그만큼 기업의 인사, 노동 관행에 대한 젊은 세대의 평가가 부정적이라는 의미이다.

이처럼 블라인드에서 표출되는 의견들은 기업 경영과 직장인 문화에 큰 영향을 미치고 있다. 기업의 경영방침과 인사 정책이 민감하게 다뤄지는 경우가 많으며, 사회초년생의 진솔한 목소리가 울려 퍼지는 대표 플랫폼으로 자리 잡았다. 인사담당자들은 항상 블라인드를 주시하며, 기업의 운영 실태를 점검하는 중요한 지표로 여긴다.

기업 입장에서는 이러한 비동시적 소통에 대한 적절한 대응이 필수적이다. 블라인드에 쏟아내는 젊은 세대들의 의견을 기업이나 사회가 어떻게 수용하고 대응하는 것이 바람직한 방향인지 논의가 필요하다. 블라인드 같은 비동시 소통은 단순한 소통의 수단을 넘어, 사회 변화를 이끄는 강력한 힘을 지닌다는 점을 기억하고 조직문화 차원에서 적극적으로 대응해야 한다.

온라인 커뮤니티 전성시대

온라인 커뮤니티의 시발점은 모뎀을 사용하던 천리안, 하이텔, 나우누리이다. 이후 웹 브라우저 기반으로는 싸이월드가 동창 찾기 커뮤니티 붐을 일으키면서 지금 40, 50대의 몰입을 유발했다. '도토리 산 돈으로 애플에 투자했다면!'이라는 자조가 나올 만큼 도토리 구입과 싸이월드 치장에 빠져들었던 것이 X세대였다.

모바일 시대로 넘어오면서 SNS와 동영상이 소통의 수단으로 자리 잡았지만, 웹 기반의 온라인 커뮤니티 생명력은 더욱 강해지고 있다. 최근에는 이슈를 만들어 내고 사회적 주목을 받는 일이 빈번해지면서, 그 영향력이 더욱 강해지는 모양새다.

디시인사이드, 네이트판, 루리웹, 에펨코리아 등 특히 트래픽 비중이 높은 커뮤니티들은 사실 비슷비슷한 웹페이지 구조를 갖추고 있다. 다양한 게시판이 주제별로 제시되어 있고, 여기에서 게시글을 올리면 댓글과 대댓글이 달리면서 소통이 이뤄진다. 가령 '디시인사이드'의 경우 게시판에 해당하는 갤러리가 있고 개인 페이지인 '갤로그'가 있으며, 여기에 '디시 뉴스' 등 시사적인 내용이 제시되는 서비스가 함께 제공된다.

온라인 커뮤니티는 취향이나 목적이 비슷한 사람들이 자발적으로 모여들기 때문에 남초, 여초 커뮤니티도 형성되고, 진보, 보수 성향의 커뮤니티도 활성화된다. 대체로 익명성을 특징으로 하고, 필명을 사용하며, 커뮤니티나 게시판별로 규칙을 정하고 스스로 준수하는 방식으로 운영이 된다. 게시글에는 제목을 시작으로 작성자 필명, 작성된 일시와 분초, 조회수, 추천수, 댓글수를 확인할 수 있고, 이런 세부 정보는 각 게시글의 파급 효과를 짐작케한다.

온라인 커뮤니티에서 벌어지는 비동시적 소통은 의견 표출을 꽤나 용이하게 만들어 새로운 '공론화' 루트 역할을 한다. 게시판에 글을 남기거나 댓글을 다는 행위는 무척 적극적인 의사 표현으로, 주장하는 바가 가장 빠르게 전달되고 그만큼 파급력이 큰 민의의 장이다. 기업 CEO들이 타운홀 미팅에 우선순위를 두고, 기성 정치인들은 간담회나 토론회에서 얼굴을 맞댄 아날로그적 소통에 집착할 때, 젊은 세대는 보다 유연한 방식으로 자신들의 소통 문법을 완성하고 있다.

물론 남은 과제도 적지 않다. 커뮤니티에서 표출되는 의견이 민주적이고 대표성이 있다고 확신할 수 있는가? 선뜻 그렇다고 하기는 어렵다. 익명성에 몸을 숨기고 파괴적인 용기를 내는 장치로 커뮤니티가 악용되는 사례도 많다. 폭력 선동 글, 근거 없는 비방, 오(誤)정보의 확산 등은 온라인 소통의 역기능을 단적으로 보여준다.

커뮤니티에 범람하는 혐오표현 역시 커뮤니티 순기능에 의구심을 가지게 한다. '한남충' '김치녀' '좌빨' '수꼴' '개독' '틀딱' 등 개인과 집단을 가리지 않는 비하와 모욕 표현들은 한 번 수면 위로 떠오르면 유행어처럼 걷잡을 수 없이 번진다.

최근에 '착짱죽짱'이라는 표현을 커뮤니티에서 본적이 있는데, 나중에 알고 보니 '착한 짱깨는 죽은 짱깨'라는 뜻으로 중국인에 대한 대표적 혐오표현 중 하나였다. 매일 학교 일과를 마치고 교정을 빠져나가다 보면 중국말로 대화하는 중국 유학생들을 쉽게 볼 수 있다. 중국어를 알아듣진 못하지만 즐거운 대화임은 쉽게 알아챌 수 있다. 내 친구이자 동료라 생각해보면 이런 혐오 발언을 과연 입에 올릴 수 있을까?

비동시성의 기록이 가지는 힘을 생각한다면 좀 더 책임 있는 자세로 커뮤니티 게시판에 등판할 필요가 있을 것이다. 지금 게시판에 적고 있는 한 단어 한 문장을 AI가 다 골라내 '응징'하는 세상이 도래했음을 기억하자.

이젠 업무도 비동시적으로

최근에 업무용 소통을 위해 노션(Notion), 트렐로(Trello), 슬랙(Slack), 채널톡(Channel Talk) 등 다양한 협업 툴을 사용하는 기업들이 늘고 있다. 회사나 부서별로 하나의 페이지를 만들고, 그 안에서 회의록을 공유하거나, 자신의 업무 계획 및 진행 상황을 보고한다. 타 직원에게 업무 처리 요청을 하거나 업무 관련된 질문을 하기도 하며, 업무 관련된 연락을 하고 기록을 남긴다. 업무의 과중 여부와 진행 정도가 공개되어 리더의 업무 파악에 도움을 줄 뿐만 아니라 구성원들 스스로가 '일이 투명하고 공정하게 진행되고 있다'는 것을 확인함으로써 팀워크를 구축하는 데에도 도움이 된다.

슬랙이나 채널톡처럼 다양한 게시판 개설이 가능한 툴들도 많다. 일상대화를 위한 게시판도 따로 개설해 잡담을 나누는 것도 가능하다. 필요한 경우 개인별 게시판도 개설해 효율적으로 활용하고 있다. 직원들은 업무를 위한 플랫폼이 존재하니 단톡방을 따로 만들 필요가 없어, 공적인 공간과 사적인 공간을 좀 더 용이하게 구분할 수 있다.

협업 툴 내에 실시간으로 대화를 주고받는 채팅 기능도 있지만, 대체로 활성화되지 않는다. 일반적으로 하나의 게시글을 작성하고 그에 대해 반응을 남기거나, 댓글을 남겨 업무와 관련된 소통을 효율적으로 하는 용도로 쓰인다. 협업 툴은 원격근무와 병행될 때 더욱 효과를 발휘할 수 있다. 원격근무를 하면 직원들에 대한 업무 파악이 어렵고, 결과적으로 조직문화 유지에 어려움을 겪을 수 있는데, 협업 툴을 사용함으로써 누가 미팅 중이고, 휴가 중인지, 또 업무진척 정도는 어떤지 손쉽게 파악할 수 있다.

3년 전부터 여러 학교 교수들, 대학원생들과 함께 온라인 혐오 표현에 대한 집단 연구를 진행하고 있는데, 최근 조교들이 슬랙을 통한 소통을 먼저 제안해 왔다.

"교수님이 저희 연구 진행 상황을 한눈에 보실 수 있을 거예요."

기존에는 학생들이 구글 드라이브에 문서와 회의록을 올리긴 하지만, 누가 어떤 역할을 얼마나 잘하고 있는지 사실 한눈에 볼 수는 없었다. 몇 달 전 이메일로 전달받은 회의록을 찾는 것도 버거울 때가 있다. 그런데 이 협업 툴에서는 바로바로 즉각 소통할 필요도 전혀 없다. 그저 업무 현황을 툭 던져 놓으면, 누군가가 자유롭게 편한 시간에 확인하면 된다. 그리고 확실한 보너스, 회의는 분명 덜하게 된다!

이제는 회사 업무도 직접적인 지시나 전화 등이 아닌 비동시적인 기록을 통해 이뤄지고 있다. 업무와 피드백, 자질구레한 대화까지 모두 기록으로, 흔적으로 남는다. 언젠간 이 모든 데이터가 빅데이터가 되고, 또 인공지능 학습 데이터로 쓰일 날이 올 것이다. 누군가는 감시 사회가 도래했다고 개탄할 것이고, 누군가는 유연하고 편리한 소통에 감사할 것이다. 미래에도 논쟁은 계속될 것이다. 지금 우리가 그렇듯.

글 로 벌 확 장 성
디 폴 트 값 세 대 ———— 4

해외여행과 욜로

내가 미국 유학 2년 차였던 2000년, 연간 해외 여행객 숫자는 550만 명에 불과했다. 당시 서로를 배웅하고 맞이했던 곳은 김포 공항이었다. 10년 후인 2010년, 여행객 숫자는 1,248만 명으로 두 배 이상이 늘었다. 코로나19 팬데믹 한 해 전인 2019년에는 2,871만 명으로 20년 전에 비해 다섯 배가 늘었다. 인천국제공항이 개항한 2001년 이후, 금융위기가 전 세계를 덮쳤던 2008년 사이, 2003년을 제외하고 해외 여행객 숫자 증가 비율은 연 10%를 상회했다.[71]

밀레니얼로 분류되는 1985년생이 대학에 입학했던 2004년도에는 증가율이 무려 25%에 달했다. 그 배경에는 수출 호조에 힘입어 달성한 GDP 성장률 4.6%, 1인당 국민소득 1만4천 달러가 있었다. 여기에 세계 방방곡곡을 여행하거나 일터로 삼으려는 젊은 세대의 욕구도 한몫했다.

반기문 외교부 장관이 코피 아난(Kofi Atta Annan)의 뒤를 이어 유엔 사무총장으로 선출된 2006년과 임기를 시작한 2007년 모두 연간 해외여행 증가율이 15%를 넘어섰다. 여가문화에서는 대한민국 세계화의 황금기였다.

Z세대에 가까워지는 1996년생 밀레니얼이 대학에 입학한 2015년부터 다시 한번 해외여행 붐이 일었다. 1,931만 명으로 전년도에 비해 해외 여행객이 20% 증가했고, 이듬해인 2016년 역시 16% 증가 폭을 기록했다.

2016년 한국인이 가장 많이 방문한 상위 10개 도시는 오사카, 도쿄, 타이페이, 방콕, 홍콩, 상해, 후쿠오카, 싱가포르, 괌, 마닐라 순이었다. 대체로 비행시간이 4시간 이내인 짧은 동아시아 국가의 도시들이 상위권을 이뤘다. 언제든 떠날 수 있는 여행지 오사카, 물가 저렴한 먹방 천국 타이페이, 야경이 매력적인 도시 방콕이 대표적이다.

'욜로'란 말이 2010년 중반부터 트렌드 용어로 자리 잡은 것은 우연이 아니다. 말 그대로 '인생은 단 한 번뿐이니 살아있을 때, 또 젊을 때 즐겨라'라는 의미인데, 미래에 대한 계획보다는 현재의 즉각적인 즐거움과 행복을 중시하는 요즘 세대의 가치관이 배어 있다.

평소엔 짠돌이로 살지만, 가치를 부여하는 물건과 패션, 해외
여행에는 아낌없이 돈을 쓴다. 현지에서는 우버 앱으로 차를 불
러 이동하고, 에어비앤비 앱을 돌려서 가성비 높은 숙소를 찾아
낸다. 버튼을 눌러 방을 예약하고, 굳이 주인을 만나지 않고 편리
하게 숙박을 완료한다. 2024년 5월 26일 기준, 우버의 시가 총액
은 1,342억(약 183조 3천억 원) 달러이고, 에어비앤비는 917억(약
125조 3천억 원) 달러에 달한다. 두 기업을 세계적 플랫폼 기업으로
성장시킨 주역이 바로 이들이다.

여윳돈이 조금이라도 모이면 과감히 해외여행에 나서서 신나
게 쓰고 오는 라이프 스타일은 젊은 세대를 이해하는 중요한 열
쇠이다. 이들은 해외여행 자체가 중요한 인생 목표이다. '회사에
헌신은커녕 자기 여행과 워라밸만 챙긴다'는 기성세대의 푸념이
귀에 들릴 리 없다.

장기 불황 속에서 미래를 위한 저축과 투자보다, 현재의 만족
과 행복에 우선순위를 두는 자기식 생존 방식이다. 해외여행은
밀레니얼과 Z세대 모두에게 자타공인 필수 루틴이 되었다. 글로
벌한 감각과 경험은 자아를 살아 움직이게 하는 중요한 자극제이
기 때문이다.

반기문 키즈의 탄생

2007년 취임한 반기문 총장은 평화와 안보, 인권과 성평등, 지속
가능한발전과 기후변화와 같은 굵직한 글로벌 아젠다를 주도했
다. 대한민국 젊은이들의 롤 모델로 손색이 없었다. 이들은 자연
스레 글로벌 시각을 키우고 세계 시민으로 거듭났다. 국제기구
진출을 꿈꾸는 청년들은 '반기문 키즈'로 스스로를 규정했고, 이
덕에 정치외교학과, 국제학부, 국제대학원은 뜻밖의 전성기를 맞
았다.

한국인의 국제기구 진출 현황을 보면 2002년 219명에 그쳤
던 것이 2011년에 398명으로 10년 만에 거의 2배의 증가세를
보였다. Z세대의 출발인 1997년생이 대학에 입학한 2016년에
는 571명, 2000년생이 입학한 2019년에 917명, 2002년생 신입
생을 받은 2021년에는 1천 명을 넘어섰다.[72] 국제기구, 인권, 기
후변화를 키워드로 자리매김한 밀레니얼의 바통을 Z세대가 이
어받으면서, 대한민국 젊은 세대의 글로벌 역량이 비약적으로 커
졌다.

2020년, 전 세계를 강타한 코로나19는 이들의 세계화 열망에
급브레이크를 건 사건이었다. 해외 여행객이 바이러스의 숙주가
되면서, 국경이 연쇄적으로 닫히고, 글로벌 인적 교류가 일제히
중단됐다. 감염원은 정확히 알려지지 않았지만, 바이러스의 발원
지는 다양한 야생동물이 거래되고 처리되는 것으로 알려진 중국

우한 시장으로 여겨지고 있다. 감염병 팬데믹으로 인해 세계화가 예기치 않은 치명상을 입었지만, 사실 세계화가 도마에 오른 것은 이보다 훨씬 전의 일이었다.

2015년을 전후한 전 세계적인 자민족중심주의 확산이 시발이었다. 미국 전 대통령 도널드 트럼프, 러시아 대통령 블라디미르 푸틴 등 '스트롱맨들'이 유엔을 공격하면서, 보편주의와 상호존중이라는 가치들이 퇴색되는 등 국제사회가 출렁였다. 여기에 미중 무역전쟁, 미얀마의 군사 쿠데타, 우크라이나 전쟁 등이 연달아 터지면서 세계는 인도주의와 인권의 가치를 뒤로 하고, 양육강식의 쟁탈장으로 변모했다.

팬데믹이 세계를 집어삼키면서, 국경을 닫고 난민을 기피하고 자국 국민의 건강과 안전에 몰두하는 새로운 정치질서가 대두했다. 세계여행도, 어학연수도, 국제기구 활동도 전부 중단된 데다, 디지털과 언택트가 새로운 삶의 방식으로 가속화하면서, 젊은 세대의 사회화와 정체성에 심대한 영향을 미쳤다.

스펀지처럼 새로운 가치와 규범을 받아들이고, 국제무대를 향해 꿈을 펼칠 시기에 락다운과 사회적 거리두기로 요약되는 팬데믹을 경험하게 됨으로써 젊은 세대의 글로벌 마인드에 큰 상처가 남았다.

하지만 오프라인을 통한 글로벌 진출은 정체기에 들어선 반면, 팬데믹을 계기로 한 랜선 상의 글로벌 마인드가 더욱 확장됨으로써 글로벌화의 추세와 양상은 다른 국면으로 접어들었다.

Z세대의 글로벌 콜라보

'평평한 세계'를 무대로 한 글로벌 혁신은 이제 과거의 이야기가 되어가고 있다. 국제협력의 시대가 저물고 자국 이기주의의 시대가 열렸다. 하지만 Z세대를 중심으로 글로벌 마인드를 키우고, 글로벌 정체성을 키워 나가려는 노력은 순항 중이다. 로버타 카츠 (Roberta Katz) 등은 Z세대를 특징짓는 키워드 중 하나로 '콜라보'를 꼽았다.[73] 오프라인이건 온라인이건 팀플과 협업에 능하고, 적절한 역할 조정과 소통을 통해 수많은 작은 공동체에 참여하고 운영하는 것이 요즘 세대의 특징이라는 주장이다.

대학 캠퍼스에서부터 팀플에 익숙했던 밀레니얼을 따라, Z세대는 이런 초기의 콜라보 감각에 더해, 협력의 범위를 외국인으로 확장시키고, 글로벌 협력에 더 높은 가치를 부여함으로써 새로운 협력 세대로 성장하고 있다. 밀레니얼에게는 평평해지는 지구가 글로벌 감각을 키우는 바탕이었다면, Z세대에게는 디지털 전환이라는 기술 문화적 변동이 이를 키우는 데 일조하고 있다.

밀레니얼의 글로벌 감각은 반기문 신드롬과 국제 빈곤, 난민, 불평등 같은 글로벌 보편주의의 영향을 크게 받았다. 또 다른 한편으로는 디지털 전환을 대변하고 상징하는 온라인 게임, 온라인 스포츠를 통해 국경과 인종에 구애받지 않는 글로벌 콜라보 경험을 통해 키워졌다.

전 세계인이 가장 많이 즐기는 리그 오브 레전드(League of

Legend, 롤)나 포트나이트(Fortnite)에 참여하는 전 세계인 중 가장 많은 플레이어들이 한국인이다. 그만큼 온라인을 통해 디지털 지구에 참여하는 젊은 세대가 많다는 뜻이다.

이 젊은 플레이어의 리더는 페이커란 이름으로 알려진 프로게이머 1996년생 이상혁 선수이다. 메이저 국제대회 최대(5회) 우승 선수이자 LoL e-스포츠 누적 상금 전 세계 1위인 선수로, 자타공인 리그 오브 레전드 세계챔피언이다.

LoL 참여자들은 온라인을 통해 우군을 결성하고, 지구 반대편에 있는 다른 집단들과 치열한 전쟁을 벌인다. 어떤 나라에서 살고, 몇 살의 누구인지 알 수 없지만, MZ세대만의 실용성과 글로벌 마인드로 쉽게 연결되고, 역할을 분담하고, 가상 세계인 디지털 지구를 무대 삼아 치열히 경쟁한다.

제페토(Zepeto)에서 처음으로 아바타를 만들어 어떤 방에 들어갔던 기억이 난다. 하나는 뉴욕의 벚꽃을 즐기는 곳이었는데, 뉴욕 맨해튼을 휘젓고 다니면서 거리 곳곳의 벚꽃을 지나치며 관찰하는 것이 참 신기하게 느껴졌다. 코로나19 이후로 뉴욕은 얼씬도 못 했던 터라, 예전에 즐겁게 거닐던 5번가나 센트럴 파크의 이미지가 떠올라 기분이 좋아졌다. 상점을 두리번거리기도 했고, 번화가 앞 흐드러진 벚꽃 앞에서 동영상도 찍고, 사진 촬영도 했다. 인스타그램에 사진을 올리듯, 이렇게 뉴욕 한복판에서 촬영한 벚꽃 배경의 사진을 내 프로필에 올렸다. 한 번은 예쁘게 차려입고 함께 수다에 빠져있는 무리를 기웃거렸는데, '쟤 뭐냐? 왜

자꾸 얼씬거리지?'라고 대화창에 올라온 내용을 보고 화들짝 놀라 급히 방을 빠져 나온 적이 있다. 신기한 가상현실 경험이었지만, Z세대가 디지털 지구에서 글로벌하게 교류하는 모습이 인상적으로 다가왔다.

팔로워에서 룰 메이커로

서울국제고등학교에서 강연할 때의 일이다.

드라마 「일타 스캔들」의 최치열 선생의 말투를 약간 흉내 내며 한마디 던졌다.

"요즘 십대들은 제페토에서 자신들의 페르소나를 만들어 즐기고 있지."

약간의 야유와 함께 즉시 반응이 돌아왔다.

"교수님, 제페토는 중학생들이 해요!"

가상 세계에는 어린 친구들이 많이 참여한다. 현실에서는 초등학생이지만 가상 세계에서는 나이쯤이야 가뿐하게 끌어올릴 수 있다. 제페토뿐 아니라 마인크래프트, 로블록스와 같은 메타버스, 그리고 월드오브워크래프트, 포트나이트 같은 대중적인 게임에도 초등학생을 포함한 십대들이 대거 포진해 있다.

이들은 아주 어린 시절부터 재미와 취향을 매개로 전 세계인들과 콜라보를 경험하고 있다. 네모 블록을 마음대로 쌓는 샌드박스 게임인 마인크래프트는 월 평균 이용자가 1억 2천만 명을 넘는다. 로블록스에서는 전 세계 십대가 1억 명이 넘게 활동한다. 최후의 생존자를 꿈꾸는 베틀 로얄 게임 포트나이트에서는 유명 글로벌 가수의 콘서트가 열리고, 가상 화폐로 나이키 에어 조던 의상을 구매할 수도 있다.

잘파세대(Z세대 + 알파세대) 어린 구성원들은 메타버스에서 새로운 탐험을 하고, 현실 세계에서 마주치기 어려운 다양한 인종과 민족 출신의 유저들과 함께 소통하면서 상호 간 더 깊은 이해를 향해 나아간다. 과거에는 반기문이, 대한민국 정부가, 또 기업이 글로벌화를 꾀하고 이끌었다면, AI의 시대에는 개인 각자가 온라인 공간에서 글로벌화를 경험하고, 이를 통해 글로벌 감각을 키워나가고 있다.

이들은 승리에도 남다른 의미를 부여한다. 18세의 황선우 선수는 2024세계수영선수권대회 자유형 100m 최종 5위로 경기를 마쳤다. 동메달과는 불과 0.15초 차이인데 아깝지 않을 수 없다. 이 결과에 메달을 따진 못했지만 정말 잘했고, 앞으로 더욱 기대한다는 응원이 이어졌다. 메달 색에 집착하던 과거의 관성에서 탈피해, 국위 선양보다 선수 개개인의 스토리와 스포츠맨십, 그리고 보는 이들의 즐거움과 의미 부여가 훨씬 중요하다고 여긴다. 메달 색깔과 결과를 떠나 세계의 내로라하는 선수들과 당당히 싸우고 이 과정에서 소중한 결과를 만들어 낸 것 자체가 의미가 있으며, 진정한 글로벌리즘이라는 인식이 생겨난 것이다. 이런 시각으로 보면 과거 금메달에 집착했던 기성세대의 스포츠 관전 포인트는 사실 글로벌 감각 보다는 민족주의 감각에 훨씬 가까웠다고 볼 수 있다.

2021년 도쿄올림픽을 필두로 '국가의 성공' 보다는 '개인의 노력' 그리고 '개인의 즐거움'에 의미를 부여하고 평가하는 분위기가 만들어진 것은 흥미로운 대목이다. 과거에는 자부심과 동시에 부끄러움의 척도였던 올림픽 메달 순위표가 이제는 대충 훑어보는 평범한 게시판으로 격하되고, 외국과의 비교보다는 우리의 문제를 우리의 시각으로 바라보는 Z세대의 문화 감각이 견고히 자리 잡았다.

이러한 변화의 배경에는 올림픽 성적을 국가의 명운이나 국격과 동일시하던 민족주의적, 국가주의적 성향이 옅어진 사회적 변화가 깔려 있다. 이제는 국제사회에서 한국은 앞자리에 서서, 수동적인 팔로워가 아닌 능동적인 룰 메이커로 역할하고 있다. 그만큼 우리 사회가 질적 도약을 하고 있다는 문화적 자신감이 느껴진다.

Z세대 선수들 역시 국제대회나 올림픽에서 메달을 따야 한다는 강박관념에서 벗어나 출전 자체를 즐기는 분위기이다. 국

가라는 짐을 훌훌 털고, 글로벌 경쟁에 참여하는 패기에 넘치는 한 명의 선수로 후회 없는 경기를 펼쳤다. 수영 자유형 200m에서 150m 구간까지 선두를 유지했었던 황선우 선수는 이렇게 말했다.

"다 받아들이고 즐겨라. 어차피 해야 하는 거고, 어차피 힘든 거니깐, 인상 쓰지 말고."

대한민국의 Z세대는 글로벌 팔로어 및 규범 어댑터에서 이제는 글로벌 룰 메이커, 키 플레이어로 변신하면서 문화적 자신감과 효능감을 쌓아가고 있는 중이다. 이러다 보면 결과는 따라오기 마련이다. 2024년 파리 올림픽에서 우리 선수단은 역사상 최소 규모의 선수단이 참가해 역대급 메달 사냥을 일궈냈다. '총, 칼, 활'로 회자되는 사격, 펜싱, 양궁과 함께 배드민턴까지 더해져 전 세계를 호령했다. Z세대의 잠재성을 믿자. 이건 시작일 뿐이다.

메달 색에 집착하던 과거의 관성에서 탈피해, 국위 선양보다 선수 개개인의 스토리와
스포츠맨십, 그리고 보는 이들의 즐거움과 의미 부여가 훨씬 중요하다고 여긴다.

MZ에게 인권이란 ———— 5

신(新)인권세대

요즘 세대를 관통하는 또 하나의 키워드는 인권이다. 자신의 자유, 권리, 선택에 예민하다. 개인의 존엄이 집단의 이익에 앞선다고 믿고 그렇게 행동한다. 이들이 인권을 보는 방식은 민주주의, 인권 개념을 확립한 86세대의 접근법과 질적으로 다르다.

86세대는 인권을 진보와 동일시하고 싶어 한다. 노동자의 권리와 존엄성이 최고의 가치라 여긴다. 젊은 세대는 다르다. 젊은 세대 특히, 밀레니얼은 집단과 이념으로 환원할 수 없는 한 개인의 고유한 자유와 권리를 인권의 등가물로 본다. 직장 내 괴롭힘과 은근한 따돌림, 학교 폭력, 개인의 발언권, 여성과 외국인, 장애인 차별 등 그간 공론화가 부족했던 인권 이슈에 집중한다.

최근 인권에 대한 인식이 상당히 변화하고 있다. 통상 인권의 전제조건으로 지구의 경제적 번영과 발전, 철학적 토대로써 인간 존엄성과 인간다운 삶의 개념을 포함시킨다. 최근에는 여기에 한정되지 않고 인권을 더 넓게 또 자유롭게 상상하는 분위기이다. 고통을 느끼는 동물도 존엄성을 갖고, 또 훼손되는 자연 역시 권리의 주체가 될 수 있다는 인식이 생겨나고 있다.

인간이 자연과 지구를 '정복'해야 한다는 시각은 '생육하고 번성하라'는 기독교적 세계관에 바탕을 두고 있다. 이에 인간은 오랜 시간 지구를 개발하는 데 거리낌이 없었고, 생태 파괴자가 되어갔으며, 동물을 사랑하면서도 학대하는 변종이 되었다.

Z세대는 기후변화와 기후 정의에 대한 더 많은 관심을 표현한다. 인간과 자연을 이분법으로 나누고, 자연을 인간의 이익을 위한 수단으로 간주하는 접근 방법에 비판적이다. 잘파세대가 십대 환경운동가 그레타 툰베리(Greta Tintin Eleonora Ernman Thunberg)에 열광하는 이유이다. 직설적인 언어로 기후변화에 대해 경고하고, 인스타그램, X와 같은 플랫폼을 활용해 메시지를 전하는 툰베리만의 방식에 강력한 지지를 보낸다.

유발 하라리(Yuval Harari)는 사피엔스를 자연을 황폐화한 후안무치한 존재로 본다. 본래 수백만 년 동안 작은 동물을 사냥해 근근이 먹고 살던 존재였지만, 전설, 신화, 신 같은 허구를 만들어 내면서 일약 세상을 지배하는 존재로 올라섰다. 역사상 최대의 사기극인 농업혁명을 벌였고, 이윽고 자연과 동물, 생태계를 본격

적으로 희생시키기 시작하면서, 기후 위기를 초래했고 결국 몰락의 길을 걷고 있다.[74]

재레드 다이아몬드 역시 인간의 탐욕과 극한 경쟁이 생태계의 파괴, 그리고 문명의 붕괴로 이어졌다고 봤다. 남태평양 이스터섬의 원주민이 남은 마지막 한 그루의 나무를 베었을 때, 그들은 자신들의 터전이 영구히 소멸할 수 있다는 걸 감히 상상조차 하지 못했다. 이스터섬은 황량한 모아이 석상들만 남기고 역사에서 자취를 감췄다.[75]

세계적 석학들의 문명 비판은 잘파세대의 열린 사고에 호소력 있게 받아들여졌다. 잘파세대는 인간 중심의 생태계에 대한 비판적 인식을 싹틔우고 특유의 공감각적 감수성을 발전시켜 나감으로써 인간을 우위에 두는 전통적 인권 개념에 변화를 주도하고 있다.

밀레니얼의 인권관이 개인과 집단에 대한 차별과 인간 존엄성, 그리고 적절한 생활을 영위하고 경제적으로 발전하는 모델에 초점을 맞췄다면, 잘파세대의 인권 인식은 인권의 기본 전제에 대한 문제 제기로 옮겨가고 있는 셈이다. 동물을 비롯한 지구상 존재하는 모든 생명체 혹은 지구까지도 도덕적 관심과 판단의 영역으로 끌어들이는 새로운 인식 체계가 형성되고 있다.

국내 기업의 버거 프랜차이즈인 노브랜드버거는 2023년 5월 '베러 버거(Better Burger)'를 선보였다. 100% 식물성 재료로 만들어졌다. 패티는 대두 단백으로 만든 대체육이고, 햄버거 빵 역시 버터, 우유, 계란과 같은 동물 제품을 넣지 않았다. 베러 버거는 출시 10일 만에 2만 개 이상 팔렸는데, '대체육은 맛이 없다'는 고정관념을 보란 듯이 깼다.

채식주의가 전 세계적으로 확산되면서 글로벌 시장에선 대체육이 오래전부터 상품화되기 시작했다. 국내 대체육 시장도 최근 급성장하는 추세이며, 2018년 75억 원 규모에서 2022년 212억 원으로 약 3배 성장한 것으로 나타났다. 2025년에는 321억 원 규모로 성장할 것으로 예측된다.[76]

동물복지에 대한 관심이 높아지고, 환경 문제와 지속가능성에 대한 문제 제기가 이뤄지는 가운데, 바이오테크놀로지, 3D 프린팅 같은 기술 발전이 동반되면서 대체육 시장이 급격히 성장하고 있다. 비건 인구가 늘고 있는 것 또한 대체 식재료가 계속 개발되고 발전하는 것과 무관하지 않다.

식품 분야뿐이 아니다. 화장품이나 의류 산업 역시 비건 붐이 불고 있다. 화장품 산업은 오랫동안 흰쥐, 토끼 등에 대한 동물 실험을 실시해 왔다. 화장품 부작용에 대한 검증을 위해서이다. 인간의 외모를 아름답게 가꿔주기 위해 동물들이 잔인하게 희생당하는 것은 당연한 일이 될 수 없다. 작은 목소리가 모여 동물 실험에 대한 반대 움직임을 세력화하고, 화장품 업체들은 동물 실험을 하지 않았다는 '크루얼티 프리(Cruelty-free)' 인증에 사력을 다하는 모습이다. 2017년 2월 '화장품 동물 실험 금지법'이 국내에 시행되면서 완전히 정착되었다.

여기서 그치지 않고 아예 화장품의 원재료에도 동물성 원료를 추방하는 움직임이 일고 있고, 비건 화장품의 등장으로 이어졌다. 해외의 러쉬(LUSH), 잉글롯(INGLOT), 아워글래스(HOURGLASS)는 크루얼티 프리에 이어 비건 제품들을 쏟아냈다. 국내에는 디어달리아(DEARDAHLIA)라는 전 제품이 비건인 화장품 브랜드가 생겨났다. 올리브영 홈페이지를 조금만 둘러봐도 썸네일에 비건 인증 마크를 달고 있는 제품들이 상당수 눈에 띈다.

의류 산업 역시 동물 제품 생산의 지양을 위해 다양한 시도들을 하고 있다. 동물 털을 대체하는 페이크 퍼나 가죽을 대체한 페이크 레더로 제작한 옷을 선보이고, 동물성 원료를 배제한 비건 의류가 등장하기도 했다.

이처럼 많은 분야에서 동물의 참혹함과 고통에 공감하고, 환경을 생각하고, 또 웰빙을 앞세우는 발상의 전환이 이뤄지고 있고, 비건 제품들이 속속 등장하는 중이다.

동물들이 잘 먹고 잘사는 세상

산업형 공장식 축산에 대한 비판은 젊은 세대에게 새삼스럽지 않다. 공장식 축산은 동물권의 관점에서 도덕적으로 지탄받아야 할 시스템임과 동시에, 가축을 매개로 야생동물의 바이러스를 인간에게 전파할 수 있다는 점에서도 위협적이다. 산업혁명 이래 기계와 다름없이 취급되었던 농장 동물들은 점차 비참함을 느끼는 생명체로 인식되기 시작했다.

동물들이 잘 먹고 잘사는 것, 그들의 처지와 심리적 상태에 관심을 가져야 한다는 새로운 인식이 형성되고 있다. 내 입으로 들어오는 고기가 태초에 '노예처럼' 밀집 사육되고, '비인간적으로' 끔찍이 다뤄진다는 사실에 모른 척하면 안 된다는 도덕의식의 발로이다. 최근의 조류와 포유류에 관한 연구들은 이들이 청각·시각·촉각·후각 뿐 아니라 전기감각과 자기감각을 가지며, 이런 면에서 의식에 집중되어 있는 인간을 넘어선 '감각적 우월성'을 갖고 있다는 점을 밝히고 있다.[77]

'효과적 이타주의'라는 캠페인이 있다. 전 세계적으로 기아와 재난으로 고통받고 죽어가는 개인을 공리주의에 입각해 가장 효과적인 방식으로 돕는 자선 활동이다.[78] 이 글로벌 인권운동을 이끄는 프린스턴대 교수 피터 싱어(Peter Albert David Singer)를 내 수업에 초청해 강의를 듣고 의견을 나눈 적이 있었는데 강의 도중 이런 말을 했다.

"효과적 이타주의자들은 인간의 고통에만 관심을 두지 않아요. 이들은 동물의 고통에도 관심을 두죠. 우리 주위에 있는 강아지나 고양이뿐 아니라, 공장에서 사육되는 동물들의 비참한 처지를 개선하는 걸 목표로 삼습니다."

싱어 교수는 자신이 가르치는 프린스턴대학의 학생들 중 효과적 이타주의를 실천하는 이가 많다고 했다. 이들이 많은 격려 이메일을 보내온다고 했다. 그러면서 한국의 고등학생들이 자주 이메일을 보낸다는 사실도 소개했는데, 『동물해방』이라는 자신의 책이 널리 읽혔기 때문일 거라고 했다.[79] 덧붙여 한국 학생들은 시험 문제에 대한 답과 의견을 묻는 경우가 있다고 했는데, 본인의 답변을 기대하지 말 것을 당부했다.

사실 최근 싱어 교수는 한국 고등학생 중간고사 오류 문의에 직접 답변을 해 화제를 모은 적이 있다. 한 학생이 중간고사 '생활과 윤리' 문항의 오류 여부에 대해 이메일 문의를 했는데, 학교는 '싱어는 동물실험을 없애야 한다고 주장한다'는 선택지가 맞는다고 봤는데, 이 학생은 이에 의구심을 품고 싱어 교수의 생각을 직접 물은 것이다. 싱어 교수는 '맞지 않다'는 답변을 보냈다.

의구심의 근거는 피터 싱어 교수의 '실천윤리학'이었는데, 여기에서는 실험에서 얻는 이득이 충분히 크다면, 동물들이 겪을 고통이 충분히 작은 경우 동물 실험이 나쁘다고 단정 지을 수 없다고 주장한 것이다.[80] 용감하게 세계적 석학에게 질문해 답을 얻어낸 학생도 대단하지만, 시간을 쪼개 어린 학생을 격려하고 몸소 '이타주의'를 실천한 석학도 충분히 박수받을 만하다.

새로운 인권 감수성은 참신함을 넘어 미래에 대한 희망을 쏘아 올린다. 젊은 세대는 기후 위기를 빙하의 급속한 해빙과 북극곰의 생존 위협으로 편협하게 이해하지 않는다. 나아가 자기 자신과 내 친구들의 생존, 그리고 미래에 해를 끼치는 보편적 인권 문제로 인식한다. 또 인식으로 그치지 않고 기후변화 대응을 촉구하는 기후 행동으로 한걸음 더 나아간다.

인권은 인간만이 주체가 되는 권리가 아니라 자연과 지구에게도 적용되어야 한다는 발상은 한층 진일보한 느낌을 준다. 이런 발상의 전환이 텀블러의 애용으로, 공항 갈 때 목 베개와 빈 물통을 함께 챙기는 버릇으로, 쇼핑백 대신 에코백을 챙겨가는 환경친화적 행동으로, 등산할 때 쓰레기를 줍는 플로깅으로 빛을 발하고 있다. 각양각색 자기가 할 수 있는 기후행동을 고안해내고 곳곳에서 실천하고 있다.

자연에게 인권을 부여하는 혁신적 발상으로 가는 길목에 '미래세대의 인권'이 있다. 엄마 뱃속의 태아, 앞으로 태어날 세대가 지구에서 누려야 할 권리에 관한 이야기다. 2022년 6월 헌법재판소에 기후위기 헌법소원을 낸 청구인은 62명의 어린이였는데, 이중 '딱따구리'라는 태명의 태아도 포함되었다. 정부가 설정한 온실가스 배출 감축 목표가 너무 낮아, 출생 이후에 누려야 할 기본권이 침해될 거라는 주장이었다.

앞으로 태어나 살아갈 미래세대의 권리, 또 현존하는 다양한 사회 구성원의 생명권과 가족 생활권, 이것들이 기후변화라는 재앙 앞에 속절없이 무너지고 있다는 주장들이 함께 터져 나오면서 인권을 지키고 또 창의적으로 계승하려는 움직임이 전 세계적으로 관찰되고 있다.

　차별을 반대하고 인권을 옹호하던 밀레니얼의 감수성과 기후변화가 결국 내 권리의 문제이며, 지구의 숨 쉴 권리를 의미한다는 잘파세대의 각성이 만난 것처럼, 전 세계의 인권운동도 자연스레 환경운동과 조우하면서 인권이 자연, 환경, 생태, 지구와 함께 언급되는 비율이 높아졌다.

　가령 2018년의 '헤이그 원칙'은 인간이 지구 환경 보존 의무를 충실히 수행할 때 진정한 인권실현이 가능하다는 입장을 제시하였다. 기후변화의 심각성을 인식하는 것이 진정한 인권운동이라는 인식이 젊은 세대 내에서 자라나고 있으며, 이런 인식의 변화는 국제사회의 패러다임 변동에 뿌리를 두고 있다.

　동물이 잘 먹고 잘사는 세상을 만드는 것, 인간은 '인간이기에' 존엄하다는 인권의 기본 명제에 도전한다. 함께 살아가는 사회에서 차별의 메커니즘은 그 대상이 누구든 유사할 것이므로, 차별받고 고통받는 모든 이가 연대할 수 있다는 믿음, 그리고 연대해야 한다는 당위가 사회 구성원을 하나로 응집시키고 있다. 여성, 장애인, 성소수자, 난민, 빈민, 다양한 사회적 소수자들과의 연대의식은 이제 함께 생활하는 반려견과 반려묘로, 초밀집 축산되는 동물로 향해 나아가고 있다.

　"인간 동물, 비인간 동물, 우리는 모두 하나다!"

사피엔스는 생태 파괴자이다

요즘 세대는 사피엔스가 자연과 문명의 최대 위협이 되었다는 유발 하라리의 주장에 공감한다. 동시에 기성세대가 미래세대에 대한 충분한 배려를 하지 않고 있고, 자신들이 더 많은 피해를 보고 있으며 또 그럴 것이라는 분노를 품고 있다. 자연을 훼손한 인간에게 책임을 묻고, 자연을 의인화하면서 의인화된 자연의 고통에 공감하는 것은 놀라운 변화다. 기후변화를 환경적, 생태적, 경제적 측면으로 바라보는 데 그치지 않고, 정의와 인권의 시각으로 바라보는 지혜를 갖췄다.

지구의 최상위 포식자로서 사피엔스는 너무나 빠른 시간 내에 생태계의 정점에 올라선 나머지, 생태계가 인간의 욕망에 적응할 시간을 허락하지 않았다. 치명적인 전쟁, 생태계 파괴를 자행하면서 잔인하고 위험한 인간의 본능을 숨기지 않았다.

실제 사피엔스의 최근 역사는 피부색, 종교, 언어에 따라 소수 집단을 말살해 온 역사에 다름 아니다. 수만 년 전에는 네안데르탈인을 포함한 수많은 인간 종들을 멸종시킨 잔인한 집단이 아니었던가. 하라리는 인간을 가장 치명적인 종이라 불렀다. 심지어 생태계의 연쇄 살인범으로 치부하며 환멸한다. 수렵채집인들은 동물계에, 농부들은 식물계에 '생태적 재앙'을 가져왔다는 문명 진단이다.[81]

젊은 세대는 인간 중심주의에 대해 반발하면서 인간 중심의 사고방식에서 벗어나, 인간의 무한한 욕구에 물음표를 던진다. 자연의 내재적 가치에 주목해야 한다는 입장인데, 인간 권리의 숭고함이 자연에 대한 지배를 정당화할 수 없다는 인식이다. 인간의 도덕적 영역과 자연과 세계 간의 위계관계를 설정했던 계몽주의적 사고방식에서 벗어나, 양 영역의 내재적 가치를 동시에 인정해야 한다는 주장이다.

이들은 권리를 가진 여러 주체들을 과거보다 훨씬 폭넓게 상상하는 경향이 있다. 인간과 자연 간의 이분법을 넘어, 자연 역시 인간과 마찬가지로 권리를 부여할 수 있다는 유연한 생각을 가지고 있다.

미래세대로부터 강탈해 갔던 지속가능성을 일종의 '채무'로 인식하고 미래세대에게 되돌려 주려는 적극적인 노력이 필요하다. 근대 문명의 역사가 서구와 비서구의 불평등한 분배와 갈등의 문제였다면 현재 논의되는 지속가능성의 역사는 어쩌면 기성세대와 미래세대 간의 불공정의 문제일지 모른다.

기후변화가 종국에는 선진국과 개도국 간의 분배 불의의 문제이듯, 온실가스 역시 더 많이 배출한 세대, 그리고 수십 년 동안 배출된 온실가스로 인해 타격을 받는 미래세대 간의 '분배 불의'의 문제이다. 미래세대는 자신들이 야기하지 않은 환경 문제의 악영향을 받게 되는 매우 불공정한 상황에 놓이게 된다.

세대 간 형평성 개념은 기후변화에 관한 전 세계 국가 간의 약속인 '파리협정'에도 등장하며, 세대 간의 공정성을 당사국들이 인정하고 적극적으로 다뤄야 함을 일깨우고 있다.

기후변화에 맞닥뜨리면서 윤리적 정의를 모색하고, 기후 정의를 세대 간 문제임과 동시에 전 지구적 문제로 인식한다는 점에서 신인권세대와 글로벌리스트의 관점과 목표가 서로 만난다.

기후 변화에 대응하고 새로운 윤리적 목표를 설정하는 일은 본질적으로 전 지구적인 과제이며, 재레드 다이아몬드가 '글로벌 문제는 글로벌 솔루션'을 요청한다고 말했던 것처럼 기후 변화와 정의를 인권의 이슈로 재정립하려는 Z세대의 몸부림은 자연스레 이들을 글로벌리스트로, 전 지구적 실천가로 탈바꿈시키고 있다.

하지만 이들이 텀블러 사용에만 집착한 채, 새로운 글로벌 기준을 만들고 국제협약을 만들어 가는 거시적 해결책에 관심을 갖지 않는다면 기후 변화에 대한 효과적 대응은 요원한 이상에 그칠 것이다. 기업 활동에 필요한 전력을 100% 재생에너지지원을 통해 끌어오겠다고 선언하는 RE100, 탄소 배출 제로를 목표로 삼아 배출량을 공시하고 검증받겠다는 ESG 이니셔티브. 이런 거시적 방향에 부합하는 실천 방침을 만들어내고 행동하는 사조를 형성할 수 있을지가 관건이다.

젊은 세대가 어떤 선택을 할지 지켜봄과 동시에 기성세대도 적극 나서야 한다. 사회 구조적인 개혁을 요구하는 방향으로 이들의 선한 영향력을 확장시켜 나가는 데 조그마한 역할이 있다면 아마도 그것은 기성세대의 몫일 것이다.

Chapter 5

핵개인에서
협력개인의 사회로

공멸 아닌 공존으로,
핵개인을 넘어 협력개인으로

우리 민족은 자립을 추구하는 핵개인보다는 협력할 준비가 되어 있는 '협력개인'에 가깝다. 개인의 자율과 선택, 취향을 앞세워 독립적이고 자주적 삶을 추구하는 것 또한 '공동체'라는 테두리 내에서이다. '나 자신'은 '우리' 안에 존재함을 인지하고 있다. 이것은 우리 민족이 가진 아우라이다. 초개인이라는 원심력으로 멀어지는 것 같지만, 사실은 공동체와 사회로 관심과 에너지가 결집하는 효과를 가진다. 협력에 대한 관성의 법칙이 내면에 작용하고 있는 것이다.

세대가 아닌
상대를 위한 생각 ——— 1

22세 청년과 94세 할머니의 일생

올해 22세가 된 한 청년의 일생을 상상해 보자. 붉은악마의 함성
이 전국을 뒤덮던 2002년에 태어난 월드컵둥이다. 월드컵 4강
진출 신화의 기운을 받아 힘차게 시작했지만 이 청년의 20여 년
삶은 순탄치 않았다.

1996년 한국 최초로 생긴 영어유치원은 월드컵둥이들이 유치
원에 입학할 즈음 대세로 자리 잡는다. 유치원에서부터 치열하고
기나긴 사교육과의 전쟁을 시작한다. 초등학교에 입학할 즈음인
2009년에는 신종 플루가 발생해 감염병과 함께 초등학교 생활
을 시작한다. 초등학교 6학년인 2014년에 발생한 세월호 참사는
전 국민에게 지울 수 없는 트라우마를 남긴다. 이후 수학여행, 졸

업여행 같은 현장학습이 전면 중지되어 친구들과의 단체여행 추억은 거의 없다.

2015년 중학교에 입학하던 해에는 메르스가 창궐해 전국 약 2천여 학교에 휴교령이 내려진다. 자유학기제가 시작되고 진로 탐색이 주요 교과활동이 된다. 교실 공부만 잘하는 것을 뛰어넘어 다방면에 창의 탐구력을 가진 '만능캐'가 되기를 요구받는다. 2017년에는 수능개편안이 발표되어 특목고, 일반고, 자사고 가운데 어디를 가야 대학교 입학에 유리할지 머리를 싸맬 수밖에 없었다.

지난한 12년 학교생활을 마무리할 2020년에는 코로나19 때문에 4차례나 개학이 연기된다. 고3이어서 등교는 했지만 확진자가 나오면 바로 등교는 중단된다. 등교 중지와 다시 등교를 반복하면서 고3 1년을 보낸다. 그리고 대망의 21학번이 되었지만 합격의 기쁨조차 실감나지 않았다. 입학식부터 1학년 내내 줌(ZOOM) 캠퍼스 생활을 보낸다. 2023년 이태원 참사까지 겪고 이제 2024년 졸업반, 급격히 오른 물가와 좁아진 취업문 앞에서 AI와 무한경쟁을 해야 할 처지이다.

94세의 박할머니는 우리나라 최고령 현역 가수이다. 이북이 고향인 박할머니는 6.25 전쟁 때 흥남 철수 당시 마지막 피란선을 타고 혼자 남으로 내려왔다. 남한에서 결혼해서 남매를 낳았다. 이후 자식들을 따라 미국에 가서 잠시 산 적도 있지만, 타국이

싫어 다시 한국으로 혼자 돌아온 뒤 74세에 가수로 데뷔를 했다. 낮동안 유쾌하게 지낸 94세 할머니는 지금은 돌아가셨을 부모님을 생각하며 밤마다 잘못했다고 빌며 운다. 스무 살에 혼자 피난선을 타고 남으로 온 것은 일생을 두고 회복할 수 없는 불효가 되어버렸기 때문이다. 일제강점기에 태어나 가수를 꿈꿨으나 해방과 전쟁을 연달아 겪으며 꿈이 좌절되었고, 스무 살 때부터 분단의 아픔을 혼자 안고 살아온 분이다.

22세 월드컵둥이 청년은 이 할머니의 일생을 관통한 신념과 사고의 뿌리, 행동의 원천을 상상하기 어렵다. 그건 할머니 입장에서도 마찬가지일 테다. 역지사지 이전에 서로를 잘 모른다. 격동이라고 표현되는 대한민국의 근현대 100년 동안 우리는 각 세대별로 자신들만의 서사를 따로 쌓아나갔다. 22세 청년의 일생과 94세 할머니의 일생이 서로 이해되기란 거의 불가능하다. 베이비부머 세대, X세대, 밀레니얼, Z세대, 잘파세대에 이르기까지 자기 세대만이 가지는 서사 맥락은 따로 있다. 세대 공감이 어려운 이유가 여기에 있다.

20~30년 전과 비교할 때 우리의 삶은 비교가 무색할 만큼 윤택해졌다. 소득은 크게 올랐고 정치는 안정됐다. 스마트폰은 중요한 생활수단이 되었고, 챗GPT라는 손 안의 비서를 두고 살고 있다. 배기가스도 줄었고, 대중교통은 편리해졌으며, 체벌이 사라졌고, 욕설과 고함이 가득하던 직장은 평화로워졌다. 길거리에

생 (生) 존 (zone) 십 (ship)

서 행패를 부리고 술주정을 부리는 사람은 찾기 어려워졌고, 살인 상해와 같은 범죄도 훨씬 줄었다.

이렇게 개선된 삶은 월드컵둥이 22세 청년에게 유효할까. 소득은 크게 올랐다고 하지만 소득의 격차는 훨씬 커졌고, 정치는 안정되었다고 하지만 거대 양당에 가려 다양한 목소리를 듣기 어려워졌다. 길거리에서 행패를 부리고 술주정을 부리는 사람은 찾기 어려워졌지만, 디지털 범죄는 더 교묘하고 극악무도해져서 개인정보조차 돈벌이 수단이 되고 있다. 학교에서의 체벌은 사라졌지만, 학교폭력은 그 수위가 정도를 넘어선 지 오래이다. 욕설과 고함이 가득한 직장이 평화를 찾은 대신 조용한 퇴사와 잦은 이직으로 소득 안정성은 더 떨어졌다.

기성세대의 문법에서는 유효했던 발전들이 당면한 세대에서는 그 의미가 판이하게 달라질 수도 있는 것이다. 세대 공감을 논하며 각자의 역사적 배경은 무시한 채 현상만 진단하면 이렇듯 자기 입장에서만 해석하게 된다. 세대갈등을 넘어서자고 감정에 호소하는 세대 공감은 결국 실패에 이를 것이다. 우리는 서로에 대한 배경지식이 더 필요한 것인지도 모른다.

언제든 기성세대는 미래세대의 도전을 받게 되어 있다. 그 미래세대는 다시 다음 미래세대의 도전에 직면할 날이 온다. 그것이 역사의 필연적 발전 동력이다. 따라서 우리가 구할 해법은 역지사지 같은 심정적 동의가 아니다. 세대를 초월한 대전제가 필요하다. 핵개인의 시대, 세대 충돌은 당연한 현상이며, 이 현상을 타파할 그것이 무엇인지 찾아야 할 것이다. '네가 내가 되고, 내가 네가 되자'고 할 수는 없는 노릇이다.

지금 필요한 대전제는 협력

3세 이하 아이들의 행동을 보면 협력이라는 인간의 고유한 특징을 발견할 수 있다. 사회화가 뭔지도 모를 3세 이하 아이도 공동의 목표라는 걸 어렴풋이 인지하고 이에 따라 행동한다. 같이 게임을 하던 어른이 게임을 중단하면, 아이는 모종의 손짓이나 고갯짓 등의 행동을 통해 파트너에게 다시 참여할 것을 종용한다. 반대로 자신이 더 재미있는 게임에 끌려, 하던 게임을 중단해야할 처지가 되면 함께 게임하던 어른에게 의사를 표시하고 자리를 뜬다. 아이는 손에 닿지 않는 물건에 손을 뻗어 어른을 도우려 하고, 곤경에 처한 누군가를 돕는 시늉을 한다.[82] 이는 침팬지 같은 다른 영장류의 행동에서는 결코 발견되지 않는 인간만의 고유한 행동이다.

어린 영유아의 이런 단순한 행동에는 각자의 서사나 맥락에 의해 왜곡되지 않는 중요한 해법이 내포되어 있다. 공감과 협력의 태도가 바로 그것이다. 자신의 능력과 처지에 아랑곳하지 않고 도움이 필요한 사람들을 도우려는 그 태도가 지금 필요한 대전제이다. 공멸대신 공존하자면서 서로의 영역을 침범하고 이해를 강요하는 것이 아닌, 각자의 자리에서 자신이 할 수 있는 협력을 해내는 것이 절실하다. 다른 세대를 향한 지적질이나 분노, 혐오가 아닌 단순한 협력적 태도를 유지하는 것만으로도 사회적 성숙이 가능하다.

어린아이일 때는 능숙한 공감과 협력이 왜 어른이 되면 사라지고 마는 것일까? 개인 단위에서 작동하는 공감과 협력이 왜 사회 단위로 옮겨오면 고장난 듯 멈추는 것일까? 권력과 자원의 불평등이 끼얹은 편견과 갈등 앞에 공감하고 협력하는 인간의 본성은 속수무책인 경우가 많다. 치열한 생존 경쟁, 아니 생존 전쟁을 치르다 보면 모두 자신의 이해가 앞서게 된다. 협력하려는 마음은 온데간데없이 사라지고, 갈등이 커질 수밖에 없다.

우리의 경우를 보자. 협력적 태도가 사라진 이유는 매우 선명하게 보인다. 처음으로 부모보다 가난한 세대가 된 밀레니얼과, 무한경쟁을 어릴 때부터 내면화해 온 잘파세대가 우리 사회의 주축으로 올라서려는 시점이다. 그러나 이들 위에 역사상 그 어느 때보다 막강한 권력과 자산을 독점한 기성세대가 줄어들 줄 모르는 사회적 영향력을 발휘하고 있다. 활동 무대가 겹치고, 이는 생존으로 직결되고, 서로 한치의 물러섬이 없는 형국이랄까. 기성세대는 질서를 깨뜨리고 이해타산에 익숙한 젊은 세대의 거침없는 모습에, 젊은 세대는 기성세대의 완고함과 독선에 똑같이 실망을 느낀다.

협력을 위한 윤리

그렇다고 우리 사회가 걷잡을 수 없는 속도로 고립무원의 핵개인화 사회로 직행하고 있는 것은 아니다. 젊은 세대들은 전쟁에 비견할 만한 굵직한 사건을 겪은 만큼 공정과 연대에 대한 열망도 크다. 민감한 사건 앞에서 누구보다 빠르게 연대해 여론을 형성한다. 그리고 그것이 자신들이 보기에도 사회가 보기에도 공정하고, 인류의 보편적 가치에 부합되는지를 매우 중요하게 여긴다.

대전의 성심당을 예로 들어 보자. 성심당은 대전에서만 빵을 파는 로컬 기업으로 유명세를 얻었다. 빵플레이션이라 이를 만큼 빵값이 고공행진하는 가운데 가성비를 저격하는 제품이 젊은 세대를 사로잡았다고 언론은 보도한다. 하지만 가성비만이 그 이유는 아니다. 대전에 가야만 먹을 수 있는 빵, 돈 벌었다고 서울로 진출해서 프랜차이즈를 꾀하지 않는 로컬 기업으로서의 가치 등이 젊은 세대의 마음을 움직인 것이다. 기성세대의 눈에는 빵 하나 사먹겠다고 기차를 타고 가는 것이 해괴망측한 낭비처럼 비춰질 수도 있지만 그런 가치 소비에 기꺼이 지갑을 연다. 그리고 이런 행보는 SNS를 타고 빠르게 확산되고 공유된다.

우리의 현실은 각자의 위치와 시선으로 다른 세대를 판단하고 편견의 감옥에 가두는 데 익숙하다. 협력의 파트너는커녕 배척의 대상이 되기 일쑤이다. 인간 행동의 일반적 특징과 진화론적 패턴은 먼 타국의 이야기처럼 느껴진다. 미디어와 SNS, 온라인에서는 협력과 통합, 소통이 발자취를 잃고, 각자도생과 혐오가 판을 치고 있다. 언제부턴가 공론장은 구성원 간, 세대 간 이전투구의 장으로 변질됐다.

여기에는 유튜브와 같은 뉴미디어 환경이 큰 영향을 미쳤다. 특정한 입장과 견해를 집요하게 강요하는 콘텐츠들이 많아지고, 여기에 AI가 개인의 성향에 따라 유사한 콘텐츠를 추천해 주는 시스템이 정착되면서, 내 신념을 맹목적으로 정당화하고 확증편향을 강화하는 세태가 만들어졌다. 여기에 조회수 사냥에 나서는 사이버레커(Cyber Wrecker)와 같은 극단적 유튜버들이 검증되지 않은 사실을 자극적으로 짜깁기하고, '아님 말고' 식으로 퍼트림으로써 개인들을 더욱 고립으로 몰아가고 있다.

구독자 수를 늘려 돈 버는 데 혈안이 되어서 윤리와 배려를 망각한 채 소모적 갈등과 증오를 부추기는 일부 저급한 유튜버들은 언론의 본령까지 욕보이고 있다. 가짜뉴스도 아무 거리낌 없이 생산한다. 흥미와 가십거리로 위주로 특정 세대와 집단을 깎아내리고, 불신과 경계심을 조장하는 콘텐츠들도 흔히 볼 수 있다. 자극적이고 이분법적인 콘텐츠는 이성과 합리성의 목을 조르고 있다. 이제는 우리도 온라인 규제를 규제가 아닌 처벌로 강화할 필요가 있다.

유럽의 정치인들과 시민들이 AI를 규제해야 한다고 한목소리를 내는 이유가 여기에 있다. 2023년 8월부터 시행되기 시작한 유럽연합(EU)의 '디지털 서비스 법(Digital Services Act)'은 이용자가 AI 추천 시스템을 원하면 끌 수 있도록 하고, 유해한 콘텐츠를 손쉽게 신고할 수 있는 길을 활짝 열었다. 이용자가 적극적으로 신고하기 때문에 플랫폼 기업들도 유해 콘텐츠를 걸러내는 데 더 적극적으로 임할 수밖에 없다. 유해 콘텐츠를 내리는 이유를 설명하는 의무도 함께 지므로, 온라인 윤리가 대폭 강화되는 결과를 낳았다.

때마침 EU는 AI를 활용 위험도별로 분류해 규제 수위를 정하는, 포괄적 성격의 AI 규제법을 전 세계 최초로 통과시켰다. 2024년 3월 유럽의회를 통과했고, 같은 해 5월 EU 이사회는 이 법을 최종 승인했다. 의료, 교육, 선거, 자율주행 등에 사용되는 AI는 가장 높은 고위험 등급으로 규정하고, 위험관리시스템 구축을 의무화했다. 사이버 공격, '유해한' 선입견 전파 등도 시스템을 공격하는 위험이라 간주하고 별도 조치를 의무화한다. 딥페이크 영상에 대해서는 AI가 만든 콘텐츠라는 점을 반드시 명시토록 했다.

유럽발 AI 규제는 '포노 사피엔스'가 결코 만병통치약일 수 없으며, 혁신적 미래가 아니라 되레 개인들 간의 상호 불신과 대결을 부추길 수 있다는 점을 분명히 환기시켜 준다. 사려 깊고 성찰적인 인공지능 연구자들이 최근 AI의 공정성과 편견 문제에 경각심을 갖고 해결책을 모색하는 데 많은 시간과 에너지를 투입하고 있다.[83]

대상, 나이를 가리지 않고 무분별하게 증오를 표출하고, 남의 불행과 결점을 확대 편집해 인격 모독에 나서는 악플러와 사이버

레커들에게는 규제의 철퇴를 내려야 한다. 플랫폼 기업들이 관심을 갖고 모니터링 한다면 경고와 회원 탈퇴 등 단순한 선택지를 가지고도 효과적으로 온라인 공간을 정화해 나갈 수 있다. 강력한 레커화로 인해 공론장이 멍들고 편견이 극단화되는 상황을 막을 수 있다.

인간의 선한 본성을 뒤흔드는 미디어 환경에도 불구하고, 각 개인은 이에 맹목적으로 부응하지 않는다. 인류가 수만 년에 걸쳐 전승해 온 협력적 성향과 때로는 이기심을 누르고 공동의 이익을 추구하는 고유한 본성은 쉽게 소멸되지 않기 때문이다. 우리가 사피엔스라는 본질을 망각하거나 거부하지 않는다면, 이롭고 선한 존재가 되려는 성향은 쉽게 사라지지 않는다.

초저출생과 급격한 고령화, 세대갈등의 전개, 그리고 갈등을 부추기는 디지털 환경을 마주하며 우리에게 정말 필요한 것은 서로에 대한 열린 태도와 협력적 자세이다. 서로 처한 입장을 이해하고, 공감하며, 공동의 목표를 설정하고 주어진 역할을 충실히 수행하는 기본을 뜻한다. 서로의 눈을 바라보고 서로가 바라는 바를 읽어 내고, 이에 따라 행동을 조정하는 능력이 그 어느 때보다 필요하다.

어려운 일일까? '어서 와, 여기는 처음이지? 기꺼이 도와줄게.'라는 자세 하나면 되는데.

마스크와 분리수거로 증명

세계 최고의 갈등 국가, 세대갈등 사회로 '공인되는' 대한민국이지만, 사실 역사 문화적으로 한국인을 특정짓는 것은 다름 아닌 협력이었다. 매우 낯설게 들리지만, 우리는 원래 그랬다. 물을 함께 대고 볍씨를 뿌리고 함께 수확을 시작한, 아주 오래전 농경사회 때부터 그랬다.

코로나 19가 한창일 때 늘 궁금했다.

'우리는 왜 이렇게 마스크를 잘 쓸까?'

한참 확진자가 폭증하고 감염 우려로 예민해져 있을 땐, 길거리의 사람들이 모두 잠재적 보균자로 보일 때가 있었다. 버스나 지하철 같은 대중교통을 이용할 때야 마스크 착용이 당연하고 필수적인 일이지만, 길거리를 걸을 때나 공원에서 산책할 때조차 마스크를 쓰는 모습은 왠지 가식적이라고 느껴졌다.

'다들 살겠다고……. 역시 각자도생의 시대가 열렸어.'

어느 날 동료 교수들과 대화 도중에 마스크에 대한 이야기가 나왔다. 비정한 각자도생의 세상이 왔다고 내 나름의 생각을 풀어내자, 행정학과 교수 한 분이 "역시 사회학자시네요." 하며 운을 뗐다. 마스크를 쓰는 행위는 타인도 배려해서가 아니겠냐며 나긋하게 말했다.

아뿔싸! 마스크 착용은 나를 보호하는 기능이 있지만, 반대로 다른 사람을 보호하는 기능도 있다는 단순한 사실을 왜 지나쳤을까. 한국인에게 자신을 보호하는 것은 오로지 자기 자신만 보호한다는 뜻이 아니다. 한국인 심리 기저에 자기 보호와 주변 보호는 한 쌍으로 내재되어 있다. 마스크를 부지런히 썼던 덕분에 우리나라는 전 세계적으로 감염병 사망자가 가장 적은 나라 중 하나가 되었다. 우리는 분명히 남을 의식한다. 많은 경우 좋은 의미에서.

비슷한 사례는 또 있다. 오랜 유학을 마치고 한국에 돌아왔을 때, 쓰레기 재활용을 보고 적잖은 충격을 받았다. 플라스틱, 종이 상자, 비닐봉지, 병, 캔, 스티로폼 등 모든 걸 세밀히 구별해 재활용하고 있었다. 미국은 어림도 없는 일이다. 플라스틱, 캔, 종이 정도만 재활용할 뿐 나머지는 모두 컴포스트(compost)라고 하는 일반 쓰레기통으로 간다. 다들 그런 경험 있지 않나? 종이 재활용 포대에 다른 걸 실수로 집어넣었을 때, 그냥 놔둘지, 제대로 재활용할지 고민했던 적. 그냥 놔두고 가자니 발걸음은 무겁고, 마음엔 죄책감이 차오르고, 다시 돌아가 제대로 분리하자니 귀찮고, 하지만 내가 재활용 분리수거를 잘못해서 우리 아파트 전체가 욕먹으면 어쩌하나 걱정도 되는. 이게 우리의 보편적 심성이다. 눈에 보이지 않는 공동체에 늘 속해 있다. 최대한 협력하지 않으면, 미안해하고 죄책감마저 느낀다.

"한국은 20년 넘게 음식물 쓰레기 분리수거 분야의 선두 주자다."[84]

올해부터 음식물 쓰레기 분리 의무화에 나선 프랑스 정부가 한국 정부를 예찬하며 던진 논평이다. 선진국 프랑스는 그간 음식물 쓰레기를 일반 쓰레기와 함께 버렸다. 음식물 쓰레기는 80%가 수분이기 때문에 이를 소각하거나 매립하려면 많은 에너지가 필요하다. 또한 매립된 음식물 쓰레기가 부패 과정에서 만들어내는 메탄가스는 온실효과의 주범으로 알려져 있다. 이런 사실을 프랑스가 모를 리 없지만, 우리보다 20년 늦게 음식물 쓰레기 재활용에 나섰다. 남은 잘 모르겠고 편하게 살겠다는 국민의 생각을 바꾸기 어려웠을 것이다.

협력개인이라는 예쁜 민낯

2017년 국정농단 사태로 전국적으로 촛불 시위가 번질 때, 어느날 시위대가 경찰차에 스티커를 잔뜩 붙인 일이 있었다. 자신들의 주장과 구호를 전달하려는 의도였다. 수십만 명이 질서 정연하게 앉았다가 이동하고, 그 와중에 압사당하거나 중상을 입었다는 이야기는 거의 들어본 적이 없다. 시위가 끝나고 그 많은 스티커를 일일이 제거하던 시위대, 끝난 자리에서 쓰레기 처리까지 말끔히 하고 자리를 떠났던 시민들. 협력이 몸에 밴 우리 국민의 예쁜 민낯이었다.

K팝 하면 맨 먼저 떠오르는 건 칼군무를 추는 아이돌 그룹이다. 왜 우리는 어릴 적부터 집단 훈련을 받고 자료 잰 듯 완벽히 일치하는 안무에 사활을 거는 아이돌 그룹에 열광할까? 미국이나 영국에서 테일러 스위프트(Taylor Alison Swift), 아리아나 그란데(Ariana Grande-Butera), 해리 에드워드 스타일(Harry Edward Styles) 같은 솔로 가수들이 최고 인기를 얻고 있는 것과는 상당히 대조적이다. 그리고 이런 집단적 퍼포먼스가 전 세계인들을 매료시키고, 글로벌 팬덤까지 끌어내는 이유는 또 뭘까? 개인적 에너지 발산에 의존하는 서구의 아티스트와는 달리, 우리만의 공동체적 정서에 서구의 팬들이 빠져든 게 아닐까? 아이돌 자체의 매력을 넘어 이들을 '양육'하고 후원하는 팬덤 역시 자체의 규칙과 규범을 만들어 결속하고, 팬심을 한데 모으는 '우리'라는 정서를 창출했기 때문이다. 한국 여행에 푹 빠진 세계인들의 마음에도 이런 뭔가 역동적이고 부딪치면서도 조화를 이루는 우리만의 이미지가 숨어있지 않을까?

'떼창'은 '우리'라는 정서를 여실하게 드러내는 공연의 명장면이다. 관객은 함께 노래 부르며 관찰자가 아닌 참여자로 적극 공연에 개입한다. '흥'의 민족답게, 자신의 흥을 주체하지 못하고 노래를 크게 따라 부르는 모습, 공연장과 스포츠 경기장에서 흔히 볼 수 있다. 스타를 응원하고 자기 감흥을 표출하면서 목적을 공유한 다수와 함께 보조를 맞추고 역동적 에너지를 발산하는 모습은 유독 우리나라의 문화 공연에서 자주 관찰된다. 한국인만이 지닌 협업 능력이 공연에서도 여지없이 분출하는 것이다. 그러자 해외 콘서트에서 외국인 관객들이 한국어 가사를 외워 따라 부르고 자신들의 흥을 표출하는 장면들 또한 포착되기 시작했다. 떼창 문화는 K팝에 대한 관심을, 한국어와 한국 문화에 대한 관심을 불러일으킨 좋은 사례이다.

2020년 1월 보헤미안 랩소디 열풍의 주인공인 퀸이 공연을 위해 인천국제공항에 내렸을 때, 그 자리에서 한국 팬들은 「위 아 더 챔피온 We Are The Champions」을 떼창하며 퀸 멤버들을 환영했다. 퀸 멤버들은 '감사하다, 정말 놀라운 환영'이라고 놀라움과 깊은 감사의 마음을 표현했다.

여기에서 우리는 전혀 다른 우리를 발견할 수 있다. 실제 우리는 자립을 추구하는 핵개인보다는 협력할 준비가 되어 있는 '협력개인'에 가깝다. 개인의 자율과 선택, 취향을 앞세워 독립적이고 자주적 삶을 추구하는 것 또한 '공동체'라는 테두리 내에서이다. '나 자신'은 '우리' 안에 존재함을 인지하고 있다. 이것은 우리 민족이 가진 아우라이다. 초개인이라는 원심력으로 멀어지는 것 같지만, 사실은 공동체와 사회로 관심과 에너지가 결집하는 효과를 가진다. 협력에 대한 관성의 법칙이 내면에 작용하고 있는 것이다.

협력이라는 개념이 자율성의 최종 주체로서 개인과 결합해 균형 잡힌 문화적 가이드로 정립된 것은 그리 오래되지 않았다. 수천 년간 자리 잡은 집단주의적 문화를 발판으로 산업화와 민주화에 성공하고, 여기에 인권이 정착되어 집단과 개인의 상호조화와 균형 발전을 도모할 수 있게 되었다.

협력개인이 발휘하는 힘은 공동체를 파괴하고 무너뜨리려는 세력에 대한 강력한 제지로 결집하기도 한다. 지난 몇년간 범죄자와 학폭 관여자에 대한 사회적 비난이 거세지고, 무관용의 원칙으로 일벌백계를 주장하는 사회 구성원이 늘어나고 있는 것이 그 대표적 사례이다.

사회 곳곳에서 협력개인이 탄생하면서 이들이 우리 사회에 대한 나은 방향성을 설정하고 있는 것은 긍정적인 신호이다. 협력개인은 공동체 속에서 자신의 역할을 충실히 감당하는 존재이면서, 고유한 세계관을 갖는 존엄한 개인으로서 온전히 존중받는 존재를 의미한다. 이 두 가지 사이의 균형을 이루는 개인이 점차 늘어나고 있다. 기업과 직장에도 협력개인들의 반경이 넓어지고 있으며, 느리긴 하지만 직장은 좀 더 평평하고 참여가 존중되는 삶의 터전으로 진화하는 중이다.

우리와 지리 문화적으로 가까운 일본과 중국도 협력에 능하다. 개인주의가 오랫동안 뿌리내리고 각자 자기 방식대로 살아가는 유럽인이나 미국인, 호주인과는 분명 다른 모습이다. 과거에 우리도 그랬지만, 일본의 택시 기사들은 하나같이 흰색 장갑을 끼고 유니폼을 입었다. 일본에 방문했던 사람들은 이런 일본 택시 기사의 모습에 저마다 감탄을 금치 못했다. 택시는 구식이지만 사람들은 깨끗하고 한 집단처럼 움직이며 에티켓을 철저히 지키기 때문이다. 일본 택시 기사는 '협조적'이고 미국이나 유럽의 택시 기사는 '개인주의적'인 셈이다.

쌀농사 문화가 심은 아이덴티티

왜 우리는 협력을 잘하는 문화를 꽃피웠을까? 왜 유독 우리의 이웃인 일본과 중국이 협력을 잘하는 나라로 분류될까? 『총균쇠』 저자 재레드 다이아몬드 교수의 답변은 꽤나 설득력이 있다.

다이아몬드 교수는 쌀농사와 밀농사의 차이에서 그 원인을 찾는다. 동아시아의 쌀농사는 관개(灌漑, irrigation) 시스템과 더불어 협동할 수 있는 사회적 관계를 구축하고 유지하는 게 중요하다. 언제 볍씨를 심고 언제 모종을 이식할지 서로 협의하고 함께 볍씨를 수확하러 가야 한다. 협력을 거부하고 개별 행동에 나서는 쌀 농부는 배척당하고 필히 굶어 죽기 마련이다.

반면 밀 농부는 협력할 필요가 없다. 밀 경작에 영향을 미치는 것은 강우량이기 때문에 강우량에 따라 수확 적기에 그저 밀을 수확하면 되는 것이다. 그러므로 1만 년 전 중국에서 유래한 벼농사와 유럽과 아메리카에서 확산한 밀농사는 협력을 요구하거나, 반대로 개인주의를 촉진하는 전혀 다른 사회 시스템을 만들어 냈다.[85]

이젠 농업사회에서 산업사회, 아니 디지털 사회로 이행했으니,

협력은 색 바랜 이상으로 봐야 하지 않을까? 다이아몬드 교수는 이런 농경 방식의 차이와 이에 따른 역사적 유산이 현대사회에도 깊숙이 영향을 준다고 본다. 1만 년이 넘는 시간에 걸쳐 누적된 개인주의와 협력의 차이는 쉽게 사라지지 않고, 현대인에게도 심대한 영향을 준다. 역사와 문화의 차이는 워낙 뿌리가 깊어서 사람들 사이에서 희미해지고 잊힌 후에도 지속되는 특징을 가진다. 농업 관행의 역사적 문화적 유산은 현대의 우리에게 뿌리 깊은 사회적 유산이 되었다.

『총균쇠』가 지리학적 결정주의로 비판받듯 협력의 기원을 쌀농사에서 찾는 방식은 너무 단순한 논리가 아닐까? 물론 한국인이 능한 협력이라는 특성에는 다양한 원인이 있다. 그 중 하나는 우리 산업이 오랫동안 제조업에 특화되었다는 사실이다. 물론 아직도 그렇다. 제조업은 원청과 하청, 공급과 판매망 간의 유기적인 협력을 필수적으로 요구한다. 수출이 핵심인지라 국내와 글로벌 연계가 중요하다. 이렇다 보니, 조직문화가 협업 능력을 중시하는 방향으로 진화할 수밖에 없다.

또 하나는 우리의 독특한 대도시 중심의 생활방식에 기인한다. 인구 밀도가 높은 대도시에서 생활하며 버스와 지하철로 출근하고, 사람들이 밀집하는 곳에 지속적으로 노출되다 보면, 자연스럽게 적응할 수밖에 없다. 즉 협력이라는 행동양식이 몸에 밸 수밖에 없다. 대중교통을 이용할 때 타인에게 폐 끼치는 행동을 하면 안 되고, 공정하게 줄도 잘 서야 하고, 바쁜 출근시간 지하철 계단에서는 우측 보행을 해야 움직일 수 있다. 쓰레기 분리수거를 실천해야 하고, 운전 에티켓도 지켜야 한다.

하지만 이제 개인주의와 각자도생이 단단히 자리 잡은 사회가 되지 않았나? 개인주의에 바탕을 둔 서구사회의 모습과 다른 점이 거의 없지 않나? 칼퇴근을 지키며, 회식을 거부하는 풍토가 시사하는 것처럼 말이다. 반드시 그렇진 않다. 다이아몬드 교수의 말처럼 역사적 경험, 문화적 전통은 쉽게 사라지지 않는다. 오랜 시간에 걸쳐 끈질기게 사회 구성원과 집단의 행동에 영향을 준다.

결국 우리는 '이기고도 미안하다고 말하는 우리'이다. 결코 각자도생이 될 수 없는 '협력개인'이다.

다양한 방식의 협력 ──── 2

엄마 미안해 × 20

효도는 전통적으로 내려오는 우리의 문화이자 정서이다. 언제부터인지 효에 대한 관념은 왠지 점차 약해지는 것 같다. 사회가 고령화하면서 부양에 대한 경제적, 심리적 압박이 커졌기 때문이다. 효자 만든다며 '효행장려법'이 시행 중이지만, 이 법이 뭔지 제대로 아는 사람은 별로 없다. 법이 효심(孝心)을 키울 거라고 믿는 사람도 마찬가지다. 효행을 키운다며 90여 개 지자체가 효자, 효녀 지원에 나서고 있지만, 약해지는 효심을 되살릴 수 있을지 잘 모르겠다.

'효의 종말'이라는 진단이 나오고 있다. 어른이 아이를 돌보고, 아이가 장성하여 어른을 돌보는 '상호부조 시스템'이 붕괴했다는 주장이다.[86] 주목할 점은 노년층이 스스로 변화를 모색하고 있다는 것이다. '액티브 시니어'가 등장하면서 누군가에게 의지하려는 관성에서 벗어나, 직업 교육을 받고, 디지털 역량 강화에 나서는 고령층이 늘어나고 있다. 문화예술에 관심을 갖고 작사 작곡을 배우거나 그림을 배워 개인전을 여는 경우도 있다. 내가 벌어 내가 쓴다는 인식은 기본이다.

최근 '노노족'이라는 말이 관심을 끌고 있다. '노(No)'와 '노(老)'를 합성하여 만든 말로, 늙지 않는 노인 또는 늙었지만 젊게 사는 노인을 가리키는 신조어이다. 제2의 청춘을 꿈꾸는 60대, 70대를 가리킨다. 헬스하는 몸짱 시니어가 좋은 사례이다. 헬스, 폴댄스 등 다양한 신체활동을 통해 자신의 신체를 젊게 가꾸고 삶의 활력과 정신적인 건강까지 찾는 사람들이다. 고령의 나이에 보디빌딩 대회에 출전하거나 코리아갓탤런트 등의 방송에도 출연하는 등 왕성한 사회적 활동을 과시한다.

시니어 봉사단 활동도 활발하다. 여러 지역 및 시민단체를 통해 봉사단원을 모집하고 있는데, 키오스크 사용법을 배우고, 배운 것을 다시 다른 시니어에게 가르쳐 주는 릴레이 봉사를 수행 중이다. 연극이나 연주 등 예술공연 봉사에 특화된 시니어 봉사단도 있다. 실버넷 TV는 평균 연령 73세의 노인기자단을 구성하고 있는 미디어 기업이다. 시니어들이 직접 취재, 촬영, 편집을 담당한다. 자신들의 시각으로 세상을 바라보고 해석하는 일에 푹 빠져 있다.

이렇게 능동적으로 변화하고 새로운 규칙을 받아들이는 시니어들은 '돌봄의 대상'이라는 뿌리 깊은 편견에 스스로 도전하면서 독립적 삶을 추구하고 있다. 이분들은 이미 스스로 징검다리를 놓은 분들이다. 젊은 세대가 밟고 넘나들기 편한 튼튼한 징검다리 말이다. 아랫세대에 짐이 되기 보다는 자립을 실천함으로써 오히려 든든한 디딤돌이 된다는 의미에서 그렇다.

그럼에도 불구하고 효도의 시대는 정말 종말을 고한 걸까?

'엄마미안해엄마미안해엄마미안해엄마미안해(엄마미안해×20).'

임영웅 콘서트 티켓팅에 실패한 딸이 트위터에 올린 문구이다. 엄마미안해를 스무 번 반복해 고개를 들 수 없는 미안함을 효과적으로 담았다.

여기에 달린 '괜찮아'라는 위로의 답글을 '영웅시대' 팬덤인 어머니 한 분이 달았다. 두 사람은 실제 모녀 관계는 아니지만, 어머니 세대와 딸 세대를 엮어주는 진한 정서에 호소했다. 이 트윗은 실제 많은 이들의 공감을 불러일으키며 1만 회 넘게 리트윗 되었다.

X(트위터)에 올라 온 사진 한 장이 눈에 띈다. 임영웅 콘서트가 막을 내린 후 어머니들을 픽업하려는 딸들이 진을 친 모습을 담았다. 이 사이에 수줍어 보이는 아들들도 있다. 사뭇 진지한 표정

들이다. 주최 측은 이들을 위한 공간과 좌석을 제공한다. 사려 깊은 팬서비스를 제공함으로써 임영웅 콘서트는 부모가 회춘하고 세대가 하나 되는 장이 된다. '피케팅'을 마다할 이유가 없다.

이렇듯 엄마의 애호를 존중하고 이를 돕는 딸과 아들의 모습 속에서 새로운 효도를 보게 된다. 자연스러운 협력개인의 모습이다. 티켓팅을 돕고, 픽업을 준비하는 자녀의 마음 씀씀이와 행동이 없다면 과연 '액티브 시니어'는 가능할까? 용돈과 보약으로 상징되는 기존 효도의 문법을 따르지 않았을 뿐 가족의 유대는 견고히 유지된다. 콘서트라는 문화적 코드와 장치를 매개로 세대가 연결된다. 그러므로, 나는 꽤 자신 있게 말할 수 있다. 효도는 여전히 계속된다고.

캥거루족의 '오효완'

취업난과 주택난이 가중되다 보니 캥거루족이 늘고 있다. 부모에게 경제력을 의지하며 살아가는 청년들을 빗댄 표현이다. 우리만 그런 건 아니다. 최근 조사에 따르면, 미국의 부모 59%가 한 해 동안 35세 이하의 젊은 성인 자녀에게 재정적으로 도움을 줬다고 한다. 25세 이하 성인 자녀 가운데 57%가 부모와 함께 거주한다고 하는데 1993년의 53%보다 4% 포인트 높아진 수치이다.[87]

우리의 캥거루족 비율은 미국보다 좀 더 높은 편이다. 가족에 대한 관점 차이가 원인일 것 같다. 2022년 기준 35세 이하 청년 100명 중 57명이 부모와 사는 것으로 조사됐다. 이들 중 67.7%가 부모로부터 독립할 확실한 계획이 없다고 답했다.[88] 자식 양육과 노부모 부양에 낀 세대로 살아가는 부모에게 캥거루족으로 빌붙다니! 부모의 등골을 얼마나 빼먹으려고, 이 등골브레이커들! 이런 인식이 사회에 널리 퍼져있다. 캥거루족은 정말 등골브레이커에, 불효막심한 사람들일까?

함께 사는 자식이 불효한다고 여기는 부모는 많지 않을 것이다. 경제적으로는 누를 끼치는 것으로 보일 수는 있다. 하지만 자식은 빠르게 변해가는 사회의 정보 전달자 역할을 가장 훌륭하게 수행해주는 존재이다. 함께 외식하면서 새로 생긴 메뉴에 대해 설명하고 키오스크 다루는 법을 자식보다 자상하게 알려줄 사람이 누가 있을까. 함께 TV를 보면서 새로 나온 대중가요가 얼마나 절절한지 이야기 나눌 자식이 있다면 그보다 더 행복한 노년생활이 있을까. 자식이 떠나고 적적한 집이 아니라, 자식과 함께 시간을 보내고 챙겨줄 때 자신이 살아있음을 느끼는 이들도 적지 않다. 어쩌면 함께 잘사는 것만으로도 '오효완'(오늘 효도 완료)이 완성되는 것은 아닐까?

프랑스 영화 「탕기」는 자식과 부모가 함께 살며 좌충우돌하는 이야기를 담고 있다. 28살 아들은 파리의 집값이 너무 비싼 데다 부모가 제공하는 편안한 '케어'가 맘에 들어 캥거루족을 자처한다. 유교적 가족 관념이 강한 우리야 세대가 함께 사는 것이 크게 이상할 게 없지만, 서구 특히 프랑스의 경우는 성인이 되면 독립하는 게 당연한 인생의 룰이다. 이를 어기면 정말 이상한 사람으로 취급받는다.

이 좌충우돌 프랑스식 캥거루족 아들과 부모의 동거기는 어느 날 갑자기 웬수가 된 아들에 대한 출가 작전을 다루는 블랙 코미디이지만, 결국 챙겨주고 챙김을 받는 양쪽 모두 끊을 수 없는 깊은 정을 느낀다는 메시지로 수렴된다. 숱한 여자 친구를 부모와 함께 사는 집에 데려와 부모를 난감하게 만들지만, 결국 마지막 여자 친구와 중국행에 오르면서 이렇게 말한다.

"부모와 함께 사는 삶도 행복한데?"

DEI와 욜로 지원금

한층 더 개인주의적이면서, 자율을 갈망하는 '코로나 세대'가 기업에 문을 두드리면서, 직장은 유례없는 자기 변신에 나서고 있다. 무엇보다 수평적이고, 소통을 우선시하는 유연한 조직으로 탈바꿈 중이다. 협력개인이 확산되면서 만들어진 새로운 풍경이다. 플랫폼 기업들이 민첩성과 유연성을 중시하는 애자일 조직(Agile Organization)을 앞다퉈 도입했고, 지금은 금융업을 거쳐 제조업으로 확산하고 있다. 플랫폼 발 기업문화 혁신이 한창 진행

중이다.

컨설팅 기업 딜로이트가 내놓은 '2023 MZ 서베이'를 보면, 전세계적으로 MZ세대들은 소속 회사가 팬데믹을 겪으며 여러 가지 긍정적인 변화를 꾀했다고 평가했다. 워라밸에 만족한다는 정규직과 비정규직의 응답자 비중이 1/3에 육박했는데, 2019년에 1/5에 비해 크게 개선된 수치이다. 기업이 사회에 긍정적인 영향을 주고 있다는 응답자도 절반을 넘은 것으로 나타났다.[89]

변화하는 기업들이 주목하는 트렌드에 'DEI'가 있다. 다양성(Diversity), 형평성(Equity), 포용(Inclusion)을 의미하는데, 글로벌 기업들이 추구하는 방향성에 동의한 국내 기업들도 이를 지렛대 삼아 조직 변화를 꾀하고 있다. 한마디로 요약하자면 다양성 관리이다. 어떤 배경을 가진 개인이든 불공정하거나 차별적인 대우를 받지 않고, 공정하게 경쟁하고 처우 받도록 유도해야 한다는 개념이다.

쉬운 예로는 '유연 근무제'를 들 수 있다. 여성들은 특히 더 '유연한 근무'에 대한 열망이 높다. 남성에 비해 육아 부담을 많이 지고 있는 현실에서, 재택근무를 통해 출퇴근 결손 시간을 1시간이라도 줄일 수 있기를 원한다. '유연하지 않은 근무 여건'은 여성의 3대 퇴사 사유 중 하나이다. '딜로이트(Deloitte)의 MZ세대 서베이'(Deloitte's Gen Z & Millennial Survey)는 유연근무제가 어려운 기업의 경우 3년 이상 근속 계획인 여성 비중이 19%에 그친다는 조사 결과를 내놓았다. 안타까운 점은 여성 중 97%가 승진에 부정적인 영향을 줄 것 같아 유연 근무 방식을 강하게 요구하지 못하고 있다는 점이다.

이런 이유에서 여러 선진 기업들이 '자율근무(WFA, Work From Anywhere)'를 앞다퉈 도입하고 있다. 이는 단순 재택근무를 넘어, 장소에 구애받지 않고 원하는 곳에서 일하는 근무 형태를 말하는데, 특히 여성 직원들이나 소수인종 직원들에게 인기가 높다. 직원별로 출퇴근으로 인한 결손 시간에 차이가 있고, 육아를 전담하는 직원은 출퇴근 결손 시간이 육아와 일을 병행하는 데 장애물이 될 수 있기 때문이다.

나는 연구가 주된 업무인 교수라는 직업을 갖고 있다 보니, 집에서 일하는 경우도 많다. 집중적으로 글을 쓰거나, 데이터 분석을 할 때에는 오히려 재택근무가 효율이 훨씬 높다. 집에서 일하면 아무래도 늘어지고, 생산성도 떨어지지 않을까 염려하는 사람도 있지만, 결코 그렇지 않다. 오히려 방해받지 않고 몰입할 수 있는 작업 환경이 만들어져 집중력을 발휘할 수 있다. 혼밥해야 하는 경우가 있다면, 학교 식당보다는 집이 낫다!

국내 한 기업은 DEI의 일환으로, 또 장애인 이동권 보장을 위해 사내 휴게 공간을 '배리어 프리(barrier free)'로 조성했다고 한다. 몸이 불편한 사람들의 이동 편의성을 높이기 위한 조치이다. 이곳의 카페는 사회적 기업의 장애인 직원이 근무하고 있는데, 장애인 고용을 확대하고 차별 없이 함께 공존하려는 기업의 의지가 읽힌다.

요즘은 기업들이 경쟁적으로 사내 복지를 늘리고 다양화하는 추세다. 사내 미용실을 운영해, 커트와 펌, 염색 등의 서비스를 저렴하게 이용할 수 있도록 하거나, 출근길 모닝커피 주문부터 옷 수선과 택배발송에 이르기까지 다양한 서비스를 복지로 제공하기도 한다. 주택자금 무이자 대출을 실행하는 기업도 늘고 있다.

특히 눈에 띄는 복지는 이른바 '욜로 지원금'이다. 미혼이나 비혼족이 늘다 보니, 기혼자 중심의 복지 제도에 형평성 문제를 제기하는 직원들이 많아진 탓이다. S금융사는 미혼 직원에게 연 1회 10만 원씩 '욜로 지원금'이라는 명목으로 복지지원을 하는데, 기혼 직원에게 지원하던 결혼기념일 축하금과 형평성을 맞추기 위한 정책이라는 설명이다. U사의 비혼 지원금 제도 역시 공정한 복지라는 맥락에서 시작됐다. '비혼 선언' 후 결혼한 직원과 동일하게 기본급 100% 해당하는 지원금을 지원한다는 건데, 직원들은 개개인의 가치관과 선택을 존중하는 제도라며 반기는 분위기이다.

어떤 기업들은 효도를 장려하는 복지도 제공하고 있다. 임직원의 급여일에 맞춰 직원 부모님의 통장으로 용돈을 보내는 방식인데, 미혼자의 경우 10만 원, 기혼자의 경우 양가 부모님께 각각 10만 원씩 보내는 식이다. 효도가 약화되는 사회 풍토에서 작지만 긍정적인 움직임이다.

이런 긍정적인 변화 속에서도 임금과 성과급이 충분히 늘고 있지 않다는 것은 해결과제이다. 번듯한 직장이라 해도 박봉에 빠듯하게 살아가야 하는 사회초년생들이 너무나 많다. 우리나라만의 문제는 아니다. 글로벌 MZ의 절반이 매달 빠듯하게 살고 있다는 조사가 있다. 가장 심각한 사회 이슈로 '생계비'를 꼽았다고한다.[90] 자기 재능과 노력, 피와 땀에 대한 대가가 과연 정당한 것인지, 공정성을 의심하는 이들도 많다. 부장, 팀장, 임원을 보면서 '하는 일 없이 돈만 많이 받아 가는 사람들'이라는 생각을 자연스럽게 하게 된다. 이런 풍토에서는 결코 온전한 협력과 헌신을 요구할 수 없다.

뭐니 뭐니 해도 기업이 줄 수 있는 최고의 복지는 공정한 임금이다. 성과급도 본질적으로 근로자가 땀 흘려 일한 것에 대한 대가이므로, 결국 임금의 한 부분이라고 봐야 한다. 공정한 임금 없이 복지만 늘리고 다양화한다고 젊은 직장인들을 일터에 붙잡아둘 수 있는 것은 아니다. 기업이 사회적 책임을 다하고 더 좋은 기업이 되기 위해서는 무엇보다 공정한 임금이 기본 바탕이 되어야한다.

좋은 일자리의 주체는 결국 기업이다. 젊은 세대가 지속적으로 성장하고, 협력에 나설 수 있는 기회는 기업이 어떤 일자리를 제공하느냐에 달려 있다. 직장이라는 중요한 소속감이 날로 옅어지는 시점에서 개인은 독립적 자기 표상에만 머무르기 쉽다. 집단적 가치 지향을 자기 것으로 여기고, 퍼스널 파워를 집단의 발전과 존속을 위해 행사할 수 있는 장을 기업이 열어줘야 한다.

개인 하나하나의 고귀함, 진정한 자아를 깨닫게 해줄 수 있는 것은 결국 집단이자 공동체이다. 비교 대상이 없는데 고귀한 것을 알 수 없고, 공동체 없이 진정한 자아를 깨달을 수 없다. 집단과 공동체라는 의존과 협력의 틀을 제공할 수 있는 주체는 기업이다. 기업은, 직장은, 일자리는 세대를 한 울타리에 묶어주고 서로 배우고 성장하게 만드는 안전판 역할을 한다.

팬덤의 공동체성

내가 어렸을 때 어렴풋이 기억하는 팬덤은 건전하거나 창의적인 것과는 거리가 멀었다. 무대에 등장한 가왕 조용필에게 '악, 오빠!'를 연호했던 '오빠 부대'가 떠오른다. 별나고 요란하게 스타를 추종하는 비이성적이고 맹목적인 외침으로 기억된다. 그렇다고 여고생들이 팬덤을 독차지한 것은 아니었다. 초등학교 시절 나도 따라 불렀고, 우리 부모님도 열성적인 팬이셨다. 뉴진스에 모든 국민이 빠져들 듯, 40년 전에도 가왕의 목소리에 국민 모두가 전율했다. 권위주의가 자유를 집어삼키던 시절, 열정과 에너지를 맘껏 토해내던 소녀들이 지금은 중년이 되어 있다.

요즘 팬덤은 비이성적이거나 맹목적이지 않다. 40년을 진화한 덕분에 생산적이고 참여적이며 능동적으로 변했다. 자발적으로 규범을 만들고, 적극적인 정보공유와 의사소통을 통해 연대감과 소속감을 이끌어낸다. 2013년 방탄소년단 데뷔 때부터 이들과 함께 성장해 온 '아미'는 보라색 리본을 만들어 스타의 이동 동선을 확보하는 것에서부터, '모든 BTS 멤버를 좋아해야 한다'는 규칙을 만드는 것까지, 자신들만의 규범을 형성해 왔다.

'취향공동체(community of taste)'가 팬덤의 핵심 아이덴티티이다. 취향을 공통분모로 새로운 공동체를 결성하고, 나아가 팬덤의 이름으로 트럼프와 싸우고, 인권 탄압 정부에 대항하는 해외의 많은 시민들에게 용기까지 더해준다. 취향이 국경과 인종을 넘어 세계관까지 공유하게 만드는 것이다.

팬덤에 참여하는 사람들의 연령 또한 더욱 다양해지고 있다. 최근 한 조사에 따르면, 연령에 관계없이 팬덤 문화가 퍼지고 있다고 보는 시각이 전 세대에서 공통적으로 나타났다(10대 84.6%, 20대 84.5%, 30대 82.3%, 40대 85.6%, 50대 83.9%, 60대 85.3%)[91] 연예인 쫓던 자녀의 등짝 때리기에 바빴던 엄마들이 이제 스스로 시니어 팬덤을 만들어 새로운 공동체를 형성하고 있다.

취향공동체에 국경이 있을 리 만무하다. K팝 확산과 더불어 팬덤 역시 국경을 초월하는 글로벌 문화 현상으로 확산됐다. 해외 팬덤은 초기에는 중국, 일본, 동남아시아 등 지리적으로 인접한 지역에 한정되었지만, 유튜브 등 소셜미디어 이용이 활발해지면서 미국, 유럽, 남미 등 전 세계로 퍼져나갔다.[92] 우리가 문화적 취향과 사회적 연결 방식을 해외에 수출한 경험이 전무했다는 점을 생각해 볼 때, 신기한 경험임이 틀림없다.

대중음악으로써 K팝은 록, 일렉트로닉, 힙합 등 서구 대중음악 형식과 스타일을 차용한다. 따라서 본래 한국적이기보다는 글로벌 팝 트렌드의 맥락에서 파악되는 것이 일반적이다. 하지만 한국 문화 전통에 내재한 '우리' 개념이 팬덤의 연대 욕구와 화학 반응을 일으키면서 강력한 팬덤이 탄생했다. 집단적, 협력적 문화 코드를 연결해 '우리'가 된 이들은 '행동강령'을 만들어 스타에게 겸손과 겸양을 이식하고, 스스로의 결속력을 강화하는 결정적 역할을 한다.

과거와 달리 팬덤은 수동적인 팔로워에 그치지 않는다. 아이돌들에게 높은 수준의 규범성을 요구하고 그들의 행동에 직접적인 영향을 미친다. 부모가 자식을 키우듯 팬덤은 스타를 키운다. 학창 시절의 품행방정, 팬들에 대한 겸손과 헌신 요구로 나타나고, 이는 연예기획사가 아이돌을 육성하는 과정에서 강조하는 인성 교육 혹은 성애가 제거된 순수한 사랑과 자아 성찰로 표상된다.[93]

서구 사회에서는 스타의 재능이나 개성 등 개인적 특성을 바탕으로 팬덤을 형성한다. 반면 K팝 스타들은 도덕주의를 강조하는 대중들의 집단적 정서에 조응해야만 존재할 수 있다. 이러한 가치관을 바탕으로 한국의 팬덤은 글로벌 팬덤에 자극을 주고 새로운 세계관 형성을 유도하고 있다.

물론 경계해야 할 부분도 있다. 에스파 멤버 카리나 사례가 보여주듯, 스타에 대한 강한 도덕주의의 요구가 그 적정선을 넘어 연예인의 사생활과 인권을 침해하는 일로 나아간 것은 불행한 일이다. '내가 투자한 게 얼마인데'라는 태도가 연예인에게 얼마나 큰 폭력으로 가해질 수 있는지 깨달아야 한다.

　K팝 해외 팬덤이 K팝의 매력에 관해 이야기할 때 항상 언급되는 것이 건전함과 겸손함이다. 바야흐로 한국적인 것이 세계적인 것으로 인정받는 세상이 되었다. 우리의 관계 맺기 관념이, 협력 개인의 이념이 지구촌 젊은이들이 열광하는 새로운 공동체를 추동하고 있다. 이를 더 발전시켜 사회와 인류에 기여하는 책임은 오롯이 우리에게 있다.

한국 문화 전통에 내재한 '우리' 개념이 팬덤의 연대 욕구와 화학 반응을 일으키면서 강력한 팬덤이 탄생했다. 집단적, 협력적 문화 코드를 연결해 '우리'가 된 이들은 '행동 강령'을 만들어 스타에게 겸손과 겸양을 이식하고, 스스로의 결속력을 강화하는 결정적 역할을 한다.

위기 극복의 열쇠 ——— 3

협력의 배신

협력개인으로 살아가면서 유의해야 할 점들이 있다. 협력은 때때로 사회적 지지가 아니라 사회적 압력으로 변질돼 개인을 압박하고 불행하게 한다. 집단적 압박 속에서 뒤처지고 있다는 불안함과 강박감에 사로잡혀 스스로를 고립시키고 사회를 등지는 경우도 있다. 그게 가족이든 학교든 직장이든 의도치 않은 압박이 구성원의 자율과 창의를 억압한다. 나아가 다른 팀에 속한 구성원을 경쟁과 극복의 대상으로만 여기고, 함부로 판단하면서 막다른 골목으로 몰아가는 일도 비일비재하다. 결국 개인은 실종되고 협력이라는 껍데기만 남게 되는 안타까운 상황에 처한다.

'협력의 배신'이 가져오는 결과는 처참하다. 대한민국은

생 (生) 존 (z o n e) 십 (s h i p)

OECD 국가 중 자살률 1위, 우울증 1위로 등극했다. 코로나19 이후 우울증 유병률이 세계에서 가장 높아졌다고 하는데, 이게 과연 마스크 열심히 쓰고 국가 방역에 협조한 결과이자 대가인 건지 절망감을 느끼는 사람들도 있다. 언제부턴가 우리는 행복하지 않다고 생각하는 개인이 가장 많은 OECD 국가 중 하나가 되었다(OECD 3위).

『신경끄기의 기술』 작가 마크 맨슨(Mark Manson)은 대한민국을 '세계에서 가장 우울한 나라'라고 진단했다. 맨슨은 일본 식민지, 한국 전쟁과 같은 역사의 질곡을 거치면서, 초고속 압축 성장에 대한 강박관념이 한국인들 사이에서 널리 퍼졌다고 봤다. 성장에 대한 조급함이 협력적 전통을 왜곡시켰고, 성공 아니면 실패라는 이분법적인 사고, 물질적 풍요를 우선시하는 천박한 자본주의를 낳았다고 봤다. 맨슨에 따르면, 한국은 유교문화의 나쁜 점과 자본주의 단점을 기묘하게 조합시켜, 스트레스와 우울증이 최고조에 달하는 세계에서 가장 불행한 국가가 되었다.

우리 사회에 경종을 울려준 맨슨의 진단에 귀를 기울일 필요가 있다. 외부의 시각에서 바라본 우리의 모습은 꽤 충격적이다. 물론 맨슨이 간과한 점도 있다. 우리 사회가 서서히 명령과 복종, 성공과 실패, 풍요와 빈곤이라는 이분법적인 세계관에서 탈피해 좀 더 다양성과 개성을 중시하는 방향으로 변모하고 있다는 것이다. 'All or Nothing'의 함정에 빠지지 않고, 개인의 선택과 참여를 중시하고, 위계를 넘어 수평성과 평등성을 우선시하는 방향으로 삶의 방식을 바꿔 나가고 있다.

맨슨의 시각과 달리 한국인들은 가족과 공동체를 버린 것이 아니라, 가족과 공동체를 운영해 나가는 방식을 바꾸고 있다. 말하자면, 협력에 개인의 가치를 접목하는 방식의 변화이다. 정부와 기업, 또 리더들이 변화를 이끌고 있지만, 결국 이 모든 변화의 배경에는 대한민국의 젊은 세대가 있다. 이들은 나는 나고, 유일한 부족이라고 믿는 미립자 정체성, 직장과 가정을 넘어 다양한 구성원들과 교류하려는 조립식 소속감, 그리고 진정성을 추구하는 소통 방식을 조합하여 우리 사회에 큰 변화를 가져왔다. 암초로 향하고 있던 대한민국호를 올바른 항로로 돌려놓은 것은 이들이다. 물론 어딘가에 더 큰 암초가 숨어 있을지는 모른다.

국가소멸이라는 끔찍한 위기

최근 들어 '국가소멸'이라는 표현을 자주 듣는다. 초저출생이 눈앞에 펼쳐지고 이 여파가 경제와 교육, 정치, 의료, 모든 방면에 심각한 영향을 주기 시작하면서, 위기감을 느끼는 국민이 점차 늘고 있다. 여기에 이념 갈등과 남녀 갈등, 세대갈등과 같은 복합 사회갈등이 심화하면서 위기감은 점차 증폭되는 상황이다. 대한민국의 소멸 가능성, 국가적 위기, 여러분들은 얼마나 피부로 느끼고 있는가?

세계 문명사를 보면, 막강하던 국가가 송두리째 무너진 사례를 종종 보게 된다. 중앙아메리카의 마야 문명, 바이킹으로 유명한 노스 그린란드 문명, 그리고 모아이 석상으로 널리 알려진 태평양의 이스터섬, 모두 한때 찬란한 문명과 국가 시스템을 자랑했지만, 결국 역사의 뒤안길로 사라졌다. 재레드 다이아몬드는『문명의 붕괴』에서 찬란한 문명이 소멸하게 된 이유를 생태계의 파괴에서 찾았다. 산림 파괴와 토양 유실, 과잉 사냥과 해양생물 남획 등 자연을 병들게 하는 인간의 이기적 행동이 문명과 국가를 짓누르고 숨통을 끊는 최악의 결과를 낳았다는 것이다.[94]

우리의 상황은 어떨까? 우리의 경우 자연에 대한 이기적 행동보다 더 심각했던 것이 바로 인간에 대한 이기적 행동이었다. 그 결과가 누적되어 나타난 현실이 초저출생의 위기이며, 이것이 국가소멸에 대한 공포감으로 번지고 있다. 이스터섬과 노스 그린란드 원주민이 하나뿐인 자연을 착취하고 훼손한 것처럼, 우리는 노동인권 탄압, 권위적인 사회 시스템, 남녀 차별, 아동학대, 노인학대, 가정폭력, 외국인 차별과 같은 인간 존엄성을 짓누르는 수많은 선택을 해왔다. 현재도 예외가 아니다. 지금 더 내는 게 아깝고 억울하다는 마음에, 연금이 고갈되고 미래세대가 위협받는 모습은 보지 못한다.

사회와 공동체의 경직된 문화와 전통이 새로운 변화를 막고, 붕괴를 재촉한 경우도 있다. 그린란드에 정착한 바이킹은 기독교 전통과 사회적 결속력이 매우 강했기 때문에, 이웃한 이누이트

(에스키모) 사회로부터 배울 기회를 차단했고, 고립을 자초했다. 한 번 칼로 찌르면 피를 흘리지 않는 사람들로 기록에 묘사했고, 이들을 멸시하고 협력의 파트너로 보지 않았다. 정작 지독히 추운 그린란드의 풍토에 더 잘 적응할 능력을 갖춘 것은 바이킹이 아니라 에스키모였다. 에스키모는 물고기 사냥을 통해 부족의 삶을 지탱했지만, 바이킹은 물고기 취식을 거부했다. 역시 경직된 가치관과 문화 탓이었다.

우리의 경우는 어떨까? 배타적 민족주의와 유교적 서열주의가 외국인을 배척하고, 남성 중심적 문화를 정당화하는 역할을 했다. 유교적 질서를 과감히 깨뜨리지 못하고, 남녀 간의 새로운 관계를 진즉 정립하지 못한 결과, 우리는 세계 최고 수준의 젠더 갈등을 경험하고 있다. 기성세대와 젊은 세대와의 새로운 관계 정립도 미뤄진 결과, 세대갈등이 가장 도전적인 사회갈등으로 부상하는 걸 막지 못했다.

연금개혁, 조세개혁, 교육개혁, 일자리 창출, 부동산 대책으로 대표되는 사회경제 개혁이 지체되고, 젊은 세대의 정치참여가 난항을 겪으면서 개인의 안녕과 존엄성, 삶의 가치가 무너지고, 결국 젊은 세대가 미래에 대한 희망을 접고 현재에 안주하게 만드는 비극을 낳았다. 여기에 서로를 적대시하고 비하하거나 혐오하는 분위기가 온라인을 달구고, 극단적 유튜버들이 자극적인 소재로 합리적 사고를 질식시키면서, 국가소멸까지 걱정해야 하는 극한 처지로 몰리고 있다.

이탈리아 일간지 「코리에레 델라 세라 Corriere della Sera」는 한국이 저출생 늪에 빠진 근본 까닭이 남녀 불평등과 직장에서의 차별이라고 보도했다. 우리 사회 곳곳에 남아 있는 남녀 차별적 관행이 결국 여성을 출산 파업이라는 선택지로 내몰았다는 주장이다. 주위의 시선에 아랑곳하지 않고 헤어롤을 감고 외출하는 젊은 여성들은 이 몸짓을 통해 남성 중심 질서에 균열을 내길 원한다. 회사 합병이나 인력 감축이 있을 때 여성이 우선적으로 사직서를 쓰고, 같은 역량을 갖춘 여성들이 남성들에 비해 더 낮은 임금을 받는 현실 속에서, 초저출생의 늪은 어쩌면 예견된 것인지도 모른다. 국가적 위기의 저변에 여성들의 택한 비연애, 비성관계, 비혼, 비출산, 이른바 4B(비,非)가 고스란히 놓여있다.[95]

위기 극복의 길

우리에게 닥친 국가적 위기, 어떻게 극복해야 할까? 우선, 우리가 국가적 위기에 봉착해 있다는 사실을 있는 그대로 인정해야 한다. 여기에 왜 국가적 위기에 봉착했는지에 대한 냉철한 이해와 분석이 뒤따라야 한다. 무엇보다 중요한 것은 지켜야 할 것과 바꿔야 할 것을 확실히 구분하는 것이다. 우리의 유구한 역사와 문화적 토양을 깡그리 무시하고, 개인이 모든 걸 책임지는 사회를 만들어야 한다거나, 반대로 국가 정책이 모든 걸 해결할 거라고 설파하는 자세는 결코 바람직하지 않다.

타협과 양보 없이 지켜내야 할 것은 협력개인이라는 우리의 정체성이다. 공동체라는 안전망 안에서 개인이 충분히 존중받고, 개인의 잠재성을 공동체의 지지 속에서 실현해 나가는 과정이 중요하다. 공동체주의의 합리적 요소들이 전승되고 여기에 개인의 인권과 존엄성을 존중하고 실현하려는 인권 감수성이 결합하면서 비로소 협력개인의 토양이 마련되었다. 섣불리 초개인주의에 함몰되고 개인의 책임과 독립성에 과도한 의미를 부여함으로써, 우리와 맞지 않는 갑옷을 입고 국가적 위기라는 전장에 나가는 것은 승리하려는 자의 태도가 아니다.

바꿔야 할 것은 국가의 소멸과 위기를 촉진하는 제도적, 문화적, 사회심리적 요소들이다. 세대 형평성을 외면한 복지와 조세 시스템, 과도한 세대 간 성별 간 임금 격차, 부족한 양질의 일자리, 배타적인 가족 개념과 제도, 경직된 조직 문화, 편협한 순혈민족주의, 무수히 많은 경제적, 사회문화적 장벽들이 우리 사회에 커다란 그림자를 드리우고 있다.

협력적 개인의 잠재성을 충분히 살리되 지나친 경쟁적 압박으로 변질되지 않도록 제도적 안전장치를 풍부히 만들어야 한다. 사회 구성원들의 '실패할 자유'를 인정하고, 계층 이동의 유동성을 확보하고, 교육 시스템 안에 재기의 기회를 충분히 확보하는 것에서 거시적 대안을 찾아야 할 것이다. 장애인, 성소수자를 포함한 다양한 취약계층과 소수집단이 편견과 차별없이 살아갈 수

생 (生) 존 (z o n e) 십 (s h i p)

있는 법적, 제도적 환경을 만들어 가는 것도 중요하다.

파푸아 뉴기니 원주민들과 30년 이상을 교류한 재레드 다이아몬드는 서로 밀접히 교류하고 함께 문제를 해결하는 원주민들의 삶 속에서 서구의 개인주의 문화가 갖지 못한 장점을 발견했다. 사람들이 서로 지원하고 지지하는 모습과 확장된 가족이 서로를 돌보는 모습 속에서 서구가 갖지 못한 축복을 발견했다.

하지만 현대사회가 아무리 초개인화하고, 무관심으로 인해 병들었다고 하더라도 전통사회로 돌아가는 것은 가능하지도, 바람직하지도 않다. 전통사회에는 협력은 있지만, 개인은 없기 때문이다. 하지만 귀 기울여야 할 지점도 있다. AI 시대에 결핍되기 쉬운 인간과 집단의 교류·소통을 어떻게 이어갈 것인지에 대한 고민이 필요하다.

사회 구성원 간의 물리적 접촉과 관계가 단절되면, 개인과 집단의 심리에 어떤 변화가 생기는지, 코로나19 팬데믹은 생생히 보여주었다. 코로나 블루라 불리는 신종 우울증, 사회적 취약계층의 단절, 젊은 세대의 고립감과 관계 결핍, 이 모든 것이 결합하면서 사회구성원들의 협력 의지를 꺾고 각자도생의 사회 분위기를 부추겼다.

신뢰라 부르든 사회적 자본이라 부르든 우리 사회의 깊은 곳에서 사람들을 묶어주고 유대를 강화하는 것은 결국 '관계'이다. 고용주와 노동자, 여성과 남성, 기성세대와 젊은 세대, 내국인과 외국인, 다양한 계층 구성원 간, 어떻게 서로 상호 이해의 폭을 넓히

고, 경험하게 하고, 또 어떻게 공통된 목표를 향해 협력하고 연대
할 수 있을지 국가와 사회 개인 모두의 고민이 필요하다.

우리나라는 공동체적 질서가 개인주의와 융합하면서 매우 독
특한 협력개인의 전통을 만들어 냈다. '우리'와 '나'라는 두 개의
질서를 절묘하게 결합해 온 셈이다. 이런 우리의 잠재성과 가능
성을 믿고 새로운 행동에 담대히 나서는 것, 우리가 가야 할 길
이다.

1   매일경제, 2019년 11월 15일. 영미권 세대갈등 떠오른 유행어.
2   2018년 5월 9일 중앙선데이 입소스 조사결과 보도.
3   한국리서치 「2021 세대인식조사」, 전국 만 18세 이상 남녀, 1,000명 조사.
4   한국리서치 「2023 집단별 갈등인식」 전국 만 18세 이상 남녀, 1,000명 조사.
5   동아일보. 2024년 5월 11일. [단독] 10대들 "국민연금 '폭탄' 떠안을 우리 예 긴 안듣나요."
6   전영수. 2013. 『이케아세대 그들의 역습이 시작됐다』 중앙북스.
7   이철승. 2019. 『불평등의 세대』 문학과 지성사.
8   이투데이. 2023년 12월 27일. "대졸 취업률 69.6% '5년래 최고'...5명 중 1명 은 1년 내 이직"
9   아시아경제, 2024년 1월 31일. "미래세대 생애소득 40% 세금으로...재정구조 개편 필요"
10 최재붕. 2020. 『포노 사피엔스 코드 CHANGE 9』 쌤앤파커스.
11 세계일보. 2024년 5월 8일. "수십년 축적 노하우 활용...일본 도요타 '70세 정 년' 시동"
12 서울경제. 2024년 5월 12일. "정년퇴직은 옛말...일흔에도 일하는 세계"
13 송헌재, 정병철, 조하영. 2024. 『60세 정년 의무화가 청년 및 장년고용에 미친 영향』 한국노동연구원.
14 브라보마이라이프. 2024년. "일본의 정년 연장 어떻게 다를까?"(1월 기사)
15 전북일보. 2024년 2월 26일 "정년 연장의 빛과 그림자"(중)왜 어려운가 – 추 가 비용 · 청년 고용 '첩첩산중'
16 김태유 '늙어가는 대한민국-2부, 정년연장만이 답인가?' 티앤씨재단 2024 아 포브 컨퍼런스.
17 김웅철. 2024. 『초고령사회 일본이 사는 법』 매일경제신문사.
18 박종훈. 2013. 『지상 최대의 경제 사기극, 세대전쟁』 21세기북스.
19 대학내일 20대 연구소 MZ세대 총 1,100명 설문조사 (2023)
20 기시미 이치로, 고가 후미타케. 2014. 『미움받을 용기』 인플루엔셜.
21 쿠키뉴스. 2024년 3월 2일. "대리님 고마워요"...신입 말투 거슬리면 꼰댄가 요?
22 조선일보. 2024년 2월 14일. "'외국인 핫플'된 120세 광장시장, 종로 상권까 지 살렸다"
23 내 손안에 서울. 2023년 4월 20일. "낮에는 인쇄소, 밤에는 '힙지로' 반전 매

력의 골목길.

24 바비 더피 지음(이영래 옮김). 2022. 『세대 감각』 어크로스.

25 바비 더피 지음(이영래 옮김). 2022. 『세대 감각』 어크로스.

26 국민의 힘 정우택 의원실에 경찰청이 제출한 자료. 조선일보. 2023년 9월 14일 "늘어나는 스토킹 범죄...112 신고 2년 새 6.5배로"

27 우에노 지즈코, 미나시타 기류. 2017. 『비혼입니다만, 그게 어쨌다구요?!』 동녘.

28 통계청 2022. 「사회조사」

29 통계청 국가통계포털(KOSIS), 2022년 9월.

30 동아일보. 2023년 12월 7일. "[오늘과 내일/이진영]저출생 해결사로 기대했던 에코붐세대의 '배신'"

31 고용노동부. 2024. 「2023년 육아휴직자 및 육아기 근로시간 단축 사용자 현황」

32 세계일보. 2024년 3월 28일. 6+6육아휴직 기다렸다. 올해 신청 2배 육박.

33 중앙일보. 2024년 6월 20일. "'선택과 집중'했지만 아직 복지 중심인 저출생 대책"

34 잡코리아. 2024. 신입직 구직자 졸업 전 취업 현황 조사(2023년 8월, 2024년 2월 졸업자 505명 조사).

35 정승국. 2024년 5월 9일. 노동시장의 해뜰 날은 가능한가. 한국일보 아침을 열며.

36 노인인력개발원. 2024. '임금근로자의 주된 일자리 퇴직 유형'

37 캐럴 드웩. 2023. 『마인드셋: 스탠퍼드 인간 성장 프로젝트』 스몰빅라이프.

38 권오현. 2018. 『초격차』 쌤앤파커스.

39 한국직업능력교육원. 2022. 「2022년 초·중등 진로교육 현황조사」

40 Jared Diamond. 1997. 「Guns, Germs, and Steel」 W.W.Norton & Company, Inc.

41 통계청 2023 「2022년 주택소유통계」

42 The Economist, "The word for condescending old person in Korean" 2019. 5.30

43 조선일보 "수면제 먹어야 자요, 20대 4년새 34% 급증" 2023년 3월 21일.

44 매일경제. 2021년 9월 17일. "586에 도전하는 MZ, 대선판 흔든다"

45 하완. 2018. 『하마터면 열심히 살 뻔했다』 웅진지식하우스.

46 WIRED UK. 2021년 3월 5일. "DeepMind's Demis Hassabis on its breakthrough scientific discoveries."

47 로버카 카츠 외. 송예슬 옮김. 2022. 『GEN Z: 디지털 네이티브의 등장』 문학

동네.

48 사람인 "MZ 소비문화 설문조사", 2020년 (3,064명 대상).

49 잡코리아 "직장인 설문조사", 2022년 (1,287명 대상).

50 잡코리아 "20~30대 설문조사", 2021년 (1,117명 대상).

51 대학내일 20대 연구소 "MZ세대 설문조사" (1,100명 대상).

52 한국언론진흥재단. 2022년. 「세대갈등 보도실태 및 개선방안」

53 스카이데일리. 2021년. MZ세대 서베이 (300명 대상).

54 국가평생교육진흥원. 2021년. 「2020년 성인문해능력조사」.

55 한국청소년정책연구원. 2022년. 「코로나19 시대 MZ세대의 사회성 발달 연구」.

56 Jürgen Reulecke. 2010. "Generation/Generationality, Generativity, and Memory", 「Cultural Memories Studies」

57 Washington Post. 2023년 5월 12일 "Is it discrimination if you can't bring your kinds to a restaurant?"

58 CNN. 2023년 6월 24일. "In country with world's lowest fertility rate, doubts creep in about wisdom of 'no-kinds zones'."

59 한국리서치. 2021. "노키즈존에 대한 여론은?" (성인 1,000명 대상). 한국리서치. 2023. "노○○존 운영 찬반" (성인 1,000명 대상).

60 안순태, 이하나, 정순둘. 2021. "온라인상에서 공유되는 노인에 대한 사회적 인식과 태도" 「한국노년학」 41권 4호: 505-525.

61 서울 경찰청 소속 지하철 경찰대 통계, 2020-2022년 4월.

62 코리안브로스. 2022년 3월 22일. "오직 강한 자들만 살아남는다! '한국의 지하철 빌런'들을 본 미국인의 반응"

63 통계청 가계금융복지조사를 토대로 NH투자증권과 조선일보가 함께 작성한 2023년 통계.

64 한국지능정보사회진흥원. 2022. 디지털정보격차 실태조사(2014-2021).

65 로버타 카츠 외. 송예슬 옮김. 2022. 『GEN Z: 디지털 네이티브의 등장』 문학동네.

66 조남주. 2016. 『82년생 김지영』 민음사.

67 매일경제. 2020년 11월 10일. "'빈티지 디올'을 캔버스로...차경채 작가"

68 문화체관광부. 2022. "숫자로 보는 박물관"

69 로버타 카츠 외. 송예슬 옮김. 2022. 『GEN Z: 디지털 네이티브의 등장』 (문학동네). 연구자들은 총체적으로 형성된 관계를 흐트러뜨릴 필요없이 어떤 집단에 들어갔다 나오기를 반복하는, 말하자면 소속이 유동적으로 흘러가는 관계를 소속감이 조립식으로 구성된다고 봤다.

70 Richard Dawkins. 1989. *The Selfish Gene*. (Oxford University Press).

71 e-나라지표. "해외여행자수". 대한민국 공식 전자정부 누리집.

72 e-나라지표. "우리 국민의 국제기구 진출 현황". 대한민국 공식 전자정부 누리집.

73 로버타 카츠 외. 송예슬 옮김. 2022. 『GEN Z: 디지털 네이티브의 등장』 문학동네.

74 Yuval Noah Harari. 2011. *Sapiens: A Brief History of Humankind*. Vintage.

75 Jared Diamond. 2005. *Collapse: How Societies Choose to Fail or Succeed*. (Viking).

76 매일경제. 2023년 10월 20일. "식품 기업 너도나도 '미각을 속여라'"

77 마틴 스티븐스 (김정은 옮김) 『감각의 세계』 반니.

78 Peter Singer. 2015. *The Most Good You Can Do: How Effectively Altruism Is Changing Ideas About Living Ethically*. (Yale University Press).

79 피터 싱어. 2012. 『동물해방』 연암서가.

80 Peter Singer. 1980. *Practical Ethics*. (Cambridge University Press).

81 Yuval Noah Harari. 2011. *Sapiens: A Brief History of Humankind*. Vintage.

82 마이클 토마셀로. 2018 『도덕의 기원』 이데아.

83 Tomašev, N., Cornebise, J., Hutter, F. et al. 2020. "AI for Social Good: Unlocking the Opportunity for Positive Impact". *Nature Communication* 11, 2468.

84 조선일보 2024년 1월 17일. "한국은 20년간 선두주자...프랑스가 이제야 시작하는 이것"

85 Jared Diamond. 1997. 「Guns, Germs, and Steel」 W.W.Norton & Company, Inc.

86 송길영. 『시대예보: 핵개인의 시대』 교보문고.

87 "Well Into Adulthood and Still Getting Money From Their Parents" Wall Street Journal, Jan. 25, 2024

88 국무조정실. '2022 청년 삶 실태조사'

89 딜로이트. 2023. 「딜로이트 2023 글로벌 Gen Z & Millenial 서베이」.

90 딜로이트. 2023. 「딜로이트 2023 글로벌 Gen Z & Millenial 서베이」.

91 엠브레인 조사. 2021.

92 최순욱·최성인·이재현, 2020; 윤여광, 2019; 김수정, 2023

93 김수정·김수아, 2015

94 Jared Diamond. 2005. *Collapse: How Societies Choose to Fail or Succeed.* (Viking).

95 코리에레 델라 세라. 2023년 4월 2일. "한국의 엄마들이 파업한다: 동아시아 호랑이의 멸종 위기"

협력 개인의 출현
생生 존zone 십ship

2024년 9월 10일 초판 1쇄 발행

지은이 구정우
펴낸이 이원주, 최세현 편집인 박숙정 경영고문 박시형

책임편집 박숙정 기획편집 최현정, 정선우, 김수정 디자인 All designgroup, 전성연
사진 51p <그리팅맨> 연천군청 관광과, 게티이미지뱅크, 셔터스톡
마케팅 양근모, 권금숙, 양봉호, 이도경 온라인마케팅 신하은, 현나래, 최혜빈
디지털콘텐츠 최은정 해외기획 우정민, 배혜림
경영지원 홍성택, 강신우, 이윤재 제작 이진영
펴낸곳 쌤앤파커스 출판신고 2006년 9월 25일 제406-2006-000210호
주소 서울시 마포구 월드컵북로 396 누리꿈스퀘어 비즈니스타워 18층
전화 02-6712-9800 팩스 070-4850-8978 이메일 info@smpk.kr

© 구정우 (저작권자와 맺은 특약에 따라 검인을 생략합니다)
ISBN 979-11-94246-07-7 03320

쌤앤파커스(Sam&Parkers)는 독자 여러분의 책에 관한 아이디어와 원고 투고를 설레는 마음으로 기다리고 있습니다.
책으로 엮기를 원하는 아이디어가 있으신 분은 이메일 book@smpk.kr로 간단한 개요와 취지, 연락처 등을 보내주세요.
머뭇거리지 말고 문을 두드리세요. 길이 열립니다.